Eclipse RCP im Unternehmenseinsatz

D1734476

Stefan Reichert, Diplom-Wirtschaftsinformatiker (FH), arbeitet als Softwarearchitekt in Hamburg. Er beschäftigt sich seit mehreren Jahren mit verteilten Java-Enterprise-Anwendungen, serviceorientierten Architekturen, Eclipse und Eclipse RCP. Darüber hinaus ist er Autor mehrerer Fachartikel und regelmäßig Referent auf Konferenzen.

Stefan Reichert

Eclipse RCP im Unternehmenseinsatz

Verteilte Anwendungen entwerfen, entwickeln, testen und betreiben

 dpunkt.verlag

Stefan Reichert
stefan@wickedshell.net

Lektorat: René Schönfeldt
Copy-Editing: Annette Schwarz, Ditzingen
Satz: Science & More, www.science-and-more.de
Herstellung: Nadine Thiele
Umschlaggestaltung: Helmut Kraus, www.exclam.de
Druck und Bindung: Koninklijke Wöhrmann B.V., Zutphen, Niederlande

Bibliografische Information Der Deutschen Bibliothek
Die Deutsche Bibliothek verzeichnet diese Publikation in der Deutschen Nationalbibliografie;
detaillierte bibliografische Daten sind im Internet über <http://dnb.ddb.de> abrufbar.

ISBN 978-3-89864-573-7

1. Auflage 2009
Copyright © 2009 dpunkt.verlag GmbH
Ringstraße 19
69115 Heidelberg

Für Steffi

Inhaltsverzeichnis

III   Betrieb   245

Einführung

Individualsoftware stellt nach wie vor ein wesentliches Element in Enterprise-Architekturen von Unternehmen dar. Die Vielzahl der Produkte und Branchenlösungen, wie beispielsweise ERP-Systeme oder Software für Finanzunternehmen, sind zwar in einem gewissen Rahmen anpassbar oder können als Basis für eine Neuentwicklung verwendet werden. In vielen Fällen bedingt jedoch ein Katalog aus spezifischen fachlichen Anforderungen die Konzeption und Umsetzung einer gänzlich individuellen Softwarelösung.

Individualsoftware

Neben den fachlichen Anforderungen spielen auch technische Anforderungen an die Software eine ganz wesentliche Rolle. Dabei existieren sowohl interne als auch externe technische Anforderungen. Interne Anforderungen ergeben sich aus der Software selbst heraus, stehen also in direkter Verbindung mit den funktionalen und nichtfunktionalen Anforderungen. Daneben gibt es auch externe Anforderungen, die ihren Ursprung in der Enterprise-Architektur oder in unternehmensspezifischen Konventionen haben. Die Software bzw. deren Architektur muss in jedem Fall beide Arten von Anforderungen hinreichend erfüllen.

Aus unternehmerischer Sicht ist es verständlicherweise sehr reizvoll, trotz hochgradig unterschiedlicher fachlicher Anforderungen trotzdem auf technischer Ebene nach wiederverwendbaren Lösungen zu suchen. Die Entwicklungsdauer von Software kann so deutlich reduziert werden. Die Ansätze für eine Beschleunigung der Softwareentwicklung lassen sich grob in die Kategorien Entwicklungsprozess und Standardarchitekturen unterteilen. In Bezug auf den Entwicklungsprozess hat beispielsweise die modellgetriebene Entwicklung (engl. Model Driven Development) einen starken Impuls zur Veränderung gegeben. In Bezug auf Standardarchitektur wurden in den letzten Jahren häufig Webanwendungen als eine Art technische Patentlösung gehandelt.

Wiederverwendung

Mit Ajax und Java ServerFaces (JSF) ist es zweifellos möglich, solide Anwendungen zu entwerfen und zu bauen. Allerdings stoßen diese Techniken häufig bei komplexen Anforderungen an ihre Grenzen. In manchen Fällen wird diese Grenze bereits in der Entwicklungsphase sichtbar, manchmal taucht sie erst später im Betrieb der Software auf. Die Gründe sind dabei vielschichtig und keineswegs zu verallge-

Webtechniken

meinern. Sie reichen von mangelnder Toolunterstützung über fehlende Browser-Standards bis hin zu einer schwer umzusetzenden ergonomischen Benutzerführung.

So vollzieht sich in der letzten Zeit eine Art Renaissance des Rich Clients, mehr noch, schon warnen die ersten Stimmen vor einem erneuten Hype. Nüchtern betrachtet stellen Rich-Client-Plattformen als Basis für die Entwicklung von Anwendungen in keinem Fall einen vollständigen Ersatz für Webtechnologien dar. Sie bilden aber bei entsprechenden Anforderungen eine sinnvolle Alternative, die im Auswahlprozess der geeigneten Techniken vorbehaltlos berücksichtigt werden sollte.

Enterprise Eclipse RCP

Die Eclipse-Plattform hat in den vergangenen Jahren eine bemerkenswerte Entwicklung erlebt. Als reine Entwicklungsumgebung bekannt und anerkannt geworden, etablierte sie sich mit Eclipse RCP zu einer echten Rich-Client-Plattform für allerlei Arten von unterschiedlichen Anwendungen. Ein wesentlicher Faktor für die Aktzeptanz war und ist der modulare Aufbau und die damit einhergehende Erweiterbarkeit. Die Möglichkeit, die Anwendung mit eigenen Plug-ins spezifisch zu erweitern, macht einen großen Teil der Attraktivität der Eclipse-Plattform aus. Darüber hinaus überzeugt die Reichhaltigkeit und Reife der plattforminternen Funktionen wie das Jobs API, JFace Viewer, JFace Databinding oder das Workbench UI.

Der Umstand, dass diese bewährten Techniken der Eclipse-Plattform auch für eigene individuelle Softwarelösungen verwendet werden können, rückt Eclipse RCP auch in den Fokus für Enterprise-Anwendungen, also mehrschichtige verteilte Anwendungen. Enterprise-Anwendungen, die Eclipse RCP für die Präsentationsschicht einsetzen, nenne ich im Folgenden Enterprise-Eclipse-RCP-Anwendungen (EERCP-Anwendungen). Typischerweise tauchen hier aufgrund der Verteilung Entwicklungseigenheiten auf, die sich von der reinen Plug-in-Entwicklung für die Eclipse IDE unterscheiden. Relevant sind dabei unter anderem die Unterschiede des Benutzertyps einer Enterprise-Eclipse-RCP-Anwendung und einer IDE. Die Anforderungen eines Benutzers an individuelle Softwarelösungen unterscheiden sich in puncto Bedienbarkeit, Erweiterbarkeit, Ergonomie und Flexibilität aufgrund der fachlichen Komplexität meist deutlich von einer IDE. Eine solche Enterprise-Eclipse-RCP-Anwendung implementiert zudem üblicherweise eine Kommunikation mit einem entfernten Server, sodass auch Latenz, Kontrolle über die ausgetauschte Datenmenge und Sicherheitsaspekte ein großes Gewicht bei der Implementierung haben.

Warum dieses Buch?

Ich arbeite nun schon länger mit Eclipse RCP als Frontend für Enterprise-Anwendungen. Erfreulicherweise steht über die reine Entwicklung von Eclipse-RCP-Anwendungen eine große Menge an guter Literatur zur Auswahl. Viele dieser Bücher konzentrieren sich allerdings fast ausschließlich auf die Entwicklung eines Eclipse-RCP-Clients und die vielen umfangreichen Features der Eclipse-Plattform. Der Aspekt der Verteilung in einem Enterprise-Kontext wird wenig oder gar nicht berücksichtigt.

Verteilung im Enterprise-Kontext

Dieses Buch hat den Anspruch, diese Lücke zu füllen und für diese speziellen Anforderungen einer Individualsoftware Lösungsansätze und Beispiele zu geben. Die Herausforderung besteht darin, ein Buch über die Entwicklung von Individualsoftware zu schreiben, was per Definition schon schwierig ist. Der Anspruch ist also, mehr oder weniger allgemeingültige Anforderungen und Systematiken so zu erörtern, dass die dafür passenden Lösungen auch in der von Ihnen eingesetzten Umgebung mit den von Ihnen verwendeten Techniken adaptierbar sind. Die Lösungsansätze in diesem Buch sind selbstverständlich mit einem von mir ausgewählten Technologiestack entwickelt. Dennoch sind sie so allgemein beschrieben, dass es problemlos möglich ist, sie auch mit anderen Techniken zu übernehmen.

Themen und Aspekte

Dieses Buch greift wesentliche Punkte der Entwicklung einer Enterprise-Eclipse-RCP-Anwendung auf. Dabei geht es zum einen um Eclipse-spezifische Lösungen und Lösungsansätze für typische Anforderungen der Individualsoftwareentwicklung. Die Plattform bietet hier bereits einige Built-in-Features, in anderen Fällen kann man sich Eclipse-RCP-Basistechnologien zunutze machen. Des Weiteren erläutere ich wichtige architekturspezifische Aspekte einer Enterprise-Eclipse-RCP-Anwendung. Solche Aspekte sind beispielsweise die Kommunikationsstruktur, die Komponentenbildung oder die UI-Struktur. Die vorgestellten Themen und Ansätze haben sich in der Praxis bewährt und können Ihnen helfen, Ihre Enterprise-Eclipse-RCP-Anwendung flexibel und robust zu entwerfen, zu entwickeln, zu testen und zu betreiben.

Eclipse- und architekturspezifische Lösungen

Ich habe absichtlich darauf verzichtet, Eclipse-RCP-Grundwissen in dieses Buch mit aufzunehmen. Ich setze daher entsprechende Grundkenntnisse voraus. Es ist also unerlässlich, dass Sie entweder bereits eingehende Kenntnisse und Erfahrungen in der Entwicklung von Plug-ins bzw. Eclipse-RCP-Anwendungen haben oder alternativ entsprechende

Literatur zu Rate ziehen. Für die Eclipse-RCP-Grundlagen existieren einige exzellente Bücher sowohl in englischer als auch in deutscher Sprache, die das nötige Wissen recht schnell vermitteln.

Aufbau und Gliederung

Architektur, Implementierung, Betrieb

Das Buch ist in drei Teile gegliedert, die sich am Softwareentwicklungsprozess orientieren. Der erste Teil setzt sich mit architektonischen Aspekten der Anwendung auseinander. Hier wird beschrieben, welche Dinge in der Konzeptphase beim Entwurf des Clients berücksichtigt werden müssen. Der zweite Teil geht auf implementierungsrelevante Themen ein. Dabei geht es um konkrete Punkte bei der Umsetzung der funktionalen und nicht-funktionalen Anforderungen der Anwendung. Mit dem Betrieb von Eclipse-RCP-Anwendungen im Enterprise-Umfeld beschäftigt sich der dritte Teil. Hier gehe ich insbesondere auf Deployment und Monitoring des Eclipse-RCP-Clients ein.

Eine Beispielanwendung

Dieses Buch beinhaltet eine Menge an Codeauszügen, um Ihnen die einzelnen Themen an einem praktischen Beispiel zu erläutern. Diese Auszüge stammen aus einer Referenzanwendung namens Dysis, die ich im Rahmen der Arbeit zu diesem Buch entwickelt habe. Dysis dient zur Veranschaulichung der im Buch aufgeführten Lösungen im Gesamtkontext einer Enterprise-Eclipse-RCP-Anwendung und ist als Open-Source-Projekt bei Sourceforge.net verfügbar [27]. Das Kapitel 4 liefert hierzu eine detaillierte Beschreibung und eine Installationsanleitung.

Dankeschön

Mein erster Dank geht an Peter Friese, ohne den dieses Buch zweifellos nicht entstanden wäre. Ich danke Dir für Deine vielen Ideen und Texte, die dieses Buch grundlegend mitgestaltet haben. Als wir vor gut drei Jahren das erste Mal über eine Gliederung für dieses Buch geflachst haben, hätte ich das, was sich jetzt daraus entwickelt hat, niemals für möglich gehalten.

Bedanken möchte ich mich auch bei René Schönfeldt vom dpunkt.verlag, der mit sehr viel Geduld, Unterstützung und wertvollen Ratschlägen zum Gelingen dieses Buchs beigetragen hat.

Mein nächster Dank geht an meine Frau Steffi. Ich weiß, dass ich in der letzten Zeit lediglich physisch anwesend war. Danke für Deine Ruhe und Nachsicht. Ich bin überglücklich, nun wieder komplett an unserem wunderschönen Leben teilnehmen zu dürfen.

Zu guter Letzt danke ich dem Mädel und den Jungs: Josephine, Napoleon, Cuno und Dante. Ihr wart mir in der Zeit des Schreibens und Tüftelns eine wirklich traumhafte Gesellschaft.

Teil I

Architektur

BETRACHTET MAN DEN ÜBLICHEN Softwareentwicklungsprozess, dann steht zu Beginn zunächst die Konzeption der Anwendung. In der Konzeption fließen unterschiedliche Arten von Informationen zusammen, die dann die Anforderungen darstellen, die mit der zu entwickelnden Software gelöst werden sollen. Diese Anforderungen bestimmen zum einen den Inhalt und zum anderen maßgeblich die Struktur der Software, also die Architektur.

Grundsätzlich ist in Enterprise-Anwendungen die Architektur ein alltägliches Thema. Es gibt Spezialisten, die Softwarearchitekten, die ihre Erfahrungen im Bereich der Softwareentwicklung dazu nutzen, einer Anwendung eine robuste, erweiterbare und belastbare Grundstruktur zu geben. Die Beschreibung dieser Grundstruktur bildet das Architekturkonzept. Im Architekturkonzept werden unter anderem die einzelnen Schichten, deren Aufgaben, innerer Aufbau und die im Einzelnen verwendeten Techniken beschrieben.

Enterprise-Eclipse-RCP-Anwendungen fordern bezogen auf die Architektur und das Architekturkonzept eine Erweiterung. Der Client selbst ist eine eigenständige Anwendung und er kommuniziert an bestimmten Punkten mit der Serverseite. Auch er benötigt eine Architektur bzw. ein Architekturkonzept, also strukturelle Vorgaben und einen definierten Satz an zu verwendenden Techniken.

An diesem Punkt setzt dieser erste Teil des Buches an. Der Fokus liegt dabei auf architekturspezifischen Themen des Clients. Insbesondere sollen hier verschiedene Ansätze für den grundsätzlichen Aufbau und die Implementierung des Clients aufgeführt und deren Vor- und Nachteile diskutiert werden. Zu dem einen oder anderen Thema werde ich hier eine Beispielimplementierung liefern; Code stellt allerdings, mit einigen wenigen Ausnahmen, nicht den primären Fokus des Kapitels dar, sondern vielmehr die zugrunde liegenden Konzepte.

1 Aspekte der Architektur verteilter Anwendungen

»Architektur ist gefrorene Musik.«

—Arthur Schopenhauer (1788–1860), dt. Philosoph

Enterprise-Eclipse-RCP-Anwendungen sind mehrschichtige verteilte Anwendungen. Dieses Kapitel widmet sich mit Fokus auf den Eclipse-RCP-Client den besonderen Aspekten der Architektur solcher Anwendungen. Dabei werden einzelne Architekturvarianten diskutiert, und es wird bezogen auf die funktionalen Kernbestandteile einer Enterprise-Anwendung erläutert, wie die Zuordnung von Funktionalität zu den einzelnen Schichten der Anwendung erfolgen sollte. Dieses Kapitel ist bewusst allgemein gehalten, um lediglich die für einen Eclipse-RCP-Client relevanten Aspekte der Architektur einer verteilten Anwendung anzusprechen. Sollten Sie mit Themen wie Mehrschichten-Architekturen, Modularisierung, Serviceorientierung und Kommunikation in verteilten Systemen bereits vertraut sein, dann können Sie dieses Kapitel überspringen.

1.1 Architekturvarianten

Zweifellos: Viele Wege führen nach Rom. So gibt es auch unterschiedlichste Varianten, Enterprise-Anwendungen zu entwerfen und zu bauen. Im Wesentlichen unterscheiden sich diese Architekturvarianten entweder in der Anzahl der verwendeten Schichten oder in den verwendeten Techniken, meistens aber in beiden Aspekten. Da die eingesetzten Techniken einer Enterprise-Anwendung notwendigerweise individuell sind, ist es schwer und wenig sinnvoll, die Fülle an Möglichkeiten in Gänze zu beschreiben. Bezüglich der Schichten lassen sich sehr wohl die unterschiedlichen Architekturvarianten beschreiben.

1.1.1 Client-Server-Architektur

Eine Client-Server-Architektur vereint sowohl die Präsentationsschicht als auch die Geschäftslogik im Client.

Abb. 1-1
Client-Server-Architektur

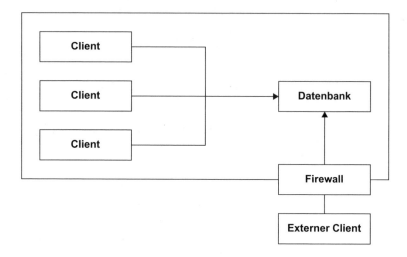

Der Zugriff auf Daten erfolgt hier direkt aus dem Client heraus. Strukturell ähnelt dieser Aufbau dem einer einfachen Java-EE-Webanwendung. Auch hier befindet sich das User Interface (UI) in Form von Java ServerPages (JSP) und die Geschäftslogik gemeinsam im Webcontainer des Servers. Lediglich das Rendering der fertigen Seiten obliegt dem Browser. Grundsätzlich gilt dies auch für dynamische Webanwendungen, die Java ServerFaces (JSF) und Ajax einsetzen, da die eigentliche Geschäftslogik und die Strukturierung des UI weiterhin weitestgehend serverseitig abgearbeitet wird.

Der wesentliche Vorteil dieser Architekturvariante ist die räumliche Nähe von UI und Geschäftslogik. Es besteht keine Notwendigkeit für *Client-Server-* einen Remoting-Mechanismus, sodass viele Techniken, wie beispiels-*Architektur beinhaltet* weise das Lazy-Loading-Feature des Java Persistence API (JPA)[28], *kein Remoting.* problemlos verwendet werden können.

Allerdings hat die Verlagerung der Geschäftslogik und des Codes für den Datenzugriff auch einige Konsequenzen für den Client. Die Anzahl von gleichzeitigen Verbindungen auf der Datenbank erhöht sich. Sie muss also in der Lage sein, alle offenen Verbindungen effizient zu verwalten. Connection Pooling, wie man es aus verteilten Anwendun-*Connection Pooling* gen kennt, ist hier nicht oder nur eingeschränkt pro Client möglich. *nicht möglich* Darüber hinaus muss dafür Sorge getragen werden, dass die Verbindung zur Datenbank sicher ist und nicht abgehört werden kann. Besondere Bedeutung kommt diesem Punkt zu, wenn sich die Clients außerhalb des Unternehmensnetzwerks befinden und über ein öffentliches Netz auf die Datenbank zugreifen. Eine ungeschützte Verbindung zwischen Client und Datenbank ist in fast allen Fällen unakzeptabel. Darüber hinaus muss das JDBC-Protokoll für die Unternehmensfirewall freigeschaltet werden. Alternativ wäre ein HTTP-Tunneling für das JDBC-Protokoll denkbar. Einige JDBC-Treiber unterstützen dies auch, allerdings funktioniert es nur instabil.

Freischaltung des JDBC-Protokolls notwendig

Eine Abwandlung dieser Variante verlagert mehr oder weniger große Teile der Geschäftslogik in Form von Stored Procedures in die Datenbank. Dies ändert allerdings nichts an den prinzipiellen Eigenschaften dieser Architekturvariante.

1.1.2 3-Schichten-Architektur

Im Unterschied zur Client-Server-Architektur befindet sich in der 3-Schichten-Architektur (engl. 3-tier architecture) die Geschäftslogik in einer eigenen Schicht.

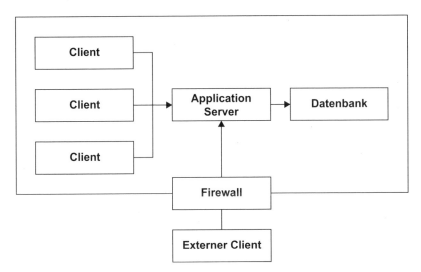

Abb. 1-2
3-Schichten-Architektur

Der Client beinhaltet hier lediglich die Präsentationsschicht und ggf. einfache Routinen zur Eingabevalidierung. Datenbankzugriffe erfolgen hier ausnahmslos über die mittlere Schicht, die die Geschäftslogik umfasst (engl. middle tier oder business tier). Üblicherweise wird hierfür das *Data Access Object*-Entwurfsmuster (DAO-Entwurfsmuster) [30] eingesetzt. Die Geschäftslogik ist gekapselt und kann über definierte Interfaces angesprochen werden. Die dazu verwendeten Zugriffsprotokolle können den Anforderungen entsprechend gewählt werden.

Die Vorteile dieser Architekturvariante sind offensichtlich. Sie ermöglicht eine saubere Bildung von Schichten. Mit der Kapselung der

Kapselung der
Datenbankzugriffe

Kapselung der
Geschäftslogik

Datenbankzugriffe in der mittleren Schicht wird der Schutz der Datenbank deutlich erhöht, da der Datenbankserver so in einer separaten Netzwerkzone stehen kann, auf die lediglich der Applikationsserver Zugriff hat. Die Kapselung der Geschäftslogik ermöglicht eine Wiederverwendung. Je nach Anforderung können entsprechende Endpoints für RMI, SOAP, REST oder HTTP geschaffen werden und somit die Logik für unterschiedliche Clients wie Eclipse-RCP-Frontend, Web-Frontend oder auch Mobile Devices verfügbar zu machen.

Nachteilig ist an dieser Variante allerdings, dass durch den Verteilungsaspekt einige Features von Techniken, wie beispielsweise der JPA im Eclipse-RCP-Client, Einschränkungen unterliegen. Da das UI und die Geschäftslogik in unterschiedlichen Adressräumen ausgeführt werden, kann der Clientcode das dynamische Nachladen von Datenbankinhalten mit Bordmitteln der JPA nicht nutzen. Aber auch hier gibt es unterschiedliche Wege zur Lösung des Problems. Eine Möglichkeit ist die passende Vorinitialisierung der Daten auf der Serverseite oder die Verwendung von UI-spezifischen Datenobjekten, den sogenannten *Data Transfer Objects* (DTO).

1.1.3   Mehrschichten-Architektur

Die Verlagerung der Geschäftslogik vom Client auf den Server wirkt sich besonders dann effektiv aus, wenn neben der Datenbank auch auf andere Systeme zugegriffen werden muss oder wenn andere Systeme auf das eigene zugreifen sollen.

Abb. 1-3
Mehrschichten-
Architektur

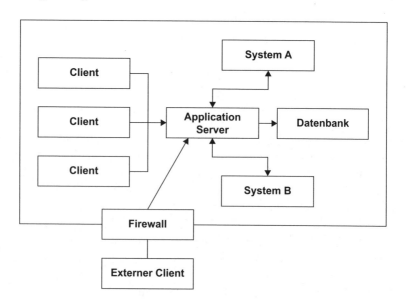

In diesem Fall agiert das eigene Backend zusätzlich als Fassade und kapselt den Zugriff auf das Fremdsystem. Müssen mehrere Systeme miteinander interagieren, wirkt das eigene Backend als Mediator, harmonisiert die Datenmodelle durch Transformation der übermittelten Informationen und routet die Nachrichten entsprechend weiter. Bei besonders aufwendigen Verarbeitungsschritten können so einzelne Schritte auf separate Systeme ausgelagert werden. Die Anwendung lässt sich so einfach skalieren.

Kapselung des Zugriffs auf Fremdsysteme

Bei allen diesen Vorteilen darf allerdings der Verteilungsaspekt und die damit einhergehende Kommunikation nicht vergessen werden. Die Kommunikation der einzelnen verteilten Systeme unterliegt der üblichen Netzwerklatenz. Um diese Effekte zu mildern, ist die richtige Granularität der Kommunikation entscheidend.

1.1.4 Architekturen für EERCP-Anwendungen

Im Umfeld von Enterprise-Anwendungen ist die Mehrschichten-Architektur sehr verbreitet. Dies ist aufgrund der Anforderungen an Komplexität und Performance sinnvoll. Dieses Buch nimmt eine Mehrschichten-Architektur als Grundlage einer Enterprise-Eclipse-RCP-Anwendung. Die Trennung in einzelne Schichten eröffnet, wie beschrieben, sehr viele Möglichkeiten. Dennoch existieren aufgrund der Verteilung auch Herausforderungen, die es beim Entwurf und in der Umsetzung zu bewältigen gilt.

1.2 Entwurfsprinzipien

Bevor ich auf die konkreten architektonischen Anforderungen von Eclipse-RCP-Clients in Enterprise-Anwendungen eingehe, sollen in diesem Abschnitt noch mal ein paar allgemeingültige Architekturprinzipien aufgegriffen und auf den Kontext von Enterprise-Eclipse-RCP-Anwendungen angewandt werden. Diese Architekturprinzipien gelten für jede Art von Software und sind in jedem Architekturhandbuch nachzulesen, weswegen ich mich hier auf eine knappe Darstellung beschränke. Die beschriebenen Punkte gehen speziell auf die Architektur der Präsentationsschicht, also des Clients, ein.

Allgemeingültige Architekturprinzipien

1.2.1 Modularisierung

Mit Modularisierung bezeichnet man die Aufteilung eines Softwaresystems in überschaubare Einzelteile, die jeweils einen abgeschlossenen Aufgabenbereich umfassen und untereinander mittels wohldefinierter Schnittstellen miteinander verbunden sind.

Geschichte

Modularisierung als Architekturprinzip taucht schon sehr früh in der Geschichte der Informatik auf. Die ersten Computerprogramme waren nicht modularisiert, sondern monolithischer Natur. Dies war einer der Gründe für die höhere Fehleranfälligkeit und die erschwerte Wartbarkeit dieser Programme. Das Konzept der Modularisierung war von den ersten Programmiersprachen nicht vorgesehen. Programme konnten nur durch den Einsatz von Schleifen und absoluten Sprüngen (Goto) eher rudimentär strukturiert werden. Recht schnell schuf man jedoch Abhilfe und führte das Konzept der Modularisierung in Programmiersprachen ein. Die Einführung von Funktionen und Prozeduren war ein erster Schritt, der zu strukturierten Programmen führte.

Strukturierte Programme

Die ersten Sprachen, die Modularisierung unterstützten, taten dies sowohl auf Dateiebene (d.h., ein Programm setzt sich aus mehreren Quellcodedateien zusammen) als auch auf Datentypebene. Die Schnittstellen zwischen den einzelnen Modulen werden durch den Anbieter einer Schnittstelle definiert (in C durch die sogenannten Header-Dateien).

Schnittstellen

Module und Komponenten

Durch die Einführung des objektorientierten Paradigmas wurde das Konzept der Modularisierung noch stärker in Programmiersprachen verankert. Dieses Paradigma erweitert den klassischen Modulbegriff um den Begriff der Komponente. Der Begriff *Komponente* definiert sich wie folgt [3]:

Softwarekomponente

> »A software component is a unit of composition with contractually specified interfaces and explicit context dependencies only. A software component can be deployed independently and is subject to composition by third parties.«

Die wesentliche Charakteristik einer Komponente ist also die Verbindung mit anderen Komponenten über wohldefinierte Schnittstellen. Stellt ein Modul eine lose Menge an Funktionen und Prozeduren dar, zeichnet sich eine Komponente durch ihre spezifische Schnittstelle aus, die die Verwendung der Komponente regelt.

Die Schnittstelle besteht dabei nicht länger aus der gesamten Menge von Prozeduren und Funktionen des Moduls, die keinen durch die Programmiersprache unterstützten Zusammenhalt haben. In objektorientierten Programmiersprachen können Schnittstellen mit Hilfe dafür vorgesehener Sprachkonstrukte, in Java beispielsweise mit dem Identifier Interface, formuliert werden. Die Schnittstelle stellt damit den von außen zugänglichen Teil der Komponente dar. Dafür ist es durch die in objektorientierten Sprachen gängigen Sichtbarkeitsregeln für Objekte, Methoden und Felder (private, protected, public, friend) möglich, Komponenten tatsächlich als Black Boxes zu konzipieren und den Zugriff auf die durch die Schnittstelle definierten Methoden zu beschränken. Die konkrete Implementierung bleibt durch die Kapselung dem Verwender der Komponente verborgen, er kann (und muss) sich auf die Beschreibung der Schnittstelle verlassen, die ihm durch die Signaturen der Objekte und deren Methoden vorgegeben wird.

Kapselung der Implementierung

Objektorientierte Sprachen

Objektorientierte Programmiersprachen unterstützen das Konzept der Modularisierung bereits sehr gut. Allerdings reicht dies immer noch nicht aus: Die Beziehungen zwischen den Komponenten lassen sich nur unidirektional ausdrücken. Eine Komponente kann zwar angeben, welche anderen Komponenten es benutzt (in Java durch import-Statements), aber umgekehrt lässt sich nicht spezifizieren, welche Klassen eine Komponente exportiert. In den meisten Sprachen sind Klassen normalerweise öffentlich (public) und somit für alle Verwender sichtbar. Dies kann durchaus unerwünscht sein.

Java bietet einen Strukturierungsmechanismus auf Sprachebene mit Hilfe von Packages. Der Code lässt sich so hierarchisch für eine Komponente strukturieren, einzelne Elemente lassen sich durch Weglassen eines Classifiers in ihrer Sichtbarkeit auf Packageebene einschränken. Komponenten auf Packageebene beinhalten typischerweise eine oder mehrere Schnittstellendefinitionen, über die die Komponente verwendet werden kann. Für eine echte Komponentenbildung ist dies jedoch vollkommen unzureichend. Packages sind, wie bereits gesagt, lediglich ein einfacher Strukturierungsmechanismus. Die interne Implementierung ist dabei nicht ausreichend geschützt. So lässt sich beispielsweise mit einer einfachen Typumwandlung auf die konkrete Implementierung der Schnittstelle zugreifen.

Java Packages

OSGi

In Bezug auf die Sprache bietet sich mit OSGi [21] seit kurzer Zeit eine Möglichkeit, echte Komponenten zu entwerfen und zu bauen. OSGi ist eine Java-basierte Plattform, die eine dynamische Verwaltung ihrer Komponenten erlaubt. Die Dynamik wird nicht zuletzt erst durch die Verwendung eines komponentenorientierten Konzepts ermöglicht. Diese Komponenten besitzen genau die Eigenschaften, die man bei einer auf Packages basierenden Komponente vermisst. Die OSGi-Komponente selbst definiert neben den Abhängigkeiten auch die

Dynamische Verwaltung von Komponenten

exportierten Elemente und Schnittstellen; ein separater *Class Loader* für die Komponente stellt sicher, dass diese Definition auch eingehalten wird. So kann von außen nicht auf die Implementierung zugegriffen werden, selbst eine Typumwandlung funktioniert nicht, da auf die umzuwandelnde Klasse nicht zugegriffen werden kann. Ein weiterer Punkt ist die Möglichkeit, auch die eingehenden Abhängigkeiten auf Komponentenebene zu definieren. Somit kann explizit für die gesamte Komponente festgelegt werden, welche anderen Komponenten und damit deren exportierte Elemente verwendet werden dürfen.

1.2.2 Abhängigkeit und Hierarchie

Der modulare Aufbau eines Softwaresystems in Komponenten bietet viele Vorteile. Die einzelnen Teile des Gesamtsystems lassen sich leichter testen, überwachen und erweitern. Die gesamte Komplexität einer Anwendung lässt sich wesentlich leichter beherrschen, wenn sie in einzelne Komponenten unterteilt ist.

Abhängigkeitsmanagement

Wesentliches Element in modularisierten Softwaresystemen ist also die Komponente. Eclipse-RCP-Anwendungen bestehen üblicherweise aus einer Vielzahl an Komponenten und damit Abhängigkeiten, die entweder technischer oder fachlicher Natur sind. Technische Abhängigkeiten bestehen beispielsweise zu Bibliotheken oder Utility-Klassen, da bestimmte Klassen oder Funktionen benötigt werden. Fachliche Abhängigkeiten resultieren aus der fachlichen Verkettung zweier Komponenten. Die Abhängigkeiten sind aus zwei Gesichtspunkten interessant.

Technische und fachliche Abhängigkeiten

Laufzeitmanagement

Zum einen existiert der technische Aspekt des Laufzeitmanagements, also das Auflösen der Abhängigkeiten der Komponenten zur Laufzeit. Die Komplexität der Abhängigkeiten der Komponenten untereinander nimmt mit steigender Menge an Komponenten stark zu und ist somit sehr kompliziert. Allerdings ist dieser Aspekt elementarer Bestandteil der unterliegenden OSGi-Plattform und somit systemimmanent gelöst.

Komponentenhierarchie

Der zweite Aspekt ist architekturspezifischer Natur. Mit der Menge an Komponenten des Systems steigt wie gesagt auch die Zahl ihrer Abhängigkeiten untereinander und damit die Gefahr von zyklischen Abhängigkeiten. Diese können vom System nicht verwaltet werden und

Zyklische Abhängigkeiten

führen im OSGi-Kontext zur Deaktivierung der jeweiligen Komponente(n). Um Abhängigkeiten nun möglichst effizient zu verwalten und Zyklen zu vermeiden, ist die Bildung einer Hierarchie der Komponenten oft hilfreich.

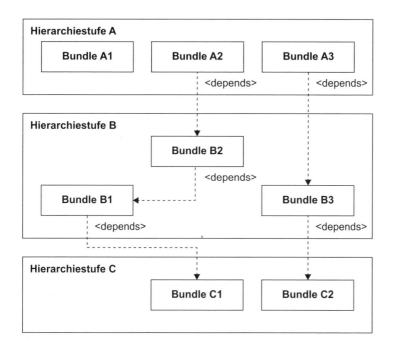

Abb. 1-4
Komponentenhierarchie
für Bundles

So gibt es, wie in Abbildung 1-4 zu sehen, Komponenten, die selbst keinerlei Abhängigkeiten zu anderen Komponenten besitzen. Beispielhaft können hier Third-Party-Bibliotheken oder bestimmte Utility-Komponenten genannt werden. Diese Komponenten stehen am unteren Ende der Hierarchie und dürfen ausnahmslos von allen anderen Komponenten verwendet werden. Am oberen Ende der Hierarchie stehen Komponenten, die selbst zwar Abhängigkeiten besitzen, aber von anderen Komponenten nicht verwendet werden dürfen. Auch diese Menge der Komponenten ist unproblematisch, die Komponenten können jede andere Komponente als Abhängigkeit definieren. Interessant ist nun der Teil der Komponenten, der sowohl Abhängigkeiten besitzt als auch von anderen Komponenten verwendet wird. Hier ist es besonders wichtig, die Inhalte und damit Abhängigkeiten im Voraus zu definieren, um die Hierarchie einzuhalten. Wichtig ist, dass dies im Vorfeld geschieht, um ein aufwendiges Refactoring im Nachhinein zu vermeiden.

Hierarchie im Voraus
definieren

1.2.3 Serviceorientierung

Es gibt unterschiedlichste Arten, die von einer Enterprise-Anwendung implementierte Geschäftslogik in Komponenten zu strukturieren. In verteilten Anwendungen eignet sich ein serviceorientierter Ansatz sehr gut. Hierbei repräsentiert ein Service eine serverseitige Komponente. Das Service-Interface macht es möglich, die Funktionalität des Ser-

Servicekomponente vice zu verwenden. Eine solche Servicekomponente bekommt dabei die Menge an benötigten Daten übergeben und liefert ihrerseits wiederum eine Menge an Daten als Ergebnis. Die Daten werden in der Regel als DTO ausgetauscht. Die Trennung zwischen logikhaltenden und datenhaltenden Objekten ist in zweierlei Hinsicht sinnvoll. Zum einen ist die Trennung zwischen Client und Server sehr leicht möglich, zudem können die vom Server bereitgestellten Services auch von anderen Konsumenten wie Schnittstellen oder externen Systemen verwendet werden. Zum anderen minimiert sich die Menge an ausgetauschten Daten, da in der Regel mittels einer Objektserialisierung kommuniziert wird.

Serverseitig mit Servicekomponenten zu arbeiten, trifft dabei keinerlei Annahme, mit welcher Technik diese Komponenten entworfen wurden. Es ist möglich, das Backend als einfache Webanwendung für einen Applikationsserver wie Tomcat oder Glasfish zu implementieren. Es ist allerdings genauso denkbar, ein OSGi-basiertes Backend zu entwerfen. Auch lässt die Verwendung von Servicekomponenten jegliche Art der Kommunikation zwischen Client und Server zu. Die verwendeten Techniken können so den spezifischen Gegebenheiten Ihrer Anwendung nach ausgewählt und eingesetzt werden.

1.3 Funktionale Kernbestandteile

Auch wenn sich Enterprise-Anwendungen im fachlichen Kontext unterscheiden, so lassen sich funktionale Kernbestandteile identifizieren. Enterprise-Anwendungen dienen im Normalfall zur Be- und Verarbeitung von Daten. Sie folgen daher dem Eingabe-Verarbeitung-Ausgabe-Prinzip (EVA).

Abb. 1-5
Enterprise-Anwendungen funktionieren meist nach dem EVA-Prinzip.

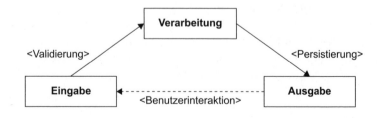

Die Daten werden zunächst erfasst, danach erfolgt eine mehr oder weniger komplexe Verarbeitung und optional eine Persistierung. Im Anschluss wird das Berechnungsergebnis dem Benutzer präsentiert, und der Prozess wiederholt sich. Der Umfang von Enterprise-Eclipse-RCP-Anwendungen schließt demzufolge eine Menge von Kernbestandteilen mit ein:

- Erfassung der Daten
- Validierung der Daten und Sicherstellung der Integrität
- Datenverarbeitung
- Datenzugriff und -haltung
- Visualisierung der Daten

Da diese Kernbestandteile wiederkehrende Elemente darstellen, ist es interessant, grundsätzlich zu klären, in welcher Schicht diese Bestandteile ausgeführt werden und welchen Einfluss bestimmte Implementierungsansätze auf die Architektur haben. Während bei einigen Aspekten offensichtlich ist, wo sie stattfinden, ist dies bei anderen Kandidaten nicht immer eindeutig zu definieren.

1.3.1 Datenerfassung

Datenerfassung erfolgt als wesentlicher Teil der Präsentationsschicht offensichtlicherweise im UI. Allerdings gibt es Datenerfassung, die nicht in der Präsentationsschicht erfolgt. So können die von der Präsentationsschicht zur Datenerfassung verwendeten Services ebenfalls von eingehenden Schnittstellen oder für die Batchverarbeitung von Listen verwendet werden. Die Servicestruktur im Backend muss diesen Fall entsprechend im Entwurf berücksichtigen.

Batchverarbeitung

Benutzerunterstützung

Neben der eigentlichen Datenerfassung ist für die Architektur die Benutzerunterstützung von Bedeutung. Grund hierfür ist die Tatsache, dass in vielen Fällen weitere Daten vom Server notwendig sind. Bei der Entscheidung für bestimmte Unterstützung ist dieser Aspekt immer zu berücksichtigen.

Auswahllisten Der Inhalt der Auswahlliste sind meist Daten, die aus dem Backend geladen werden müssen. Diese Daten müssen bei Darstellung der Auswahlliste komplett im Client vorhanden sein. Dieses Widget eignet sich für eher kurze Listen von Daten mit eher statischer Natur.

Abb. 1-6
*Benutzerunterstützung
durch eine
Auswahlliste*

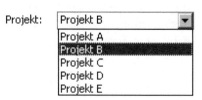

Vorschlagslisten (Content Assist) Vorschlagslisten sind mit Eclipse RCP sehr leicht zu implementieren. Allerdings müssen auch hier Daten vom Backend geladen werden. Der Vorteil besteht hier darin, dass man Vorschlagslisten erst ab einer bestimmten Anzahl an Zeichen zur Verfügung stellen kann. Vorschlagslisten sind sehr flexibel und eignen sich für mittlere bis große Datenlisten, sowohl für statische Daten als auch für Bewegungsdaten.

Abb. 1-7
*Benutzerunterstützung
durch eine
Vorschlagsliste*

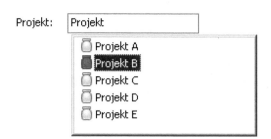

Lookup Ein Lookup stellt eine feldbezogene Suche dar. Dabei wird im Kontext eines Eingabefeldes für einen Wert eine Suche angeboten. Diese Suche wird dann modal in einem Dialog ausgeführt. Aus der Ergebnisliste kann dann ein Element in das Eingabefeld übernommen werden. Ein Lookup eignet sich für mittlere bis große Listen von Bewegungsdaten.

Objektbeziehungen

Objektmodell

Die von einer Enterprise-Anwendung zu verwaltenden Daten werden zumeist in einem Objektmodell abgebildet, das sich am Datenmodell orientiert. So hat ein Objekt Beziehungen zu anderen Objekten. Für das UI ist dies insofern anspruchsvoll, als dass man das Eingabeelement betrachten muss, mit dessen Hilfe diese Referenz erfasst wird. Genau in diesen Fällen wird eine Eingabeunterstützung für den Benutzer interessant. In Auswahllisten ist dies weniger ein Problem, da JFace Viewer dies recht einfach ermöglichen. Vorschlagslisten und Lookups verwenden zumeist ein Text-Widget zur Darstellung der Referenz. Dies ergibt

Sinn, da das Erfassen hierdurch lediglich unterstützt werden soll, ein Erfassen ohne Unterstützung zumeist dennoch möglich sein muss. Die Aufgabe bei der Erfassung von Objektbeziehungen ist es also, das referenzierte Objekt in dem darstellenden Widget eindeutig identifizierbar zu machen. Im Regelfall geschieht dies durch den eindeutigen fachlichen Schlüssel der Referenz. Für die Fälle, in denen dieser nicht zur Verfügung steht, muss eine eindeutige Kombination aus Daten gefunden werden, die einen Satz identifizieren. Ist dies nicht möglich, ist über ein anderes Eingabeparadigma nachzudenken. Die Referenz kann dann nicht frei erfasst werden, sondern muss explizit über ein passendes Eingabeelement ausgewählt werden.

Die Identifizierung von referenzierten Objekten in Widgets erfolgt mit Hilfe des fachlichen Schlüssels.

1.3.2 Datenvalidierung

Die Erfassung von Daten erfordert zumeist die Sicherstellung der Integrität und Validität der Daten. Bevor die Daten also tatsächlich im System persistiert werden können, muss an einer Stelle die Korrektheit der Daten geprüft werden. Somit wird sichergestellt, dass die Daten zum einen vom System verarbeitet werden können, zum anderen semantisch auch korrekt sind. Wichtig ist dabei, wo diese Prüfungen ausgeführt werden, auf dem Client oder auf dem Server.

Integrität

Die Integrität der Daten bezieht sich hauptsächlich auf die grammatikalische Korrektheit.

- Feldlängen
- Formate (nur bestimmte Zeichen erlaubt, z.B. Datum oder numerische Werte)
- Prüfsummenprüfung (z.B. ISBN oder Waggonnummern)
- Abhängigkeitsprüfungen (z.B. wenn Feld A bestimmten Wert enthält, muss Feld B bestimmten anderen Wert enthalten)

Üblicherweise werden im Datenbankschema Constraints eingeführt, die die Integrität der Daten sicherstellen sollen. Es ist jedoch nicht ergonomisch, dem Benutzer erst ganz am Ende eines vielleicht sehr langwierigen Prozesses das Feedback zu geben, dass die eingegebenen Daten nicht integer sind. Daher sollten in einigen Fällen direkt bei der Dateneingabe Validierungen durchgeführt werden.

Datenbank-Constraints

Ein Großteil dieser Integritätsprüfungen kann ohne zusätzliche Informationen oder Daten erfolgen. Die Prüfung der referentiellen Integrität bzw. Duplikatsprüfung eines Datums bedarf allerdings des Zugriffs auf die Persistenzschicht. Grundsätzlich sind diese Integritätsprüfungen eher schnell zu erledigen und können somit ad hoc durchgeführt werden.

Semantische Korrektheit

Neben der reinen Datenintegrität auf grammatikalischer Ebene muss auch die semantische Korrektheit der Daten geprüft werden. So gibt es Verfügbarkeitsprüfungen für Bestellungen, Kapazitätsprüfung bei Buchungen oder eine Vertragsprüfung bei einer Anfrage. Diese Prüfungen zeichnet zweierlei aus. Zum einen werden viele zusätzliche, meist nicht direkt mit dem zu prüfenden Objekt verbundene Daten benötigt. Die Gesamtheit dieser Daten entscheidet dann über die Gültigkeit oder den Status eines Datums. Der zweite Aspekt dieser Prüfungen ist die Laufzeit. Aufgrund der benötigten Daten und der zugrunde liegenden Algorithmen laufen diese Prüfungen eher länger. Sie eignen sich somit weniger für eine sofortige Durchführung, sondern eher als Prozessschritt vor dem Speichern des Objekts.

Separater Prozessschritt vor dem Speichern

Ausführen von Prüfungen

Je nach Art des Constraints müssen Prüfungen im UI oder im Backend durchgeführt werden. Bei einigen Prüfungen besteht die Möglichkeit, sich für eine Seite zu entscheiden oder eine Kombination aus beiden zu verwenden. Grundregel ist jedoch, das jedwede Prüfung den Benutzer im UI nicht blockieren sollte. Bei Prüfungen im Backend muss somit ein zügiges Feedback an das UI gegeben werden. Wo das aufgrund der Laufzeit der Prüfung nicht möglich ist, muss das UI entsprechend so aufgebaut werden, dass der Benutzer vernünftig mit dieser Verzögerung umgehen kann. Dies kann beispielsweise mit Hilfe des *Jobs API* und der Postkorb-Metapher umgesetzt werden. Die Validierung wird dabei asynchron durchgeführt, der Benutzer kann so zunächst mit der Arbeit fortfahren. Für den Abschluss der Interaktion, beispielsweise das Speichern eines Objekts, ist allerdings zunächst die positive Antwort vom Server notwendig.

Zügiges Feedback an das UI

Die Validierung auf dem Client hat den Vorteil, dass man ein sehr direktes Feedback geben kann und den Benutzer sehr komfortabel und schnell auf einen Fehler hinweisen kann. Nachteil ist, dass Validierung eben teilweise auch ein Stück Geschäftslogik darstellt, was eigentlich im Backend gehalten werden sollte, um es auch für andere Teile der Anwendung nutzbar zu machen. Die Validierung im Backend hat den Vorteil der Zentralisierung und der Wiederverwendung der zugrunde liegenden Logik. Das fehlende direkte Feedback stellt den Nachteil dieser Lösung dar. Wie immer liegt die Lösung in einem Kompromiss. Der

Möglichkeit der Wiederverwendung der Validierungslogik prüfen

goldene Mittelweg ist, sowohl auf dem Client als auch im Backend zu validieren.

Die genaue Zuordnung ist immer eine Abwägungssache. Einfache Validierung wie Formate oder Prüfziffern sollten lokal, also im Client direkt, ausgeführt werden. Validierungen, die Zugriff auf weitere Daten benötigen, sollten in Abhängigkeit der Komplexität der Prüfung und der Menge an benötigten Daten bewertet werden. Sollte sowohl die Komplexität als auch die Menge an benötigten Daten gering sein, dann lohnt es sich, über ein lokales Caching der entsprechenden Daten nachzudenken, um diese Prüfung ebenfalls clientseitig ausführbar zu machen. Gegebenenfalls kann auf das Caching verzichtet werden, wenn die Laufzeit des Ladens dies erlaubt. Komplexe Prüfroutinen und solche, die viele Daten benötigen, sollten grundsätzlich ins Backend verlagert werden. Die Validierung sollte im Idealfall als Service bereitgestellt werden, damit der Client sie isoliert, aber direkt bei Eingabe oder nach Verfügbarkeit der benötigten Eingaben aufrufen kann. So kann dem Benutzer abhängig von der Laufzeit ein direktes bzw. semidirektes Feedback ermöglicht werden.

Lokales Caching von benötigten Daten

1.3.3   Datenverarbeitung

Die Aufgabe einer Enterprise-Anwendung ist die Verarbeitung von Daten. Die dafür benötigte Logik sollte in einem verteilten System grundsätzlich im Backend abgearbeitet werden.

Rich Client vs. Fat Client

Nun mag man meinen, dass die Verwendung von Eclipse RCP und einem Backend, das die Geschäftslogik beinhaltet, schon per Definition unsinnig sei, schließlich findet ein *Rich* Client Verwendung. Meiner Meinung nach ist dies keineswegs unsinnig. Auch wenn die Begriffe *Rich* und *Fat* üblicherweise synonym verwendet werden, unterscheiden sie sich meiner Meinung nach voneinander. Im RCP-Kontext beziehen sie sich auf die Menge bzw. die Komplexität der Geschäftslogik im Client. Ein *Rich Client* zeichnet sich genau in der Lokalität der Geschäftslogik im Backend aus und ist demzufolge kein *Fat Client*, welcher die Geschäftslogik beinhaltet und somit selbstständig mit der Datenbank kommuniziert.

Ein Rich Client beinhaltet keine oder nur sehr wenig Geschäftslogik.

Wiederverwendung

Der Hauptgrund für die Verlagerung der Logik in das Backend ist die Wiederverwendung. Die Komplexität der Enterprise-Architektur eines

Unternehmens verstärkt sich zunehmend durch die Verknüpfung einzelner Anwendungen. Die Wiederverwendung der Funktionsbausteine wie Prüfungen oder Erfassung von Daten bedingt, dass diese Funktionbausteine nicht nur über den originär zur Anwendung gehörenden Client aufgerufen werden können, sondern auch über verschiedenste Schnittstellen zur Verfügung stehen.

Ausnahmen

Grundsätzlich gilt, dass für große Enterprise-Anwendungen die Logik auf dem Server ausgeführt werden sollte. Allerdings ist dies natürlich keine Patentlösung. Es mag auch durchaus Ausnahmen geben, welche Geschäftslogik im Client beispielsweise aus Performancegründen legitimiert. Auch für kleine kompakte Anwendungen ist eine Client-Server-Architektur, die die Logik im Client selbst ausführen lässt, durchaus vorstellbar. Entscheidend ist dabei die Größe bzw. auch die Anforderungen an die jeweilige Anwendung.

1.3.4 Datenzugriff und -haltung

Der Zugriff auf die Datenbank erfolgt wie bereits beschrieben durch eine Datenzugriffsschicht. Diese Schicht beinhaltet sogenannte Data Access Objects (DAO), die typischerweise im Kontext eines Geschäftsobjekts stehen. Da in Enterprise-Anwendungen häufig objektrelationale Mapper (O/R Mapper) verwendet werden, bezieht sich ein DAO meist auf ein Geschäftsobjekt und damit indirekt auf eine konkrete Tabelle in der Datenbank. Das DAO bietet die entsprechenden Methoden auf den Daten in der Persistenzschicht.

Data Access Objects (DAO)

Ein DAO muss jedoch nicht immer in Bezug zu einer Datenbanktabelle stehen. Gerade in verteilten Systemen ist es durchaus legitim, das DAO für den Zugriff auf Daten aus angebundenen Systemen zu verwenden. Dies ist natürlich nur dann sinnvoll, wenn es um den tatsächlichen Zugriff geht. Ist dezidierte Logik involviert, dann sollte der Zugriff über einen Service gelöst werden.

Ein interessanter Punkt in Bezug auf den Datenzugriff ist das Thema *Locking*. Enterprise-Anwendungen arbeiten nach dem *Shared Editing*-Prinzip, alle User arbeiten somit gemeinsam auf einer Datenbasis. Es ist die Entscheidung zu treffen, ob die Datenobjekte optimistisch oder pessimistisch gelockt werden müssen. In vielen Anwendungen genügt der optimistische Ansatz. Jedes Objekt erhält somit eine Versionsnummer, die bei einem Update inkrementiert wird. Der Versuch, ein veraltetes Objekt zu speichern, resultiert in einer Exception, die vom Client entsprechend verarbeitet werden muss. Ein pessimisti-

Optimistisches Locking

sches Locking verhindert diesen Zustand, da vor dem Editieren eines Objekts ein Lock angelegt werden muss. Dies funktioniert allerdings nur dann, wenn für das Objekt in diesem Moment kein Lock vorhanden ist. Der Client muss in diesem Fall die Bearbeitung des Objekts verhindern. *Pessimistisches Locking*

1.3.5　Visualisierung der Daten

Die Visualisierung von Daten hat unterschiedliche Aspekte. Den Hauptanteil trägt dabei das UI, das für die eigentliche Darstellung zuständig ist. Darüber hinaus gibt es aber noch weitere Ausgabeformen. Zum einen gibt es Hardcopies, also sehr bildschirmnahe Formen. Diese sollten im Idealfall nicht 1:1 den Bildschirm wiedergeben, sondern semantisch wichtige Aspekte beinhalten. Anwendung findet diese Ausgabe meist für Tabellen. Weiterhin gibt es echtes Reporting, bei dem die Daten aggregiert und aufbereitet werden. Die Entscheidung über die passende Schicht, in der das Reporting ausgeführt wird, ist individuell zu beantworten. Ein clientseitiges Reporting vereinfacht das direkte Ansteuern von angeschlossenen Peripheriegeräten. Allerdings wird der Client mit der Erzeugung des Reports belastet, sowohl in Bezug auf die Prozessorzeit als auch in Hinsicht auf den benötigten Speicher und den damit zusammenhängenden zusätzlichen Datenverkehr. Eine Auslagerung auf den Server entlastet zwar den Client, macht aber ein Management für die für den Benutzer zur Verfügung stehenden Ausgabegeräte notwendig. Als Alternative hierzu bleibt allerdings ein einheitliches Rückgabeformat wie PDF, das dem Client zur Verfügung gestellt und individuell verwaltet werden kann. *Hardcopies* *Reporting*

1.4　Kommunikation

Wie bereits erläutert, stellt eine Enterprise-Eclipse-RCP-Anwendung eine verteilte Anwendung dar. Die Verteilung setzt voraus, dass beide Teile der Software effektiv *und* effizient miteinander kommunizieren, um ein funktionierendes Ganzes zu bilden.

1.4.1　Kommunikation in verteilten Systemen

Die Kommunikation in verteilten Anwendungen hat ihre eigenen Herausforderungen. Die Bandbreite an zu berücksichtigenden Punkten ist sehr groß. Sie reicht von den Effekten, die sich durch den nicht zusammenhängenden Speicher ergeben, über die Schwierigkeiten, auch unter widrigen Umständen einen zuverlässigen Datenaustausch sicherzustellen, bis hin zu der gegenüber lokalen Anwendungen erhöhten Latenz und deren Auswirkungen auf die Benutzbarkeit der Software.

Die Java-Plattform bietet etliche Techniken für die Kommunikation in verteilten Systemen an, die jeweils ihre spezifischen Vor- und Nachteile haben. Im Folgenden beschreibe ich einige dieser Techniken und erläutere deren Einsatz im Enterprise-Eclipse-RCP-Umfeld. Dabei werden nicht nur Techniken zur synchronen Kommunikation vorgestellt, sondern auch solche, die eine asynchrone Kommunikation ermöglichen. Asynchrone Kommunikation ist vor allem für sehr langlaufende Operationen erforderlich.

Aspekte der Kommunikation

Kommunikation zwischen Softwareteilen ist kompliziert. Als elementarer Bestandteil eines verteilten Softwaresystems sind allerdings einige Aspekte durchaus kritisch zu berücksichtigen:

- Verbindungsabbruch
- Latenz der Verbindung
- Unvollständigkeit der Daten
- Verfügbarkeit des Servers
- Beenden des Clients während der Bearbeitung einer Anfrage
- Identifikation des Kommunikationspartners
- Zustandsbehaftung der Kommunikation
- Sicherheit der Kommunikation
- Clusterfähigkeit des Protokolls
- Tauglichkeit des Protokolls für die Unternehmensfirewall

Martin Fowler:
Gesetze der Verteilung
Verteilte Systeme scheinen aufgrund der Kommunikation auf den ersten Blick also eine Menge von Herausforderungen mit sich zu bringen, und Martin Fowlers Gesetze der Verteilung scheinen diese Vermutung zu bestätigen.

- Erstes Gesetz der Verteilung: »Don't distribute.«
- Zweites Gesetz der Verteilung: »Distribute only if neccessary.«

Der Grundsatz hat unbestrittenerweise eine Menge an Wahrheit. Bei genauerer Betrachtung beinhaltet die Dekomposition eines Systems allerdings auch eine Vielzahl an positiven Aspekten, die durch die Verknüpfung mittels einer Kommunikation erst möglich werden.

Skalierbarkeit

Verteilte Systeme ermöglichen bei entsprechender Architektur eine gute Skalierbarkeit. Die Last der Verarbeitung kann verteilt werden. Dies gilt sowohl für die Serverseite – hier kann durch horizontale oder vertikale Skalierung die Anzahl der möglichen Transaktionen pro Minute erhöht werden –, sondern auch für die Gesamtsystemsicht: Durch den Einsatz von Rich Clients wird der Applikationsserver von der Aufgabe entbunden, die Darstellung für die Benutzeroberfläche zu erzeugen. Diese Aufgabe übernimmt der Eclipse-RCP-Client und entlastet somit den Server.

Horizontale und vertikale Skalierung

Zustandslosigkeit und Clustering

Zustandslose Systeme haben tendenziell weniger Probleme als zustandsbehaftete Systeme. Clustering z.B. wird erst sinnvoll möglich, wenn die Kommunikation ohne (serverseitig gehaltenen) Zustand ablaufen kann. Wird der Zustand der Kommunikation auf dem Server gehalten, muss er in einer Clusterumgebung in jedem Knoten repliziert werden, was die Clusterumgebung zusätzlich belastet.

Zustandslose Systeme verkraften einen Verbindungsabbruch besser als ein zustandsbehaftetes System. Da der komplette Zustand auf dem Client bzw. in der Persistenzschicht gehalten wird, kann er auch einfach erneut übertragen bzw. gelesen werden. Bei einem zustandsbehaftetem System wird der Zustand vollständig auf Serverseite in der mittleren Schicht gehalten und geht entsprechend beim Abbruch der Verbindung, z.B. durch Absturz des Servers, verloren.

1.4.2 Kommunikationsprotokolle

Java wurde von Sun als Sprache für verteilte Komponenten konzipiert, daher verwundert es nicht, dass die Sprache von Haus aus mit einer Vielzahl von Remoting-Protokollen ausgestattet ist. Im nun Folgenden werden einzelne Remoting-Protokolle kurz beschrieben, und es wird erläutert, wie sie funktionieren.

Java RMI

Java RMI (Remote Method Invocation) [35] stellt das wohl älteste in Java verfügbare Protokoll zum Aufruf entfernter Programme dar. Es ist seit JDK 1.1 verfügbar.

Für die Kommunikation mit einem entfernten Objekt mittels RMI muss die Adresse der RMI Registry bekannt sein, bei der die entfernten Objekte angemeldet sind. RMI zeichnet sich durch ein sehr kompaktes Übertragungsformat aus, da es Java-Objektserialisierung einsetzt. Die Verwendung dieses nativen Formats hat als Nachteil allerdings zur Folge, dass Änderungen an den Signaturen der übertragenen Daten (d.h.

Kompaktes Übertragungsformat

der Datentypen sowie der Reihenfolge der Attribute in den übertragenen Klassen) zu Inkompatibilitäten führen.

RMI verwendet sogenannte Low Ports zur Kommunikation: Die Standardports für den Verbindungsaufbau und die RMI Registry sind 1098 und 1099. Diese Ports liegen innerhalb der Low Port Range und können somit auf Unix- bzw. Linux-Systemen nur vom Root-Benutzer gebunden werden. Darüber hinaus sind diese Ports auf den meisten Firewalls gesperrt, sodass ein Eclipse-RCP-Client außerhalb des Unternehmensnetzwerks nicht auf die zugehörige Serverapplikation zugreifen kann, ohne dass die entsprechenden Ports auf der Firewall freigeschaltet werden.

Ports auf den meisten Firewalls gesperrt

Diese Nachteile treten vor allem während des Betriebs der Anwendung bzw. beim ersten Deployment auf. Hatte RMI früher auch während der Entwicklungszeit den Nachteil, dass die für die Kommunikation über RMI notwendigen Stubs und Skeletons mit Hilfe des *rmic* Tools erstellt und bei jeder Schnittstellenänderung aktualisiert werden mussten, kann hierfür seit Java 1.5 der Dynamic Proxy verwendet werden. Dies vereinfacht die Verwendung von RMI deutlich.

rmic Tool

SOAP/Webservices

SOAP [41] ist ein Standard des W3C. Es ist ein XML-basiertes Protokoll, das einen Austausch von strukturierten Daten in einer verteilten Umgebung ermöglicht.

Eine SOAP-Nachricht stellt zunächst einmal ein reines XML-Dokument dar. Dieses Dokument besteht aus einem optionalen SOAP Header, der kommunikationsspezifische Informationen enthalten kann. Die eigentlichen Nutzdaten werden im SOAP Body versendet. Die Art der Nutzdaten ist dabei anwendungsspezifisch, allerdings wird üblicherweise ein in XML umgewandeltes Objekt versendet. Und genau in dieser Serialisierung liegt auch ein Nachteil bei der Verwendung von SOAP. Zum einen benötigt die Umwandlung in XML vergleichsweise viel Zeit. Zudem enthält XML mit den Tags sehr viel strukturierenden Inhalt, der bei jeder Anfrage mit übertragen wird und den Datentransfer deutlich erhöht. Den Vorteil der Systemunabhängigkeit und Flexibilität durch die Verwendung von XML kommt bei feststehenden plattformhomogenen Kommunikationspartnern nicht zum Tragen.

Zeitaufwendige Serialisierung

Systemunabhängigkeit

SOAP definiert letztendlich eine allgemeine Semantik der zu übertragenen Daten, macht aber keinerlei Vorschriften über das für die Übertragung zu verwendende Protokoll. So ist es möglich, SOAP-Nachrichten sowohl über HTTP als auch über andere Protokolle wie SMTP zu senden.

HTTP Invoker

Bei HTTP Invoker [26] handelt es sich um ein spezielles Protokoll, das vom Spring Framework [25] implementiert wird. Genau wie RMI überträgt es serialisierte Java-Objekte, nutzt jedoch, wie der Name vermuten lässt, das HTTP als Übertragungsprotokoll. Hieraus ergeben sich einige Vorteile.

Zunächst einmal müssen keine speziellen Firewall-Konfigurationen vorgenommen werden. Der vom Client über HTTP Invoker angesprochene Service verhält sich genau wie ein Webserver: Er erhält Anfragen per HTTP und beantwortet diese Anfragen wiederum über HTTP. Im Normalfall kann dazu sogar der für HTTP vorgesehene Port 80 bzw. 8080 genutzt werden. *Keine speziellen Firewall-Konfigurationen*

Zudem verwendet HTTP Invoker die Standard-Java-Serialisierung und ist somit sehr effizient. Da wenig Strukturierungsinformationen benötigt werden, ist der Anteil der Nutzdaten am gesamten übertragenen Datenvolumen sehr hoch. *Effizient*

Da der angesprochene Service auch tatsächlich in einem Applikationsserver bzw. Webserver (wie z.B. Tomcat) installiert wird, können alle Vorteile eines Applikations- bzw. Webservers genutzt werden. Hierzu zählen vor allem die einfache Administrierbarkeit sowie einfach zu nutzende Möglichkeiten zum Clustering und zur Sicherstellung der Ausfallsicherheit.

JMS

Das Java Messaging Service (JMS) API [33] ermöglicht eine asynchrone Verarbeitung von Nachrichten. Die Kommunikation basiert auf sogenannten *Messages*. Messages sind auf Text basierende Objekte, damit also sowohl serialisierbar als auch austauschbar. Messages werden üblicherweise in eine Warteschlange, die sogenannte *Queue*, gestellt. Diese Queue ist in der Regel persistent, die in ihr enthaltenen Nachrichten werden also gespeichert. Für eine Queue gibt es einen oder mehrere Prozesse, die die vorhandenen Einträge jeweils sequenziell bearbeiten. Ein Prozess nimmt sich dabei einen Eintrag aus der Queue und bearbeitet ihn. Üblicherweise wird der Eintrag erst nach der erfolgreichen Bearbeitung aus der Queue entfernt, sodass eine Bearbeitung garantiert ist. Im Fehlerfall wird der Eintrag meist entweder verschoben oder in der Queue belassen. *Asynchrone Verarbeitung*

Sequenzielle Bearbeitung durch einen oder mehrere Prozesse

Lingo

Lingo [38] stellt ein leichtgewichtiges Protokoll dar, das auf dem Spring Remoting basiert. Es erlaubt, über das Spring Remoting veröffentlichte

Spring Remoting und JMS

Servicemethoden mit einem JMS-Mechanismus zu koppeln und damit auch eine garantierte asynchrone Verarbeitung zu ermöglichen. Lingo ist insofern eine sehr charmante Lösung, als dass die Integration mit Spring für den Aufrufer vollkommen transparent integriert werden kann.

1.4.3 Eignung von Protokollen für die Kommunikation

Die Tauglichkeit eines Protokolls für die Kommunikation orientiert sich sowohl an der Abdeckung der allgemeinen Anforderungen an die Kommunikation als auch an den spezifischen Anforderungen der Art der Kommunikation.

Allgemeine Anforderungen

Grundsätzlich ergeben sich aus den zuvor genannten Herausforderungen einer Verteilung bestimmte Aspekte, auf die Kommunikationsprotokolle eingehen müssen:

- Zuverlässigkeit der Kommunikation
- Sicherheit der Kommunikation
- Effiziente Übertragung (Menge und Geschwindigkeit)

Darüber hinaus lassen sich im Enterprise-Eclipse-RCP-Kontext auch zwei unterschiedliche Arten von Kommunikation identifizieren, an der sich die Eignung der genannten Protokolle festmachen lässt.

Interne Kommunikation

Performance und Sicherheit

Die wesentliche Anforderung an die Kommunikation zwischen Client und Server sind Performance und Sicherheit. Die Kommunikation findet hier in der Regel zwischen homogenen Systemen statt, grundsätzlich kann hier demzufolge ein plattformabhängiges Protokoll verwendet werdet. Abhängig von den anwendungsspezifischen zusätzlichen Anforderungen (synchron/asynchron, Firewall-Tauglichkeit) eignet sich hier sowohl RMI als auch HTTP Invoker und Lingo.

Externe Kommunikation

Flexibilität

Die Kommunikation mit externen Systemen hat unterschiedliche Aspekte. Basisanforderung ist allerdings meist weniger die Performance als die Flexibilität bezüglich der angebundenen Plattform. Für eine synchrone Kommunikation fällt die Wahl somit meist auf SOAP, JMS hingegen ist das Mittel der Wahl, wenn es sich um asynchrone Prozesse handelt.

2 Komponenten

>>*Das Ganze ist mehr als die Summe seiner Teile.*<<

—*Aristoteles, griechischer Philosoph*

Der Aufbau eines Eclipse-RCP-Clients wird, wie im ersten Kapitel beschrieben, im Wesentlichen durch die Komponentenorientierung der zugrunde liegenden OSGi-Plattform bestimmt. Alle Bestandteile eines Eclipse-RCP-Clients sind demzufolge Komponenten. Dies hat nachvollziehbarerweise elementare Auswirkungen auf die Gestaltung, also die Struktur, des Clients. Dieses Kapitel beschäftigt sich mit dem Komponentenbegriff eines Eclipse-RCP-Clients.

Die Komponentenorientierung bedingt eine logische Gliederung der *Logische Gliederung* einzelnen Softwareteile, um Komponenten überhaupt identifizieren zu können. Zu Beginn liefere ich Ihnen ein Schema, um unterschiedliche Typen von Komponenten anhand des Inhalts definieren zu können. Anhand dieser Typen lassen sich strukturelle Komponenten definieren. Mit zusätzlichen Strukturierungsprinzipien lassen diese sich dann zu einer gut zu verwaltenden Hierarchie zusammenfügen.

Die Komponentenstruktur beinhaltet grundsätzlich mehrere Aspekte. Zum einen ist der Schnitt der jeweiligen Komponenten, aus denen der Client zusammengesetzt ist, von Bedeutung. Der Abschnitt *Komponentenbildung* beschreibt, wie Sie diesen Schnitt schichtenübergreifend vornehmen können und somit auch für eine stringente Namensgebung der Komponenten sorgen können. Weiterhin muss über die innere Gliederung der Komponenten, also das Packaging, nachgedacht werden. Der Abschnitt *Packagestruktur* beschäftigt sich mit der internen Struktur einer Komponente und liefert Ihnen eine Empfehlung für die Strukturierung und Namensgebung der Bestandteile einer Komponente. Den Abschluss bildet das Thema Class-Loading, das im OSGi-Kontext eine besondere Bedeutung hat. Der Abschnitt zeigt Ihnen, wie Sie trotz der bestehenden Herausforderungen Ihren Eclipse-RCP-Client komponentenorientiert entwerfen können.

2.1 Komponenten in Eclipse

2.1.1 Technische Komponenten

Obwohl der Aufbau eines Eclipse-RCP-Clients als bekannt vorausgesetzt wird, sollen die einzelnen technischen Komponenten nochmals kurz eingeführt werden. Dies soll ein gemeinsames Verständnis sicherstellen.

Plug-in Ein *Plug-in* beschreibt eine Komponente des Clients. Diese Komponente beinhaltet sowohl Logik in Form von Code als auch Ressourcen in Form von Dateien, wie Bild- oder Properties-Dateien.

Fragment Ein *Fragment* ist ein OSGi-Mechanismus und bezeichnet eine Art Zusatzkomponente eines Plug-ins. Es erweitert den Inhalt eines anderen Plug-ins zur Laufzeit. Diese Komponente hat unterschiedliche Einsatzmöglichkeiten und beinhaltet je nach Verwendung entweder Code oder Dateien. Fragments werden typischerweise entweder für betriebssystemabhängigen Code, Patches, Mehrsprachigkeit oder Testklassen verwendet.

Feature Ein *Feature* stellt eine Menge von Plug-ins und/oder Fragments dar. Diese Menge steht in einem sinnvollen Zusammenhang, beispielsweise der Bearbeitung einer fachlichen Aufgabe wie Buchungsmanagement. Features sind darüber hinaus Gliederungsebenen, denen wir zu einem späteren Zeitpunkt im Rahmen des klassischen Update Managers und Java Web Start wieder begegnen werden, da hier auf Ebene der Features gearbeitet wird.

Im Kontext von Eclipse ist das Plug-in zentrales technisches Strukturelement für den Code. Fragments werden hauptsächlich verwendet, um Mehrsprachigkeit zu implementieren, wenn auch andere Verwendungszwecke denkbar und möglich sind.

2.1.2 Der Begriff Bundle

Seit der Version 3.0 setzt die Eclipse-Plattform auf der OSGi-Plattform auf. Damit ist eine einzelne Komponente der Eclipse-Plattform, also sowohl ein Plug-in als auch ein Fragment, gleichzeitig auch eine OSGi-Komponente, ein sogenanntes *Bundle*. Diesem Umstand ist auch zu verdanken, dass der deklarative Teil eines Eclipse-Plug-ins oder Fragments aus zwei Artefakten besteht. Der OSGi-spezifische Teil der statischen Informationen befindet sich im sogenannten *Bundle Manifest*, also der MANIFEST.MF-Datei. Die Eclipse-Plattform bietet darüber hinaus noch den *Extension Point*-Mechanismus. Dieser basiert ebenfalls auf

OSGi-Komponente

deklarativen Informationen, die im sogenannten *Plug-in Manifest*, also der plugin.xml, beschrieben werden. Die Begriffe Bundle und Plug-in werden im Folgenden synonym verwendet.

Die Differenzierung zwischen deklarativem und implementierendem Teil eines Bundles beweist sich im Enterprise-Umfeld als sehr *Deklarativer und* vorteilhaft. Enterprise-Eclipse-RCP-Anwendungen sind typischerweise *implementierender Teil* groß. Der Eclipse-RCP-Client beinhalten also viele Komponenten und viele Klassen. Da zum Startup der Anwendung die Interpretation des deklarativen Teils oft genügt, wirkt sich dies positiv auf die Startzeit der Anwendung aus. Die entsprechende Implementierung wird dann jeweils bei Bedarf geladen.

2.1.3 Bundletypen

Plug-in, Fragment und auch Bundle repräsentieren rein technische Aspekte zur Komponentenbildung und stellen die Grundlage der Entwicklung dar. Für die Bildung von Komponenten empfiehlt es sich, die Komponenten auch inhaltlich zu kategorisieren.

Auf Ebene der Bundles lassen sich unterschiedliche Typen anhand des Inhalts identifizieren. Die aufgeführten Typen stellen dabei keine offizielle Definition dar, sie sollen vielmehr Kategorien zur Unterscheidung einzelner Bundles bilden. Die Unterscheidung ist für *Kategorien zur* die Architektur des Clients insofern von Relevanz, als dass die identifi- *Unterscheidung* zierten Typen von Bundles fachliche bzw. technische Komponenten der Software darstellen. Dies ist sehr wichtig, da ein Eclipse-RCP-Client im Allgemeinen aus vielen Bundles besteht. Die einzelnen Komponenten sollten also so entworfen werden, dass sie sinnvoll geschnitten und austauschbar sind für den Fall, dass Teile der Software verändert werden.

Code Bundle Ein *Code Bundle* beschreibt ein Standard-Plug-in des Clients. Diese Komponente beinhaltet sowohl Logik in Form von Code als auch Ressourcen in Form von Bild- oder Properties-Dateien.

Library Bundle Ein *Library Bundle* definiert ein Plug-in des Clients, das eine 3rd-Party-Bibliothek kapselt. Diese Komponente beinhaltet ausschließlich den Code der Bibliothek.

Resource Bundle Ein *Resource Bundle* stellt den typischen Anwendungsfall eines Fragments dar. Das Resource Bundle beinhaltet im Normalfall keinen Code, sondern lediglich Konfigurationen, spezifische Build- oder Properties-Dateien.

Language Bundle Ein *Language Bundle* ist ein spezieller Typ Resource Bundle, also ebenfalls ein Fragment. Es beinhaltet eine Properties-Datei mit Übersetzungen für Code Bundles.

2.1.4 Bundles und Features

Der Begriff Feature findet auf Ebene der Eclipse Bundles kein Äquivalent. Er dient weiterhin als Gruppierungselement, das wir uns im Zusammenhang mit dem Update Manager später genauer anschauen werden. Features haben allerdings keinen Einfluss auf die tatsächliche Struktur des Codes. Abbildung 2-1 zeigt den Zusammenhang der Begriffe Plug-in, Fragment und Feature zu den Typen von Eclipse Bundles und stellt deren Beziehung zueinander dar.

Abb. 2-1
Clientseitige
EERCP-Komponenten

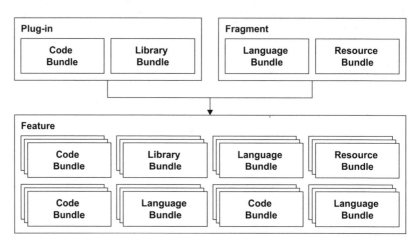

Sowohl für Library als auch für Language Bundles ergibt sich ein relativ offensichtlicher Rahmen für den Inhalt, da dieser bereits durch den Bundletyp vorgegeben ist. Bei Code Bundles gestaltet sich der richtige *Schnitt* deutlich anspruchsvoller, da hier der Inhalt wiederum komponentenorientiert gestaltet werden sollte.

2.2 Strukturierungsprinzipien

Mit der Strukturierung des Clients sollte das Ziel verfolgt werden, möglichst leicht zu verwaltende Komponenten zu entwerfen. Wichtig ist dabei die funktionale Abgeschlossenheit des Inhalts der Komponenten, da es gerade das Abhängigkeitsmanagement deutlich vereinfacht. Der Inhalt kann dabei sowohl nach fachlichen als auch nach technischen Gesichtspunkten unterschieden werden. Im Folgenden soll die Strukturierung der Code Bundles betrachtet werden.

2.2.1 Fachliche Bundles: Der richtige Schnitt

Da die Entwicklung des Clients im Normalfall anhand einzelner Anwendungsfälle, sogenannten *Use Cases*, erfolgt, empfiehlt es sich, die
Code Bundles des Clients auch anhand der Use Cases zu strukturieren.
Dieses Vorgehen sichert zwei wesentliche Vorteile. Zum einen bilden
Use Cases per Definition eine sinnvolle, in sich abgeschlossene Menge
an Geschäftslogik. So kann die bereits erfolgte Komponentenbildung
der Designphase für den Client weiterverwendet werden. Damit sind
Funktionalität und Inhalt in sich abgeschlossen, fachliche Abhängigkeiten zu anderen Use Cases bzw. Komponenten sind bereits vollständig
definiert. Gegebenenfalls ist es sinnvoll, zwei oder mehrere Use Cases
zusammenzufassen, wenn sie thematisch eine Einheit bilden. Des Weiteren kann sich dieses Vorgehen später für die Autorisierung auszahlen,
da diese meist auf Basis von Use Cases und Rollen basiert.

Use Cases

2.2.2 Technische Bundles: Querschnittsfunktionalität

Strukturiert man die Code Bundles anhand der fachlichen Komponenten, dann taucht schnell Funktionalität auf, die übergreifend benötigt wird. Auch Querschnittsfunktionalität sollte sinnvoll in einzelne
Komponenten aufgeteilt werden. So kann man zum Beispiel technische
Komponenten, die Funktionen wie Databinding oder spezielle Widgets
beinhalten, definieren. Diese Funktionen stehen typischerweise in keinem direkten Zusammenhang zu einem bestimmten fachlichen Aspekt.
Darüber hinaus gibt es die fachlichen Querschnittsfunktionen wie Labeling, Content Assist für bestimmte Entitäten oder Jobs, die man als
Komponente wiederverwendbar bereitstellen möchte. Jede Funktionalität muss dahingehend überprüft werden, ob sie als eigenes Code Bundle
oder als Teil eines anderen Code Bundles zur Verfügung gestellt wird.
Für größere Funktionalitäten wie beispielsweise Databinding oder Security ist eine eigene Komponente zu empfehlen, das Releasemanage-
ment wird so deutlich vereinfacht. Kleinere Funktionalitäten und einzelne Widgets hingegen sollten in einer Sammelkomponente zur Verfügung gestellt werden. Es ist sehr schwer, Richtwerte für Anzahl, Größe
und Umfang der von Ihnen entwickelten Komponenten zu nennen. Entscheidend ist eher, wie gut und sauber Sie diese inhaltlich gestalten. Im
Allgemeinen gilt der Grundsatz »*So viele wie nötig, so wenige wie möglich*«.

*Kein direkter
Zusammenhang zu
einem bestimmten
fachlichen Aspekt*

Abbildung 2-2 auf der nächsten Seite zeigt den Zusammenhang
zwischen Use Cases und Komponenten. Use Case A wird in Komponente A abgebildet. Use Case B und C gehen in Komponente B auf.

Komponente D bildet die Querschnittsfunktionalität aller drei Use Cases ab.

Abb. 2-2
Komponentenschnitt

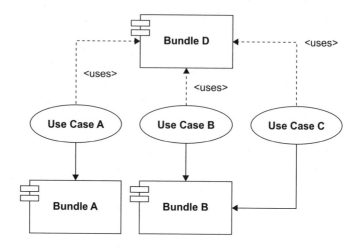

2.3 Komponentenbildung

Die Bildung von Komponenten beinhaltet zwei Aspekte, die äußere und die innere Struktur. Mit der äußeren Struktur ist die Art der Aufteilung der Anwendung in Bundles gemeint, die innere Struktur beschreibt den inneren Aufbau eines Bundles selbst.

2.3.1 Bundle-Struktur

Mit der Unterscheidung der unterschiedlichen Typen von Bundles ist bereits eine Strukturierungsmöglichkeit geschaffen. Der Code eines Clients ist in der Regel sehr umfangreich, wobei der Anteil von selbst geschriebenem Code, also Code Bundles, im Vergleich zu den verwendeten Bibliotheken, also Library Bundles, überwiegen wird.

Bei der Gestaltung Ihrer Komponenten existieren gegebenenfalls firmeninterne Konventionen, die Sie berücksichtigen müssen. Dennoch möchte ich an dieser Stelle ein Standardlayout für Ihre Code Bundles empfehlen. Diese Struktur hat sich bewährt und erlaubt eine flexible Handhabung Ihrer Enterprise-Eclipse-RCP-Anwendung.

Namensgebung   Der symbolische Name eines jeden Bundles beginnt also mit der First- und Second-Level-Domäne des Eigners der zu entwickelnden Anwendung. Daran schließt sich der Name der Anwendung an. Unter der Voraussetzung, dass Sie Ihre Bundles entsprechend Ihrer Use-Case-Definitionen gliedern, ist zu empfehlen, als Nächstes den Namen der Komponente zu verwenden, zu dem das Bundle gehört. Zum einen ist das Best Practice der Eclipse-Plattform. Zum anderen setzt sich die Komponente meist aus zwei Teilen, den clientseitigen Elementen und den serverseitigen Elementen, zusammen. Das Code Bundle beinhaltet dabei lediglich die UI-Teile der Komponente, die aber das gleiche Präfix in der Packagestruktur tragen wie der serverseitige Teil der Komponente. Für den UI-Teil einer Komponente, also die Elemente des UI Code Bundles, würde dementsprechend folgendes Pattern für die Namensgebung zur Anwendung kommen:

Einen UI-Teil benennen

Domäne.Firma.Anwendung.Komponente`.ui`

In unserem Beispiel heißt der UI-Teil der Personalverwaltungskomponente also:

`net.sf.dysis.resource.ui`

Dieses Code Bundle würde entsprechend alle UI-Elemente bezüglich der Personalverwaltung beinhalten. Abbildung 2-3 zeigt die Übersicht der zum Dysis-Client gehörenden Bundles, die entsprechend strukturiert sind.

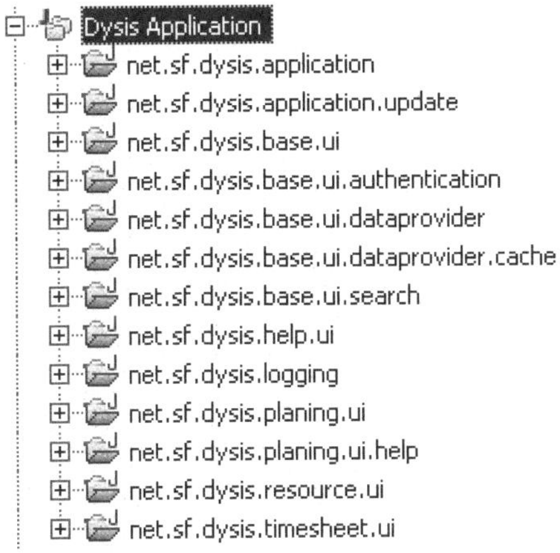

Abb. 2-3
Überblick über die Bundles des Dysis-Client

Für den Fall, dass Sie serverseitig ebenfalls mit OSGi arbeiten, können die serverseitigen Bundles nach demselben Prinzip mit einem anderen Suffix benannt werden:

Domäne.Firma.Anwendung.Komponente`.core`

Der Core-Teil der Personalverwaltungskomponente in unserem Beispiel hieße also:

Einen Core-Teil benennen

`net.sf.dysis.resource.core`

Dieses Bundle würde alle Domänenobjekte, Services und die Geschäftslogik der Komponente beinhalten. Denkbar wären dann auch Utility Code Bundles, die spezifische Querschnittsfunktionen beinhalten. Das Auslagern in ein eigenes Bundle hat den Vorteil, dass Sie das Bundle dann sowohl auf der Clientseite als auch auf der Serverseite verwenden können.

Sollten Sie serverseitig nicht mit OSGi arbeiten, dann sollten Sie dennoch den für das serverseitige Bundle vorgeschlagenen symbolischen Namen als Präfix im Packagenamen verwenden. Sie erreichen so auf Packageebene eine sehr gute Zuordnung von client- und serverseitigem Code.

Abb. 2-4
Überblick über die
Aufteilung der
Packages des
Dysis-Servers

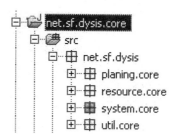

2.3.2   Packagestruktur

Nachdem wir einen Blick auf die Bildung von Komponenten geworfen haben, schauen wir uns nun die interne Struktur eines Code Bundles, also das Packaging, an. Grundsätzlich bleibt es natürlich Ihnen überlassen, wie Sie die Packagestruktur gestalten. Eventuell existieren auch hier interne Konventionen, denen Sie entsprechen müssen. Allerdings ist *Bindende Vorgabe* es zu empfehlen, vorher eine bindende Vorgabe zu definieren, um eine *definieren* homogene Struktur komponentenübergreifend sicherzustellen. Meine Empfehlung hat sich im praktischen Einsatz bewährt und stellt ebendieses sicher.

Für das Naming von Eclipse Bundles gelten grundsätzlich die Regeln, die auch bei der Entwicklung von Plug-ins gelten. Das bedeutet, das *Root Package* entspricht dem Namen des Plug-ins.

Clientseitige Packages

In einem Code Bundle hat es sich bewährt, die Packagestruktur eher technisch zu gestalten. Unterpackages wie *.editor*, oder *.dialog* beinhalten die UI-Elemente, die direkt zur Komponente gehören. Für den Fall, dass Sie Schnittstellen oder Funktionalität einer anderen Komponente bzw. eines anderen Bundles verwenden, empfiehlt es sich, die Klassen in einem eigenen Package zu verwalten. Beispiel hierfür wäre ein Package *.databinding* oder *.search*.

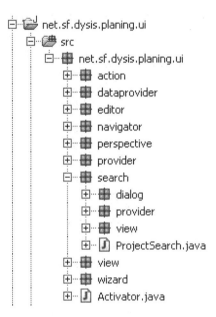

Abb. 2-5
Ein Bundle gliedert sich intern in die einzelnen technischen Elemente.

Serverseitige Packages

Für die Serverseite ist das gleiche Vorgehen zu empfehlen. Hier fänden sich typischerweise Unterpackages wie *.domain*, das das Domain Model beinhaltet, oder *.service* mit den vom UI verwendeten Services.

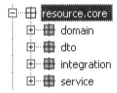

Abb. 2-6
Die Packages unterhalb der Komponenten gliedern sich im Dysis-Serverprojekt in die jeweiligen technischen Aufgabenbereiche.

2.3.3 Public und Private API

Bundles definieren nicht nur Abhängigkeiten auf andere Bundles, sondern exportieren zusätzlich explizit Elemente. Dieser Export geschieht auf Packageebene. Exportierte Packages stellen das sogenannte *Public API*, nicht exportierte Packages das *Private API* dar. Die Definition, welches Package sichtbar ist und welches nicht, findet sich im Bundle Manifest und ist auf den ersten Blick nicht ersichtlich. Es hat sich bei

Bundles, die Packages exportieren, als praktisch erwiesen, das *Private API* mit einem Zusatz *internal* in der Packagebezeichnung zu kennzeichnen. Exportiert wird dann grundsätzlich alles, was kein *internal* im Packagenamen trägt.

Abb. 2-7
Das Private API des Bundles net.sf.dysis.application befindet sich im internal Package.

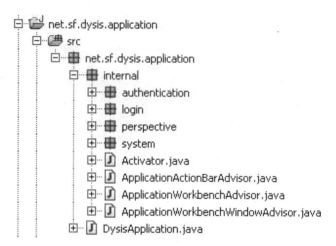

2.4 Versionierung von Bundles

Wir haben über unterschiedliche Arten von Bundletypen gesprochen. Dann haben wir uns Beispiele für einzelne Bundles anhand eines Standardlayouts angeschaut. Die Einteilung in einzelne Komponenten steht dabei im Vordergrund. Im Zuge dieser Komponentenbildung kommt dann ein zweiter wesentlicher Aspekt der Entwicklung von Software hinzu, die Versionierung. Da Eclipse auf OSGi basiert, wird die Versionierung bereits von der Plattform nativ unterstützt. Jedes einzelne Bundle wird zusätzlich zum Namen durch eine Versionsinformation auf dem OSGi-Bus identifiziert, die Kombination ist eindeutig.

2.4.1 Versionierungsschemata

Wie auch bei der Nomenklatur ist für die Versionierung ein Schema empfehlenswert. Zunächst ist zu definieren, wie die Versionen der einzelnen Bundles inkrementiert werden. Dabei ist zu betonen, dass sich dieses Schema lediglich auf Code und Resource Bundles bezieht. Library Bundles sollten grundsätzlich die Version der beinhalteten externen Bibliothek als Version führen.

Individuell versionieren

Eine separate Versionierung der einzelnen Bundles ermöglicht es, die Entwicklung der Komponenten spezifisch zu verfolgen. Dies führt dazu, dass die ausgelieferte Anwendung fachliche Komponenten in unterschiedlichen Versionen beinhaltet. Die Version der Anwendung wird im Feature der Anwendung und in dem Bundle, das die Produktdefinition enthält, geführt. Dieses Vorgehen hat den Vorteil, dass bei einem Versionsupdate der Anwendung tatsächlich nur die Komponenten aktualisiert werden müssen, die modifiziert bzw. erweitert wurden.

Bundles haben unterschiedliche Versionsnummern.

Einheitlich versionieren

Im Gegensatz zur spezifischen Versionierung kann auch die gesamte Anwendung, also alle fachlichen Komponenten, mit einer einheitlichen aktuellen Versionsnummer ausgeliefert werden. Diese Versionsnummer ist dann identisch mit der des Features. Zwar werden so bei einem Versionsupdate immer alle fachlichen Komponenten der Anwendung aktualisiert, was zu zusätzlichem Datenverkehr führt. Allerdings ist einer Komponente damit direkt anzusehen, zu welcher Version sie gehört, und sie ist damit unabhängig vom Feature zuzuordnen.

Bundles haben identische Versionsnummern.

Bewertung

Bisher habe ich für Eclipse-RCP-Anwendungen immer ein einheitliches Versionierungsschema eingesetzt. Durch das automatische Inkrementieren aller Komponenten nach einem Release ist sichergestellt, dass sämtliche Änderungen definitiv im kommenden Release enthalten sind. Darüber hinaus ist es sehr komfortabel, auf den ersten Blick zu wissen, zu welcher Version der Anwendung die jeweilige Komponente gehört. Da ein Versionsupdate tendenziell immer einen längeren Prozess darstellt, kann damit der zusätzliche Datenverkehr entschuldigt werden. Darüber hinaus wird in einigen Fällen ohnehin nicht der interne Update Manager verwendet, beispielsweise bei Einsatz einer Softwareverteilung. Sollten Sie allerdings ausschließlich den Eclipse Update Manager einsetzen und viele einzelne verteilte Clients betreiben, dann kann genau der Datentransfer ein Grund für eine individuelle Versionierung darstellen.

2.4.2 Versionsnummern vergeben

Die Versionsnummer eines Bundle besteht typischerweise aus mindestens drei ganzen Zahlen *Major-*, *Minor-* und *Micro-*Version, welche durch jeweils einen Punkt getrennt werden. Üblicherweise wird dann

*Versionsnummer: ma-
jor.minor.micro.qualifier*

noch ein alphanumerischer *Qualifier* als Suffix hinzugefügt. Die einzelnen Teile der Versionsnummer können für den gesamten Client sehr gut
dafür verwendet werden, um die Kompatibilität mit dem verbundenen
Backend zu bewerten.

Unabhängig davon, ob Sie Ihre Bundles einheitlich oder individuell
versionieren, können Sie die Version der Anwendung zur Kompatibili-
tätsprüfung verwenden.

Major-Version Ein Inkrementieren der Major-Version bedeutet eine
elementare Veränderung der Anwendung. Dies kann beispielsweise neue Funktionalität oder strukturelle Modifikationen am Datenmodell beinhalten. Ein Backend mit einer anderen Major-Version
ist nicht kompatibel mit dem Client.

Minor-Version Ein Inkrementieren der Minor-Version bedeutet eine strukturelle Modifikation der Anwendung. Diese Modifikation macht das Backend in der Regel inkompatibel mit dem Client. Es gibt allerdings auch den Ansatz, für eine Minor-Version-
Inkrementierung lediglich zusätzliches API zu erlauben und den
Bruch des bestehenden APIs zu verbieten. So wäre der Client dann
weiterhin kompatibel mit dem Server.

Micro-Version Die Micro-Version sollte dann inkrementiert werden,
wenn eine Modifikation keine strukturellen Auswirkungen hat und
ein älterer Client der gleichen Minor-Version trotz der Veränderung
weiterhin mit dem Backend zusammenarbeiten kann. Dies beinhaltet beispielsweise Änderungen oder Erweiterungen der Geschäftslogik.

Qualifier Der Qualifier bietet zusätzliche Information für die ausgelieferte Version. So ist es beispielsweise für Nightly Builds üblich,
einen Zeitstempel hinzuzufügen. Der PDE-Build bietet hierfür auch
eine integrierte Unterstützung.

Die Vergabe der Versionsnummer nach dem beschriebenen Schema
macht es möglich, gerade in der Entwicklungszeit ggf. auf eine Aktualisierung des Clients verzichten zu können. Sollten lediglich Bestandteile
der Geschäftslogik manipuliert worden sein, dann ist es so möglich,
diese weiterhin mit dem älteren Client zu testen.

2.4.3 Verschiedene Versionen des gleichen Bundles verwenden

Der Einsatz von unterschiedlichen Versionen des gleichen Bundles findet in den allermeisten Fällen bei Library Bundles Anwendung. Es kann
durchaus vorkommen, dass zwei Bundles verschiedene Versionen ei-

nes Library Bundles benötigen. Dies kann beispielsweise bei Logging-Frameworks oder XML-Parsern der Fall sein. Wichtig ist hierbei, dass auf die Komponentenhierarchie geachtet wird, um Konflikte durch zyklische Abhängigkeiten zu vermeiden. Innerhalb fachlicher Komponenten sollte versucht werden, mit einer gemeinsamen Version zu arbeiten. Behält man allerdings die Komponentenhierarchie unter Kontrolle, dann ist auch der Einsatz verschiedener Versionen des gleichen Bundles problemlos möglich.

2.5 Bundle Classloading

Die Verwendung von Bundles bringt auf technischer Ebene eine wesentliche Veränderung mit sich. Bundles haben grundsätzlich ihren eigenen Classloader und damit einen separaten Klassenpfad. Dieser – zugegeben sehr technische – Aspekt wirkt sich indirekt auf die Art und Weise aus, wie Komponenten gestaltet werden. Die strikte Trennung der Klassenpfade bedingt, dass die Abhängigkeiten zwischen einzelnen Komponenten respektive Bundles genau durchdacht sein müssen.

2.5.1 Standard-Classloading

Java verwendet für die im Code genutzten Klassen einen Classloader. Dieser ist dafür zuständig, den Bytecode der Klassen in den Ressourcen auf dem Klassenpfad zu finden und zu laden, damit die Klasse entsprechend genutzt werden kann. Die geladene Klasse wird dann zukünftig über ihren Namen und den Classloader, der für die Bereitstellung verwendet wurde, in der Java VM identifiziert. Potenziell sieht Java es also vor, eine Klasse mehrere Male pro VM laden zu können. Diese Funktion wird in Java-Programmen jedoch üblicherweise nicht bewusst verwendet. Lediglich Applikationsserver nutzen die Classloader-Hierarchie, um die Klassenpfade der einzelnen installierten Anwendungen voneinander zu trennen. Innerhalb einer Anwendung wird allerdings gewöhnlich ein einziger Classloader verwendet, es existiert somit lediglich ein einziger Klassenpfad.

Identifikation von Klassen in der Java VM

2.5.2 Classloader Hell

Die Tatsache, dass innerhalb einer Anwendung ein einziger Classloader mit einem einzigen Klassenpfad verwendet wird, hat das Design einiger Bibliotheken sehr beeinflusst. Dies betrifft insbesondere Bibliotheken, die Reflection verwenden, um auf bestimmte Ressourcen zuzugreifen. Diese Bibliotheken arbeiten meist mit Beschreibungsdateien, die Strukturen oder Konfigurationen für eine Anwendung definieren. Dabei wer-

Reflection

den häufig anwendungsspezifische Klassen mit Hilfe von Reflection erzeugt und verwendet.

Bidirektionale Beziehungen

Die Verwendung solcher Bibliotheken setzt voraus, dass einerseits der Teil der Anwendung auf die Klassen der Bibliothek zurückgreifen kann. Das scheint offensichtlich, um die Bibliothek überhaupt verwenden zu können. Die Bibliothek wiederum benötigt ebenfalls Zugriff auf die Klassen der Anwendung, die mittels Reflection erzeugt werden sollen.

Um Bibliotheken möglichst effizient managen zu können, ist entsprechend des beschriebenen Komponentenmodells die Auslagerung in Library Bundles der Weg der Wahl. Da Library Bundles allerdings aufgrund der zyklischen Abhängigkeit keinerlei Abhängigkeiten zu anwendungsspezifischen Bundles haben können, ist die notwendige Bidirektionalität problematisch. In der Praxis besteht aber die Notwendigkeit einer Lösung, um entsprechende Bibliotheken einsetzen zu können.

Buddy Classloading

Eclipse Equinox, die OSGi-Implementierung von Eclipse, stellt das Buddy Classloading zur Verfügung, um eine bidirektionale Abhängigkeit für den Classloader verwaltbar zu gestalten. Buddy Classloading macht

Erweiterung des Klassenpfads

es möglich, den Klassenpfad eines Bundles zu erweitern. Sollte ein Bundle Classloader über seinen Klassenpfad die gesuchte Klasse nicht finden, dann fragt er bei den registrierten Bundles, den sogenannten *Buddys*, nach. Um in einem Bundle das Buddy Classloading zu erlauben, wird im Bundle Manifest der Eintrag »Eclipse-BuddyPolicy: *strategy name*« vorgenommen.

Es gibt unterschiedliche Strategien, wie Buddys ermittelt werden. Eine solche Strategie nennt sich Buddy Policy und wird, wie in Abbildung 2-12 auf Seite 47 zu sehen, im Bundle Manifest definiert.

registered Der Buddy-Mechanismus wird bei allen Bundles nachfragen, die sich als Buddy für das Bundle registriert haben. Bundles, die sich bei einem solchen Bundle als Buddy registrieren möchten, führen im eigenen Manifest die Registrierung durch den Eintrag »Eclipse-RegisterBuddy: *bundleSymbolicName*« durch, wie in Abbildung 2-13 auf Seite 47 zu sehen. Wichtig ist dabei, dass das als Buddy registrierte Bundle zusätzlich eine Dependency auf das Bundle definiert.

dependent Diese Strategie bewirkt, dass der Buddy-Mechanismus in allen Bundles nachschaut, die eine Abhängigkeit auf dieses Bundle besitzen. Dabei ist nicht relevant, ob das abhängige Plug-in dies erlaubt.

global Die gesuchte Klasse wird hier in der gesamten Menge an exportierten Paketen aller bekannten Bundles gesucht.

app Der Buddy-Mechanismus delegiert an den Application Classloader, der den gesamten Klassenpfad durchsucht.

ext Der Extension Classloader sucht im Extension-Verzeichnis (bspw. `<JAVA_HOME>/lib/ext`) das Verzeichnis des JDK bzw. der JRE.

boot Die Klasse wird mit dem Boot Classloader in allen originären JDK bzw. JRE Libraries gesucht.

2.5.3   Beispiel

Die Problematik des Classloadings möchte ich an einem Beispiel verdeutlichen. Es gibt viele Bibliotheken oder Frameworks, die dafür verwendet werden können, so unter anderem Hibernate, Log4J oder das Spring Framework. Für dieses Beispiel verwende ich das Spring Framework. Sollten Sie nicht mit Spring vertraut sein, dann ist das an dieser Stelle nicht schlimm. Die für das Beispiel relevante Funktionalität wird zu Beginn erläutert. Darüber hinaus werde ich jedoch keine detaillierte Beschreibung über Funktion und Arbeitsweise des Spring Frameworks liefern, sondern auf einen für das Classloading relevanten Punkt eingehen. Spring eignet sich als Beispiel zudem zur Beschreibung einer komponentenorientierten Lösung auf Basis von OSGi. Diese wird vom Spring Framework selbst in Form des Spring-Dynamic-Modules-Projekts bereitgestellt.

Erläuterung anhand des Spring Frameworks

Das Spring Framework

Das Spring Framework verwendet einen sogenannten *Spring Application Context*, in dem einzelne in der Anwendung verwendete Objekte, sogenannte *Spring Beans*, aufgeführt sind. Für den Spring Application Context liegen gewöhnlich eine oder mehrere Kontext-XML-Dateien vor, die vom Spring Framework zu Beginn eingelesen werden.

Spring Beans

```
<beans>

...

<bean id="requestExecutor" class="net.sf.dysis.core.client.spring
    .HttpInvokerRequestExecutor" />
```

Listing 2.1
Die Kontext-XML-Datei

```
<bean id="serviceExceptionHandlingAdvice" class="net.sf.dysis.
    core.client.internal.spring.ServiceExceptionHandlingAdvice"/>

...

</beans>
```

Dependency Injection

Der Spring Application Context ermöglicht es, mit Dependency Injection (DI) zu arbeiten. Das Spring Framework sorgt dabei zum einen für die Erzeugung der aufgeführten Spring Beans durch den Java-Reflection-Mechanismus. Darüber hinaus werden die Beziehungen der Spring Beans zueinander aufgelöst, indem entsprechend der Konfiguration einer Spring Bean andere Beans als Attribut injiziert werden.

Anwendungsszenario

Clientseitiger Spring Application Context

Die Referenzimplementierung *Dysis* verwendet für die Kommunikation zwischen Client und Backend das Spring Remoting. Dabei existiert clientseitig ein Spring Application Context, der eine injektive Abbildung bestimmter Services des Backends darstellt. Die im clientseitigen Application Context aufgeführten Service Proxys mappen dabei genau einen Service der Serverseite. Der clientseitige Aufruf wird vom Spring Framework transparent an das Backend delegiert, welches dann die Ausführung des Aufrufs gewährleistet und das Ergebnis zurückliefert.

Schnittstellen-Bundle

Die im Client benötigten Klassen, also Service Interfaces und DTOs, werden als eigenes Bundle *net.sf.dysis.core.client* im Client zur Verfügung gestellt. Dieses Bundle enthält ebenfalls die Kontext-XML-Datei zur Beschreibung des Spring Application Context. Dem beschriebenen Komponentenmodell entsprechend würde das Spring Framework als Library Bundle eingebunden werden. Das *net.sf.dysis.core.client* Bundle mit den Klassen der Serverschnittstelle würde eine Abhängigkeit auf das Spring Library Bundle definieren, da es einige Klassen des Spring Frameworks verwendet. Da die Kontext-XML-Dateien allerdings im Bundle *net.sf.dysis.core.client* liegen, benötigt das Spring Library Bundle eine Abhängigkeit auf das Bundle, um auf die Kontext-XML-Dateien und die in ihnen definierten Klassen zugreifen zu können.

Abhängigkeiten zur Spring-Bibliothek

Lösungsstrategien

Im Fall Spring existieren drei unterschiedliche Lösungsstrategien, wobei davon zwei die strikte Trennung der Komponenten aufgeben.

Kopien der Bibliotheken verwenden   Die wohl einfachste, aber auch schlechteste Möglichkeit besteht darin, komplett auf das Spring Library

Bundle zu verzichten und die Spring-Bibliotheken direkt in das Dysis
Core Client Bundle zu kopieren.

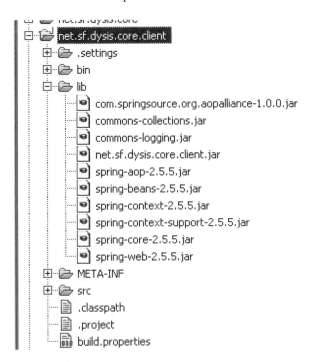

Abb. 2-8

*In der ersten Variante
liegen die benötigten
Spring-Bibliotheken
integriert im Bundle.
Sie sind damit
Bestandteil des
Bundles und können
nicht separat verwaltet
werden.*

Die Spring-Bibliotheken liegen also im Dysis Bundle selbst, wie in
Abbildung 2-8 zu sehen. Über das Bundle Manifest werden die Bibliotheken dann dem Klassenpfad des Dysis Plug-ins zur Verfügung gestellt
(siehe Abbildung 2-9 auf der nächsten Seite). Der Spring Application
Context, die Klassen der Serverschnittstelle und die Spring-Bibliotheken
liegen somit automatisch im selben Klassenpfad.

Diese Lösung ist, wie gesagt, die schlechtestmögliche. Sie stellt einen
massiven Bruch der Komponentenorientierung dar, da damit das Spring
Framework und dessen benötigte Bibliotheken elementarer Bestandteil
des Dysis Bundles werden und nicht mehr separat verwaltet werden
können.

Buddy Classloading   Als zweite Möglichkeit kann das Buddy Class-
loading verwendet werden. Die Spring-Bibliotheken sind dabei in einem
Library Bundle gekapselt, welches die benötigten Klassen bereitstellt.
Abbildung 2-10 zeigt die Runtime-Konfiguration des Spring Library
Bundles.

Das Library Bundle exportiert die in den gekapselten Bibliotheken
enthaltenen Klassen. Um die vom Library Bundle bereitgestellten Klassen nutzen zu können, definiert das Dysis Bundle eine Abhängigkeit auf

Abb. 2-9
Die im Bundle
enthaltenen
Spring-Bibliotheken
werden dem
Klassenpfad im
MANIFEST.MF des Dysis
Bundles hinzugefügt.
Damit kann das
Bundle zum einen mit
den Klassen arbeiten,
zum anderen haben
die integrierten Klassen
Zugriff auf die Klassen
des Bundles.

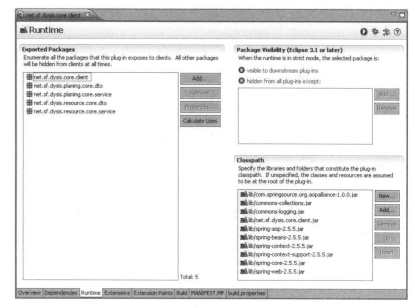

Abb. 2-10
Die Spring-Bibliotheken
liegen in der zweiten
Variante gekapselt in
einem eigenen Library
Bundle und exportieren
die entsprechend
benötigten Packages.
So kann die Bibliothek
separat verwaltet
werden.

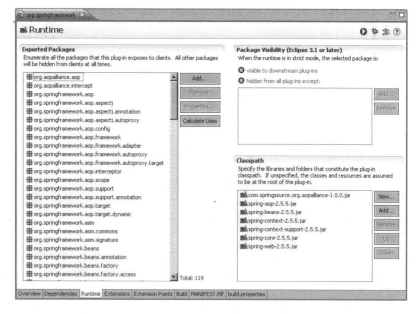

das Spring Library Bundle, wie man in Abbildung 2-11 auf der nächsten Seite sehen kann.

Der Zugriff, den das Spring Library Bundles auf die im Dysis Bundle liegenden Klassen beim Starten des Spring Application Context benötigt, wird mit Hilfe des Buddy Classloading gelöst. Dazu wird, wie in Abbildung 2-12 auf der nächsten Seite zu sehen, der für eine *registered*

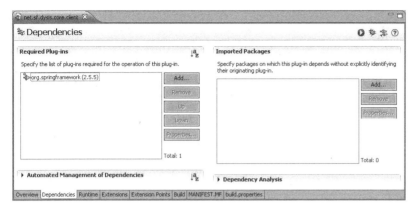

Abb. 2-11
Das Spring Library Bundle wird dem Dysis Bundle im MANIFEST.MF als Dependency hinzugefügt.

Buddy Policy notwendige Eintrag »Eclipse-BuddyPolicy: *registered*« im Bundle Manifest des Spring Library Bundles vorgenommen.

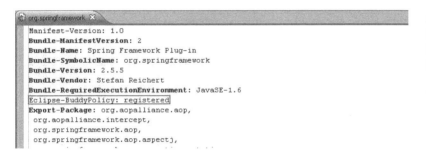

Abb. 2-12
Die Buddy Policy wird im MANIFEST.MF des Bundles hinterlegt.

Das Dysis Bundle registriert sich als Buddy für das Spring Library Bundle, indem es im Bundle Manifest den Eintrag »Eclipse-RegisterBuddy: *org.springframework*« erhält, wie in Abbildung 2-13 dargestellt ist.

```
net.sf.dysis.core.client ✕
 Manifest-Version: 1.0
 Bundle-ManifestVersion: 2
 Bundle-Name: Dysis Client Plug-in
 Bundle-SymbolicName: net.sf.dysis.core.client
 Bundle-Version: 0.1.0
 Bundle-Vendor: Stefan Reichert
 Bundle-RequiredExecutionEnvironment: J2SE-1.5
 Bundle-ClassPath: lib/net.sf.dysis.core.client.jar
 Eclipse-RegisterBuddy: org.springframework
 Export-Package: net.sf.dysis.core.client,
  net.sf.dysis.planing.core.dto,
  net.sf.dysis.planing.core.service,
  net.sf.dysis.resource.core.dto,
  net.sf.dysis.resource.core.service
 Require-Bundle: org.springframework;bundle-version="2.5.5"
```

Abb. 2-13
Die Registrierung als Buddy für ein anderes Bundle mit der »register« Buddy Policy wird im MANIFEST.MF des Bundles hinterlegt.

Spring Dynamic Modules Das Spring Framework bietet als dritte Möglichkeit mit dem Spring-Dynamic-Modules-Projekt (Spring DM)[1] eine Verteilung des Application Context über OSGi Bundles an. Dabei nutzt Spring DM den OSGi-Bundle-Kontext, um die in anderen Bundles vorhandenen Kontext-XML-Dateien zu finden und für diese Bundles einen Spring Application Context mit Hilfe der Kontext-XML-Datei(en) des Bundles zu erstellen.

Spring DM stellt hierfür drei zusätzliche Bundles zur Verfügung, die für das Aufspüren und Erstellen von einem Spring Application Context für ein anderes Bundle zuständig sind.

Spring DM Bundles

- org.springframework.bundle.osgi.core
- org.springframework.bundle.osgi.extender
- org.springframework.bundle.osgi.io

Der OSGi-Philosophie entsprechend wird dann auch nicht ein einziges Spring Library Bundle für die eigentliche Spring-Bibliothek verwendet. Die Spring DM Distribution enthält für die notwendigen Module des Spring Frameworks jeweils einzelne eigenständige Bundles:

Spring Bundles

- org.springframework.bundle.spring.aop
- org.springframework.bundle.spring.beans
- org.springframework.bundle.spring.context
- org.springframework.bundle.spring.context.support
- org.springframework.bundle.spring.core
- org.springframework.bundle.spring.web
- com.springsource.org.aopalliance

Sobald diese Bundles eingebunden sind, werden Kontext-XML-Dateien im Ordner *META-INF/spring* automatisch erkannt und für einen Spring Application Context verwendet.

Das Interessante ist nun, dass durch Spring DM die Bidirektionalität in den Abhängigkeiten aufgelöst wird. Lediglich das Dysis Core Client Bundle mit der Serverschnittstelle benötigt jetzt noch eine Abhängigkeit auf die einzelnen Bundles der Module des Spring Frameworks. Das Spring Framework selbst nutzt dank Spring DM den OSGi-Kontext, um Zugriff auf die entsprechenden Klassen zu erhalten.

Spring stellt für das beschriebene Classloading-Problem einen Sonderfall dar, da es selbst für eine OSGi-basierte Lösung sorgt. In den meisten Fällen werden Sie mit Hilfe von Buddy Classloading aber wenigstens

---

[1] Spring DM arbeitet daran, den OSGi Blueprint Service (RFC 124) zu implementieren und hierfür zur Referenzimplementierung zu werden.

eine stringente Komponentenstruktur schaffen können, auch wenn so genau genommen die gewünschte strikte Trennung der Klassenpfade einzelner Komponenten aufgehoben wird. Gänzlich abzuraten ist von der Verwendung von Kopien der Bibliotheken in den einzelnen Bundles. Sie würden so mit der eigentlich gewünschten Komponentenorientierung brechen.

3 UI-Architektur

>*»Wen das Auge nicht überzeugen kann,*
überredet auch der Mund nicht.«

—*Franz Grillparzer (1791–1872), österr. Dichter*

Die Oberfläche ist, unabhängig von der inneren Komponentenstruktur, das Aushängeschild einer Anwendung. Sie entscheidet zu einem sehr großen Teil darüber, ob ein Benutzer in seiner täglichen Arbeit unterstützt wird und daher gern mit der Anwendung arbeitet oder ob die Anwendung behindert und daher abgelehnt wird.

Dieses Kapitel beschäftigt sich mit dem Aufbau eines Eclipse-RCP-Clients, der die Wahrnehmung maßgeblich beeinflusst. Meiner Erfahrung nach geschieht die Beschreibung der Anforderungen an Software heutzutage eher maskenorientiert, wobei sehr häufig das *Request-Response*-Pattern der Webentwicklung zugrunde gelegt wird. Der Grund hierfür liegt in der weiten Verbreitung von Webanwendungen. Die Anforderungen implizieren demzufolge einen gewissen *Maskenfluss*, d.h. eine Reihenfolge der in den Anforderungen beschriebenen Masken, wie man es aus Webanwendungen kennt. Im Kontext einer Eclipse-RCP-Anwendung stellt das die Entwicklung vor eine gewisse Herausforderung, da, mit Ausnahme von Wizards, die Oberfläche nahezu ohne Maskenfluss strukturiert ist. So gilt es zusätzlich zu definieren, welche Prozesse nicht nebenläufig aus der Oberfläche aufgerufen werden dürfen.

Der erste Abschnitt beschreibt zunächst den grundsätzlichen Aufbau einer Eclipse-RCP-Anwendung, wobei auf unterschiedliche Nutzungsmetaphern eingegangen wird. Danach gebe ich ein paar Beispiele für unterschiedliche UI-Varianten, die sich der genannten Metaphern bedienen. Zum Schluss gehe ich dann auf das Thema UI-Konzept näher ein.

3.1 Eclipse-Oberflächen

Eclipse-RCP-Oberflächen orientieren sich mehr oder weniger stark am Aufbau üblicher Windows-Anwendungen. Sie bestehen aus einem Hauptfenster und verfügen meistens über eine Menüzeile, eine Toolbar sowie eine Statuszeile. Wie der Hauptteil des Fensters verwendet wird, hängt von der angewendeten UI-Metapher ab. Man kann hier grundlegend zwischen der Desktop-Metapher und der Workbench-Metapher unterscheiden. Die grundlegenden Elemente sind jedoch in beiden Metaphern ein und dieselben:

Grundelemente
- Hauptfenster
- Menüzeile
- Toolbar
- Editoren
- Views
- Statuszeile

Die Workbench-Metapher führt darüber hinaus noch den Begriff der Perspektive ein, der im Unterabschnitt 3.1.7 noch einmal genauer beschrieben wird. Abbildung 3-1 zeigt die einzelnen Elemente und deren Zusammenhang im Eclipse-RCP-Kontext.

Abb. 3-1
Struktur der
Workbench

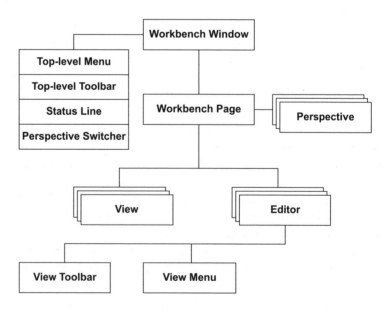

3.1.1 Hauptfenster

Die *Workbench*, also die Anwendung, hat ein oder mehrere Fenster, die sogenannten *Workbench Windows*. Ein *Workbench Window* stellt den Rahmen der Anwendung, also das Hauptfenster, dar. Eine Anwendung hat im Normalfall ein einziges Hauptfenster. Es ist allerdings auch möglich, dass sie aus mehreren zusammengehörigen Hauptfenstern besteht. Ein Hauptfenster beherbergt Perspektiven, Views, Editoren und unterschiedliche Menüstrukturen wie Menüzeile, Toolbar und Statusline.

3.1.2 Menüzeile

Die Menüzeile beinhaltet zum einen kontextunabhängige Menüeinträge. Dazu gehören beispielsweise Standardmenüs wie *Datei* und *Hilfe*, aber auch anwendungsspezifische Hauptmenüeinträge. Dazu können aber auch Perspektiven-spezifische Einträge kommen, die kontextsensitiv sind, also in Abhängigkeit zur aktuellen Auswahl aktiv oder inaktiv geschaltet sind. Die Workbench sorgt automatisch dafür, dass die zur aktiven Perspektive gehörenden Einträge auftauchen.

3.1.3 Toolbar

Die Toolbar bildet einen Auszug der in der Menüleiste auftauchenden Funktionen. Typischerweise sind die Einträge hier als Icon repräsentiert und vereinfachen den Zugriff auf häufig verwendete Einträge. Ebenso wie bei der Menüleiste können Einträge entweder kontextabhängig oder -unabhängig sein.

3.1.4 Statuszeile

Die Statuszeile ermöglicht es, wie der Name schon sagt, Statusinformationen darzustellen. Typischerweise sind dies der angemeldete Benutzer, die Gesamtanzahl der am Server angemeldeten Benutzer, die Uhrzeit, die Umgebung, für die der Client gestartet wurde, Fortschrittsinformationen oder Meldungen, die vom Server an den Client gesendet wurden.

3.1.5 Editoren

Editoren dienen der Bearbeitung von Ressourcen. Ein wesentlicher Unterschied zu Views ist die Tatsache, dass sie einen Lifecycle besitzen. Editoren werden im Editorbereich angezeigt, der sich üblicherweise in der Mitte des Hauptfensters befindet; sie sind nicht an eine Perspektive gekoppelt. Sie können von Views umgeben werden.

3.1.6 Views

Views dienen der Darstellung von Informationen, die sich auf den aktuellen Editor beziehen oder auf globale Informationen (z.B. eine Liste aller Kunden). Sie haben keinen Lifecycle.

UI Guidelines für Views Auch wenn sich die Eclipse UI Guidelines [18] eher auf die Entwicklung von Plug-ins für die Eclipse IDE beziehen, so eignen sie sich doch für eine inhaltliche Klärung der Begrifflichkeiten. Die letzendliche Gestaltung orientiert sich im RCP-Umfeld maßgeblich an den Anforderungen der Software. Die Eclipse UI Guidelines stellen folgende Forderungen auf:

1. Views sollen dazu benutzt werden, hierarchische Informationen zu navigieren, Editoren zu öffnen (durch Doppelklick auf ein Element im View) oder Detailinformationen zu einem selektierten Element anzuzeigen (das selektierte Element kann entweder ein Editor sein oder ein Eintrag in einem anderen View).
2. Änderungen in einem View müssen sofort gespeichert werden.
3. Pro Perspektive kann in der Regel nur eine Instanz eines Views geöffnet sein.
4. Ein View muss in mehreren Perspektiven geöffnet werden können.
5. Views müssen über das Menü *Window > Show View* geöffnet werden können.

Views können beispielsweise verwendet werden, um die innere Struktur des gerade im Editor bearbeiteten Elements als Baumstruktur darzustellen. Eine andere Darstellungsvariante ist der *Property* View, der die Eigenschaften eines Elements in tabellarischer Form darstellt, wobei die Eigenschaftswerte editierbar sind.

3.1.7 Perspektiven

Perspektiven dienen maßgeblich der aufgabenbezogenen Gruppierung von Views und Editoren, also der Abbildung von Rollen. Je nach gerade ausgeführter Rolle benötigt ein Benutzer Zugriff auf unterschiedliche Editoren, Views, Toolbuttons und Menüeinträge. Mit Hilfe von Perspektiven können solche Gruppierungen vordefiniert werden. Dabei kann man bestimmen, welche Views angezeigt werden, und deren initiale Größe und Position festlegen. Der Benutzer kann die aktive Perspektive nach Belieben verändern, in dem er die dargestellten Views verschiebt, ihre Größe verändert, sie schließt oder gar neue Views öffnet. Da es manchmal wünschenswert ist, dass Benutzer das Layout einer Perspektive nicht verändern können, hat man auch die Möglichkeit, Perspektiven komplett oder teilweise zu fixieren. Sie können dann vom

Benutzer nicht mehr verändert werden. Der Benutzer kann zwischen den einzelnen Perspektiven mit Hilfe einer separaten Toolbar, dem sogenannten Perspektiven-Umschalter, wechseln. Sollte dies nicht erwünscht sein, weil z.b. der Wechsel zwischen den Perspektiven nur programmgesteuert erfolgen soll, so kann diese Toolbar auch ausgeblendet werden. Die Verwendung von Perspektiven ist optional. Sollte also eine kontextbezogene Anordnung von UI-Elementen nicht erforderlich sein, so kann auf Perspektiven verzichtet werden. Die Spezifikation gibt dann eine Standardperspektive vor, die nicht oder nur bedingt modifiziert werden kann. Die Eclipse UI Guidelines [17] äußern sich wie folgt:

UI Guidelines für Perspektiven

1. Benutzen Sie Perspektiven für lang andauernde Bearbeitungsprozesse, die sich aus mehreren kurzlebigen Bearbeitungsschritten zusammensetzen.
2. Wenn Sie nur einen einzelnen View zu einem Bearbeitungsschritt beitragen möchten, fügen Sie diesen View zu einer bestehenden Perspektive hinzu.

3.2 Oberflächenmetaphern

Es gibt unterschiedliche Arten, die von Eclipse RCP bereitgestellten Oberflächenelemente zu orchestrieren. Die grundsätzliche Systematik bezeichnet man als Metapher der Oberfläche. Man unterscheidet grundsätzlich zwei Metaphern, die Workbench-Metapher und die Desktop-Metapher.

3.2.1 Die Workbench-Metapher

Die Workbench-Metapher hat ihren Ursprung in der Eclipse IDE. Obwohl man der Workbench-Metapher natürlich anmerken kann, dass sie ursprünglich für die Entwicklung von IDEs gedacht war, ist sie dennoch meiner Meinung nach auch gut für eine große Menge an Enterprise-Anwendungen geeignet.

Eines der Kernziele der Workbench-Metapher ist die kontextsensitive Bearbeitung von Daten, seien es nun Quelltexte (in einer IDE) oder unternehmensbezogene Daten.

Kontextsensitive Bearbeitung von Daten

Struktur der Workbench

Die Hauptbestandteile einer Workbench sind das Workbench-Hauptfenster sowie Views (Sichten) und Editoren. Das Workbench-Hauptfenster wird durch eine Toolbar, ein Menü, eine Statuszeile und einen Perspektiven-Umschalter umrahmt.

Wie bereits beschrieben, soll die Workbench-Metapher die kontextsensitive Bearbeitung von Daten ermöglichen. Dies wird unter anderem durch den Einsatz von Perspektiven ermöglicht. Perspektiven stellen eine vom Benutzer bei Bedarf modifizierbare Konfiguration des Workbench-Hauptfensters dar. Jede Perspektive kann ihre eigene Zusammenstellung von Toolbars, Views und Menüs definieren.

Je nach Arbeitskontext wird nun die passende Perspektive aktiviert. Der Benutzer sieht alle relevanten Informationen (in Views) und kann die im aktuellen Editor angezeigten Daten mit den passenden Tools (z.B. Kontextmenüs in den Views und im Editor sowie die Werkzeuge auf der Toolbar) bearbeiten.

Das Umschalten der Perspektiven kann entweder vom Benutzer initiiert werden oder durch die Workbench abhängig von der durchgeführten Benutzeraktion durchgeführt werden. Wenn der Benutzer z.B. über einen Wizard eine neue Buchung anlegt, kann die Workbench automatisch in die Buchungsperspektive umschalten.

Abb. 3-2
Grafischer Aufbau der
Workbench

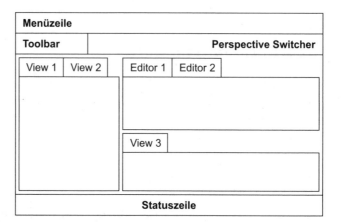

Aspekte der Bedienung

Die Workbench macht es möglich, die Oberfläche themenorientiert zu strukturieren und zu ordnen. Dabei werden für bestimmte Aspekte der Bearbeitung einzelne spezifische Perspektiven definiert, die die benötigten Inhalte und Funktionen beinhalten. Diese Konfiguration kann dabei sowohl flexibel als auch starr definiert werden.

Mit dem Hintergrund einer Entwicklungsumgebung ist dieses revolutionäre Bedienmuster durchsetzbar. Entwickler von Software sind Spezialisten und an das Arbeiten mit Computern und Software gewöhnt. Sie sind eher bereit, Neues auszuprobieren und damit zu experimentieren. Zudem haben Sie im Allgemeinen die Fähigkeit, bei Problemen selbstständig nach Lösungen und Alternativen zu suchen. Der Erfolg gibt der Eclipse IDE Recht. Sicher, die Workbench-Metapher ist nicht der Hauptgrund für den Erfolg der Eclipse IDE. Allerdings hat auch sie dazu beigetragen, die Eclipse IDE trotz fast unendlicher Erweiterungsmöglichkeiten für die normale Java-Entwicklung schön schlank zu halten.

3.2.2 Die Desktop-Metapher

Die Desktop-Metapher geht zurück auf Tim Mott und Larry Tesler, die in den 70er Jahren die ersten grafischen Oberflächen vorstellten. Diese Metapher bezieht sich eigentlich auf die in modernen Betriebssystemen übliche grafische Anordnung der Oberfläche, die an einen Schreibtisch erinnert. Dabei fällt die in Anlehnung an Elemente auf einem Schreibtisch gewählte Begriffswahl für Betriebssystemfunktionen auf, wie das Ordnersystem, der Papierkorb oder die Zwischenablage. Zusätzlich werden installierte Programme mit einem Shortcut auf dem Desktop, also dem Schreibtisch, platziert, um schnell darauf zugreifen zu können. Ich denke, diese Metapher ist bezüglich der Anordnung der Elemente in Teilen übertragbar auf einen Stil von Anwendungen, in denen jedes Element seinen festen Platz hat und lediglich eine einzige Ebene zur Anordnung der Elemente existiert. Interessant ist, dass neuere Betriebssysteme wie Linux, Mac OS oder auch Windows sich mittlerweile an der Workbench-Metapher zumindest orientieren und mehrere Ebenen zur Verfügung stellen, die kontextspezifischen Inhalt tragen.

Feste Ordnung der verfügbaren Elemente auf einer einzigen Ebene

Die Struktur der Anwendung

Eine Anwendung nach Desktop-Metapher hat ein Hauptfensters, das ein oder mehrere Navigationselemente für die durch das Programm zu bearbeitenden Daten enthält. Die Elemente der Navigation können dann im Hauptteil des Fensters oder in spezifischen Dialogen bearbeitet werden.

Die Aufteilung des Hauptfensters ist dabei ähnlich. Die Navigationselemente, üblicherweise repräsentiert durch eine Tabelle oder eine Baumstruktur, befindet sich häufig auf der linken Seite, da der Mensch hier üblicherweise intuitiv zuerst hinschaut. Viele Anwendungen beinhalten zusätzlich zu der Hauptnavigation weitere Unternavigationselemente, die kontextsensitiv gefüllt werden. Der Grund liegt dabei in der stetig steigenden Komplexität der Oberflächen durch das Anwachsen der Menge an Funktionalität und Informationen der Anwendung.

Der Hauptteil des Fensters, meist im unteren rechten Teil des Hauptfensters angesiedelt, dient zum Bearbeiten der Daten. Hier wird das ausgewählte Element bearbeitet. Mittlerweile bieten immer mehr Anwendungen auch eine Reiter-Funktionalität an, sodass in diesem Bereich mehrere Elemente gleichzeitig bearbeitet werden können.

Aspekte der Bedienung

Hauptmerkmal der Bedienung ist, dass potenziell alle Funktionen und Elemente der Anwendung sichtbar und wählbar sind. Die Menüstrukturen sind in der Gesamtheit festgelegt und unveränderlich. Dadurch erhält die Oberfläche eine klare, schnell zu erlernende Struktur. Diese Struktur schafft bei vielen Benutzern eine Sicherheit im Umgang mit der Anwendung. Auch lassen sich hier die Dokumentation und Hilfeanweisungen aufgrund der definierten Oberflächengestaltung leicht anfertigen.

Bei großen und komplexen Anwendungen wirkt die Oberfläche allerdings schnell überfrachtet, da wie gesagt der gesamte Funktionsumfang bzw. viele Navigationselemente sichtbar sind. Die Benutzer haben dann zwangsläufig das Gefühl, lediglich einen Bruchteil der Anwendung zu nutzen, diese Funktionen aber unter der Gesamtheit aller Funktionen zunächst suchen zu müssen. Dieser Eindruck wird dann durch tiefe Menüstrukturen oder andere Funktionsidentifikationsmechanismen wie Transaktionscodes bestärkt.

3.2.3 Die richtige Metapher wählen

Grundsätzlich ist es möglich, mit Eclipse-RCP-Anwendungen nach beiden Metaphern zu entwerfen und zu bauen. Somit bleibt für Sie die Qual der Wahl zwischen den beiden Wegen. Die Entscheidung zwischen einer intuitiven und spezialisierten Oberfläche und einer wohldefinierten und etablierten Art der Gestaltung kann allerdings nur anhand der Anforderungen an die Anwendung getroffen werden. Dabei gibt es ein paar Entscheidungshilfen:

Komplexität Die Komplexität der zu entwickelnden Anwendung ist ausschlaggebend dafür, wie komplex die dazugehörige Oberfläche wird. Bearbeitet eine Anwendung eine Vielzahl an unterschiedlichen Daten, beinhaltet sie eine große Menge an Funktionen und kommen dazu noch verschiedene Sichten auf die Daten, dann steigt die Komplexität der Darstellung. Mit dieser Komplexität lässt sich leichter in einem Workbench-Ansatz mit spezifisch konfigurierten Sichten auf die Daten umgehen. Für eher einfach strukturierte Anwendungen eignet sich dagegen ein Desktop-Ansatz.

Anzahl der Rollen Enterprise-Anwendungen neigen dazu, aus mehreren Rollen heraus bedient zu werden. Ähnlich wie bei der Kom-

plexität verhält es sich auch hier. Steigt der Bedarf an rollenspezi-
fischen Sichten auf die Oberfläche, dann eignet sich hier besonders
die Workbench-Metapher. Gibt es allerdings nur wenige oder gar
nur eine Rolle, dann sinkt der Bedarf an unterschiedlichen Perspektiven, und es ist ggf. einfacher, alle Funktionen im UI unterzubrin-
gen.

Benutzer Ein weiterer wichtiger Punkt ist die Art von Benutzern und
deren Anforderungen und Erfahrungen. Ist es den Benutzern zu-
zumuten, sich auf eine vollkommen neue Art der Oberfläche um-
zustellen? Was hat die Umstellung für Auswirkungen auf den Ar-
beitsalltag mit der Software? Wird die Bedienung durch die neue
Struktur einfacher? Benutzer von Enterprise-Anwendungen sind in
der Regel eher Menschen mit weniger IT-Hintergrund. Sie haben
in ihrer Rolle einen bestimmten Fokus, mit der die Eclipse-RCP-
Anwendung bedient wird. Es empfiehlt sich, das Know-how und
den Fokus der Benutzer bei der Wahl der Metapher ernsthaft zu
berücksichtigen.

Eine allgemeingültige Aussage bezüglich der zu wählenden Metapher
ist nicht möglich. Es hängt ausschließlich von den Anforderungen und
den Rahmenbedingungen der zu entwickelnden Software ab. Jedoch
müssen Sie sich für Ihre Eclipse-RCP-Anwendung für eine Metapher
entscheiden und diese konsequent beibehalten.

3.3 UI-Varianten

An dieser Stelle erläutere ich zwei Beispiele für unterschiedliche UI-
Varianten, die die unterschiedlichen Metaphern visualisieren. Die
Beispiele zeigen die Dysis-Oberfläche einmal mit der Workbench-
Metapher und einmal mit der Desktop-Metapher.

3.3.1 Workbench mit Perspektiven

Eine Workbench mit Perspektiven bildet die Workbench-Metapher ab.
Die einzelnen Perspektiven gruppieren hier fachlich zusmmenhängende
Funktionalität.

Die Abbildung 3-3 auf der nächsten Seite zeigt die Dysis-
Anwendung mit einer Oberfläche, die der Workbench-Metapher folgt.
Dabei ist die Oberfläche in unterschiedliche Perspektiven aufgeteilt.
Hier gliedern sich die Aufgaben der Einrichtung von Projekten und Aktivitäten in die Perspektive »Projekte und Aufgaben«. Die Funktionen
zur Pflege der Ressourcen findet sich in der Perspektive »Ressourcenplanung«. Die Oberfläche kennzeichnet sich maßgeblich durch die Fle-

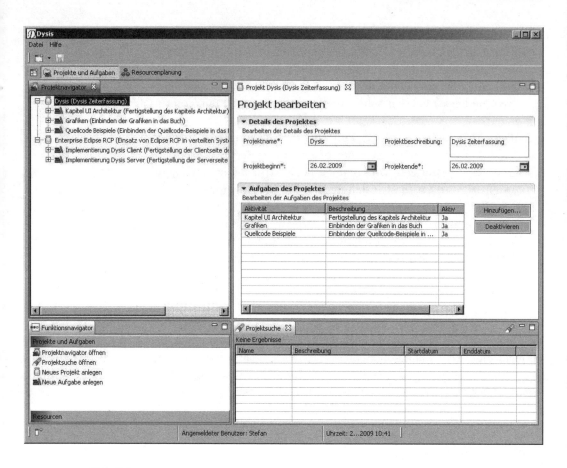

Abb. 3-3

Dysis-Zeiterfassung mit einer Oberfläche nach der Workbench-Metapher

Fixpunkte in der Oberfläche

Perspektiven und Rollen

xibilität, d.h. über die hohe Anpassbarkeit der sichtbaren Elemente, aus. Um dem Benutzer jedoch Fixpunkte zu geben, die sich nicht verändern, ist im Beispiel der Funktionsnavigator View eingebaut. Er ist in jeder Perspektive vorhanden, sowohl in der Perspektive »Projekte und Aufgaben« als auch in der Perspektive »Ressourcenplanung«. Der Funktionsnavigator View ist, anders als die Views zur Navigation, fixiert. Er kann nicht bewegt werden und lässt sich nicht schließen. Von ihm lassen sich die schließbaren Views direkt wieder öffnen. Dem Benutzer bietet der Funktionsnavigator View einen notwendigen Fixpunkt in der Anwendung.

Die Aufteilung des UIs in Perspektiven blendet nun für die unterschiedlichen Rollen die für die Rolle relevanten Funktionen bzw. Oberflächenelemente ein. Die Perspektiven lassen sich darüber hinaus noch rollenspezifisch autorisieren, d.h., ein Projektmanager darf Projekte und Aufgaben anlegen und bearbeiten. Das Anlegen von Personen und deren Freischaltung für einzelne Aufgaben innerhalb der Projekte hingegen ist nur dem Personalvorgesetzten erlaubt. Dieser darf wiederum in der Regel keine Projekte und Aufgaben verwalten.

3.3.2 Workbench mit einer Perspektive

Eine Workbench mit nur einer Perspektive bildet die Desktop-Metapher ab. Einzelne Views mit ähnlichem Bedienungscharakter, beispielsweise Navigation, werden als Reiter hintereinander gesetzt.

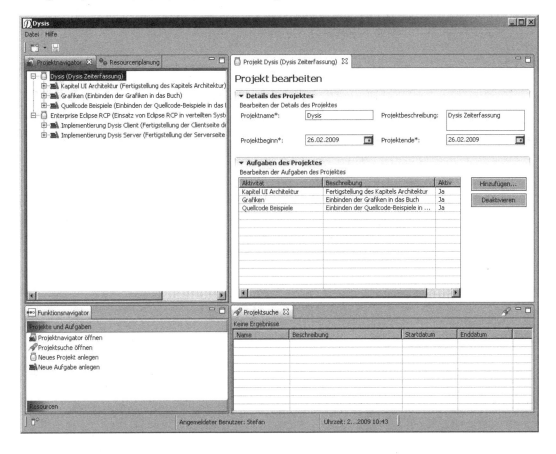

Abb. 3-4
Dysis-Zeiterfassung mit einer Oberfläche nach der Desktop-Metapher

Die Abbildung 3-4 zeigt die Dysis-Anwendung mit einer Oberfläche, die der Desktop-Metapher folgt. Da es lediglich eine einzige Perspektive gibt, ist die Perspective Bar unterhalb der Toolbar ausgeblendet. Die Views zur Navigation sind als Reiter angeordnet, auch hier gibt es den Funktionsnavigator View, der in der Perspektive fixiert ist und nicht geschlossen werden kann. In Oberflächen mit Desktop-Metapher ist es üblich, einzelne Elemente fest an ihrem Platz zu halten, die von der Workbench-Metapher geprägte Flexibilität der Oberfläche ist hier eher nicht gewünscht.

Das UI beinhaltet sämtliche zur Verfügung stehenden Funktionen und Oberflächenelemente. Die Form der Oberfläche wirkt für den Benutzer vertraut, da alle Elemente feststehend und immer direkt erreichbar sind. Meist werden die Elemente in einer fixen Struktur präsentiert, sodass der Benutzer sie immer am selben Ort wiederfindet. Aufgrund der Komponentenarchitektur von Eclipse RCP ist es auch hier möglich, einzelne Komponenten nicht mit auszuliefern, die Workbench würde in diesem Fall nur die verfügbaren Elemente präsentieren.

3.3.3 Eclipse Riena

Das Eclipse-Riena-Projekt [24] stellt eine Plattform auf Basis von Eclipse RCP dar, um RCP-Anwendungen zu entwickeln. Riena bietet mit den sogenannten *Ridgets* einen weiteren Layer über SWT bzw. JFace, der zusätzliche Funktionen auf den UI-Elementen anbietet und eine Verbindung zum Databinding herstellt. Darüber hinaus stellt Riena ein eigenes Navigationskonzept vor, das eher der Desktop-Metapher folgt. Dabei werden unterschiedliche voneinander abhängige Menüebenen verwendet. Neben dem Framework für die Oberfläche bietet Riena noch zahlreiche weitere Funktionen. Unter anderem wird die Anbindung der RCP-Anwendung an ein OSGi Backend unterstützt. Dieses funktioniert ähnlich wie das OSGi Remoting.

3.4 Oberflächenkonzept

Neben der eingesetzten Metapher sind weitere grundsätzliche Entscheidungen bezüglich des UI notwendig, um eine stringente Oberfläche zu gewährleisten. Diese Entscheidungen sind vor Beginn der Entwicklung zu treffen und mit den Wünschen und Bedürfnissen der Endanwender zu harmonisieren. Wichtig ist also, dass neben den reinen funktionalen Anforderungen an die Geschäftslogik auch die Anforderungen an den Aufbau und die Bedienung des UI im Rahmen eines Oberflächenkonzepts erfasst werden.

3.4.1 Aufbau der Oberfläche

Der Inhalt des Konzepts stellt eine Beschreibung des grundsätzlichen Aufbaus und des Inhalts der Benutzeroberfläche dar. Dabei sollten für den grundsätzlichen Aufbau des UI als Leitlinien unter anderem folgende Fragen beantwortet werden:

Leitlinien für die Gestaltung des UI

Welche Metapher wird verwendet? Definieren Sie, welche Metapher Sie verwenden und aus welchen Gründen dies geschieht. Beschreiben Sie die in der Oberfläche verwendeten Fensterelemente und deren Funktion. Sollten Sie sich für die Workbench-Metapher entscheiden, dann beschreiben Sie Funktion und Inhalt der einzelnen Perspektiven.

Wird ein bestimmtes UI-Schema genutzt? Schematische Oberflächen machen es zum einem dem Benutzer leichter, sich zurechtzufinden, da die einzelnen Bereiche ähnlich funktionieren. Zum anderen erleichtert ein Schema die Spezifikation und Implementierung.

Werden Dialoge verwendet? Dialoge werden typischerweise modal ausgeführt. Der Benutzer kann im Dialogmodus also lediglich eine einzige Aktion ausführen. Das Oberflächenkonzept definiert, ob und wenn ja in welchen Fällen dieser Umstand in Kauf genommen wird.

Werden Wizards verwendet? Die Entscheidung für oder gegen Wizards ist zunächst einmal abhängig von der Entscheidung bezüglich der Dialoge generell. Darüber hinaus sollte hier berücksichtigt werden, dass eine Bearbeitung in einem Wizard tendenziell länger dauert als in einem gewöhnlichen Dialog. Die Oberfläche ist damit länger gesperrt.

Welche Widgets werden wofür verwendet? Das Oberflächenkonzept setzt fest, für welche Datentypen welches Widget verwendet wird. Das ist wichtig für spezielle Typen wie beispielsweise ein Datum. Aus Gründen der Tastaturbedienbarkeit kann es beispielsweise auch ratsam sein, gänzlich auf Combo Widgets zu verzichten und stattdessen ein Text-Widget mit Eingabeunterstützung einzusetzen. Sollte für einen bestimmten Datentyp ein individuelles Widget notwendig sein, dann sollte dies ebenfalls genau beschrieben werden.

Wie sieht das Standarddesign eines Editors oder Views aus? Zum Standarddesign gehört zunächst einmal die grundsätzliche Anordnung der Elemente, also Farben, Abstände, Gruppierungselemente oder Anzahl der verwendeten Spalten. Werden Reiter innerhalb von Views bzw. Editoren genutzt? Eclipse-spezifisch kommt die

Entscheidung hinzu, das Forms API einzusetzen oder die Editoren klassisch zu gestalten.

Welche Standardelemente werden verwendet? Eclipse RCP beinhaltet bereits eine Vielzahl an Views und Funktionen, die verwendet werden können. Dazu gehören beispielsweise:

- Outline View
- Progress View[1]
- Error Log View
- Properties View
- Preferences Dialog

Diese Views bieten in einigen Fällen Funktionalität, die in der Anwendung benötigt wird, daher bietet es sich an, diese auch stringent zu verwenden. Es empfiehlt sich aufgrund der Qualität, diese Elemente wiederzuverwenden anstatt etwas Ähnliches neu zu entwickeln.

Soll es Tastenkombinationen für einzelne Funktionen geben?
Funktionen in Eclipse RCP lassen sich sehr einfach mit einer Tastenkombination verbinden. Allerdings sollten diese auch stringent in der Anwendung gelten und möglichst einheitlich in jedem View bzw. Editor gleich vergeben sein.

Maskenspezifikation Neben diesen grundsätzlichen Entscheidungen bzgl. des UI beinhaltet das Oberflächenkonzept eine Beschreibung der einzelnen in dem UI enthaltenen Masken. Dabei ist es wichtig, besondere, nicht allgemeingültig definierte Funktionalität der Maske hier noch einmal spezifisch zu beschreiben. Dabei beinhaltet die Beschreibung zum einen die fachliche Anforderung, zum anderen die technische Umsetzung.

3.4.2 Inhalt der Oberfläche

Ein Oberflächenkonzept verbindet die Anforderungen an die Benutzeroberfläche seitens der Benutzer mit der technischen Umsetzung mittels der von Eclipse RCP bereitgestellten Elemente. Somit sind an der Erstellung sowohl Vertreter der Anforderungsseite, also Analysten und/oder tatsächliche User, als auch Architekten und Entwickler der Oberfläche beteiligt. Es ist notwendig, dass die Ausarbeitung des Oberflächenkonzepts gemeinsam erfolgt.

---

[1]Der Progress View liegt in einem internen Paket, kann aber dennoch bei Bedarf eingebunden werden. Gegebenenfalls ist dafür allerdings die Verwendung einer Extension Factory notwendig.

Fachliche Aspekte

Das Oberflächenkonzept ist keine Reproduktion eines Feinkonzepts und beinhaltet somit auch keine direkten fachlichen Anforderungen bezogen auf Geschäftslogik. Vielmehr erweitert das Oberflächenkonzept das Feinkonzept um bedienungs- und darstellungsspezifische Aspekte. Dazu gehört zum einen der klassische Styleguide, der die tatsächliche Erscheinungsform einzelner Oberflächenteile bestimmt. Dazu gehören beispielsweise Farben, Eingabelängen, Anzahl der Spalten in Editoren, Labeling von Geschäftsobjekten und Fehleranzeige. Im Eclipse-RCP-Kontext kommt für den Fall eines Workbench-Metapher-Ansatzes noch die Definition von Perspektiven und die Verteilung der einzelnen Masken auf Perspektiven hinzu.

Bedienung

Styleguide

Definition von Perspektiven

Technische Aspekte

Die technischen Aspekte des Oberflächenkonzepts repräsentieren die konkrete Beschreibung der Implementierung der fachlichen Aspekte. Dabei ist es beispielsweise interessant, welche Vorgänge im UI nebenläufig abgearbeitet werden können und wie diese priorisiert werden. Wichtig ist ebenfalls, ob Masken als View oder als Editor implementiert werden oder ob eine Maske in mehrere einzelne Views und Editoren aufgeteilt wird. Weiterhin ist es wichtig, Schemata in den fachlichen Anforderungen zu identifizieren, um dafür eine allgemeine technische Umsetzung zu entwickeln. Beispiele dafür sind Suchhistorien, Fehlerbehandlung und Darstellung oder Navigationsstrukturen. Diese Dinge erscheinen fachlich meist sehr unterschiedlich, folgen allerdings einem bestimmten Schema, für das eine generische Implementierung geschaffen werden kann. Diese sollte im Konzept beschrieben werden. Über die Konkretisierung der fachlichen Aspekte hinaus gibt es technische Elemente, die es zu beschreiben gilt. Dazu gehören Dinge wie clientseitiges Caching oder transparente Authentifizierung beim Zugriff auf den Server. Auch diese Elemente sind Bestandteil eines Oberflächenkonzepts und sollten im Vorwege durchdacht und dokumentiert werden.

Nebenläufigkeit

Schemata

3.4.3 Oberflächen und Rollen

Neben dem grundsätzlichen Aufbau und Inhalt einer Oberfläche ist für ein Oberflächenkonzept auch zu berücksichtigen, dass diese schlussendlich von Benutzern verwendet werden, die in unterschiedlichen Rollen agieren. Bei der Workbench-Metapher werden die Rollen üblicherweise in Perspektiven abgebildet, die es im Rahmen des Oberflächenkonzepts zu definieren gilt. Unabhängig von der gewählten Metapher ist es aus

Sicht des Benutzers wünschenswert, möglichst nur das für die wahrge-
nommene(n) Rolle(n) relevante Subset der Gesamtheit aller Elemente
präsentiert zu bekommen. Das Subset orientiert sich zum einen daran,
welche Elemente zur Erfüllung der an die Rolle gestellten Aufgabe benötigt werden. Darüber hinaus wirkt sich häufig auch die Berechtigung
auf das UI aus. Das Kapitel 10 skizziert auf technischer Ebene unterschiedliche Möglichkeiten, eine rollenbasierte Autorisierung zu implementieren. Auf fachlicher Ebene bilden die Bedürfnisse der einzelnen
Rollen an die Oberfläche eine weitere wesentliche Anforderung an deren Entwurf.

4 Referenzanwendung

»Time is an illusion. Lunchtime doubly so.«

—Douglas Adams (1952–2001),
engl. Humorist und Science-Fiction-Autor

Bei den Vorüberlegungen zu diesem Buch wurde relativ schnell klar, dass ein durchgängiges und vollständiges Beispiel unerlässlich ist, um die im Buch behandelten Themenkomplexe zu erläutern. Um die Prinzipien der Entwicklung von Enterprise-Eclipse-RCP-Anwendungen zu beschreiben, habe ich eine Referenzanwendung implementiert, die diese Prinzipien exemplarisch umsetzt. Natürlich kann eine im Rahmen eines Buchs entwickelte Beispielanwendung niemals so umfangreich und komplex sein wie eine Anwendung, die in einem echten Unternehmen eingesetzt wird. Dennoch habe ich mich bemüht, ein nichttriviales Beispiel zu finden und umzusetzen.

Dieses Kapitel stellt die fachliche Beschreibung dieser Anwendung dar. Im ersten Abschnitt beschreibe ich den fachlichen Hintergrund der Anwendung. Der Abschnitt *Anwendungsfälle* führt die Anforderungen in Form von Use Cases aus, die ich an diese Anwendung gestellt habe. Dazu gehört ebenfalls das daraus abgeleitete Datenmodell. Als Abschluss dieses Kapitels gehe ich auf die Architektur und die technischen Komponenten ein und zeige Ihnen detailliert, wie Sie Dysis installieren können, um die im folgenden Teil des Buchs enthaltenen Codebeispiele am lebenden Objekt nachvollziehen und testen zu können. Da es sich bei Dysis um eine mehrschichtige Anwendung handelt, ist die Installation des gesamten Projekts ein wenig aufwendiger.

4.1 Dysis, eine Zeiterfassung

Die Wahl der in diesem Beispiel behandelten Fachdomäne fiel aus mehreren Gründen schnell auf das Thema »Zeiterfassung im Unternehmen«:

Gründe für das Thema
- Fast jeder Softwareentwickler muss seine Arbeitszeit erfassen. Die Fachdomäne sollte also den meisten Lesern geläufig sein.
- Zwecks Abrechnung mit den Kunden müssen die Zeitdaten zentral vorliegen und auf einem Server verarbeitet werden, es liegt also nahe, die Geschäftslogik als serverbasierte Java-EE-Anwendung zu realisieren.
- Gleichzeitig muss sichergestellt werden, dass mobile Mitarbeiter ihre Arbeitszeiten offline erfassen können. Die so erfassten Daten müssen bei der nächsten Gelegenheit mit dem Server synchronisiert werden.
- Eine Zeiterfassung verarbeitet personenbezogene Daten, es besteht demzufolge eine gewisse Anforderung an die Authentifizierung bzw. Autorisierung.

Die architektonischen Herausforderungen für die Software sind somit recht spannend. Die Realisierung als verteilte Anwendung liegt nahe und ist nicht künstlich herbeigeführt.

Ziel   Dysis erhebt nicht den Anspruch, alle fachlichen Anforderungen an die Zeiterfassung in einem Unternehmen zu adressieren. Diese sind zum einen sehr umfangreich und dazu sehr individuell. Vielmehr habe ich mir einen zugegeben sehr kleinen Kern von Funktionen herausgesucht, welche die Anwendung sinnvoll erscheinen lassen und die in diesem Buch beschriebenen Aspekte nachvollziehbar machen. Da sich Enterprise-Eclipse-RCP-Anwendungen in ihrer fachlichen Domäne und in den funktionalen Anforderungen ohnehin sehr unterscheiden, ist das in meinen Augen auch verständlich. Die eigentliche Funktionalität von Dysis ist eher zweitrangig, vielmehr geht es um deren Umsetzung und die verwendeten Methodiken.

4.2   Fachliche Beschreibung der Anwendung

In jedem Dienstleistungsunternehmen müssen die von den Mitarbeitern geleisteten Stunden erfasst und fakturiert werden. Idealerweise kann der Großteil der so erfassten Stunden den Kunden des Unternehmens in Rechnung gestellt werden, und zwar möglichst zeitnah, um die Liquidität des Unternehmens nicht zu gefährden.

Die von den Mitarbeitern geleisteten Stunden müssen also den einzelnen Projekten zugeordnet werden. Da Projekte selbst jedoch wieder aus einer Vielzahl von Einzelschritten und Aktivitäten bestehen, ist es sinnvoll, die Stundenbuchungen nicht dem Projekt selbst, sondern der jeweiligen Aktivität innerhalb des Projekts zuzuordnen. Auf diese Weise erhöht sich einerseits die Übersichtlichkeit, andererseits wird das Projektcontrolling vereinfacht. Man kann nun ohne Weiteres auswerten, wie viele Stunden bereits auf einer bestimmten Aktivität aufgelaufen sind.

4.3   Anwendungsfälle

Die im vorangegangenen Abschnitt beschriebenen fachlichen Anforderungen lassen sich in folgende Anwendungsfälle zergliedern:

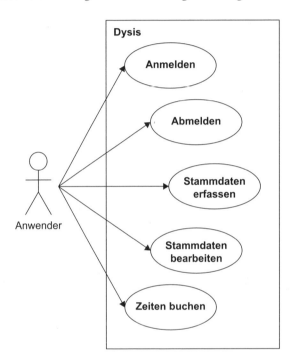

Abb. 4-1
Dysis-Anwendungsfälle

4.3.1   Am System anmelden

Benutzer können sich mit ihrer Benutzerkennung und ihrem Passwort am System anmelden. Die Kombination wird geprüft, und bei Korrektheit hat der Benutzer Zugriff auf das System. Anmelden dürfen sich allerdings lediglich Benutzer, die als *aktiv* gekennzeichnet sind.

4.3.2   Vom System abmelden

Benutzer können sich vom System abmelden. Ihre aktuelle Sitzung wird dadurch beendet, und der Client schließt sich. Falls der Benutzer gerade Daten bearbeitet und diese noch nicht gespeichert hat, fragt das System nach, ob diese Daten gespeichert werden sollen.

4.3.3 Stammdaten erfassen

Benutzer des Systems können Stammdaten (Personen, Projekte, Aktivitäten) für das System erfassen. Die Erfassung erfolgt dialoggestützt. Die Erfassung von Stammdaten ist an eine rollenbasierte Autorisierung gebunden, d.h., es können nur Benutzer, die im Besitz der entsprechenden Rolle sind, die Daten erfassen.

4.3.4 Stammdaten bearbeiten

Benutzer des Systems können Stammdaten (Personen, Projekte, Aktivitäten) des Systems bearbeiten. Die Bearbeitung erfolgt in formularbasierten Bearbeitungsmasken. Um Inkonsistenzen vorzubeugen, können Stammdaten nicht gelöscht werden, sondern nur auf »inaktiv« gesetzt werden. Ihre weitere Verwendung wird durch diese Inaktivierung unterbunden. In bereits bestehenden Datensätzen werden die Stammdatenreferenzen jedoch weiterhin angezeigt. Die Bearbeitung der Stammdaten ist an eine rollenbasierte Autorisierung gebunden.

4.3.5 Zeiten buchen

Benutzer des Systems können ihre Arbeitszeiten im System erfassen. Hat der Benutzer an einem Arbeitstag unterschiedliche Aufgaben wahrgenommen bzw. an unterschiedlichen Projekten gearbeitet, hat sich dadurch sein Arbeitstag in einzelne Zeitperioden zergliedert. Jede einzelne dieser Perioden muss vom Benutzer der entsprechenden Aktivität des jeweiligen Projekts zugeordnet werden.

Benutzer können jeweils nur für die Aktivitäten Zeitperioden erfassen, für die sie berechtigt sind.

4.4 Datenmodell

Zur Realisierung unserer Zeiterfassungssoftware werden folgende Entitäten verwendet:

Entitäten
- *Person* – Repräsentiert eine Person, für die Zeiten im Zeiterfassungssystem erfasst werden. Eine Person ist zudem gleichzusetzen mit einem Benutzer, sie beinhaltet somit auch das Passwort zur Anmeldung.
- *Project* – Alle im System erfassten Zeiten müssen einem Projekt zugeordnet sein. Es können beliebig viele Projekte im System aktiv sein. Eine Person kann über Aktivitäten an mehreren Projekten beteiligt sein.

▦ *Activity* – Ein Projekt besteht aus 1..*n* Aktivitäten. Sie dienen dazu, das Projekt zu untergliedern. Zeiten können immer nur auf Aktivitäten gebucht werden, niemals direkt auf ein Projekt.

▦ *TimeEntry* – Hier handelt es sich um einen erfassten Zeitraum. Zeiträume sind immer genau einer Person und einer Aktivität zugeordnet, sie sagen also aus, dass eine Person für die angegebene Zeit die jeweilige Aktivität ausgeführt hat.

Die Zusammenhänge zwischen den einzelnen Entitäten sowie deren Attribute sind in Abbildung 4-2 dargestellt.

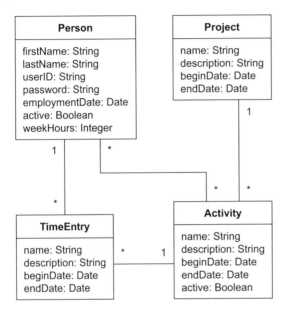

Abb. 4-2
Datenmodell der Referenzanwendung

4.5 Architektur

Die Zeiterfassung Dysis ist als verteilte Anwendung realisiert, bestehend aus einem Backend zur zentralen Verarbeitung der Daten, einer Datenbank zur Speicherung der Daten sowie einem Eclipse-RCP-basierten Frontend zur Erfassung der Zeitdaten. Durch den Verteilungsaspekt wäre es möglich, die Zeiterfassung zusätzlich über ein Web-Frontend oder eine Embedded-RCP-Anwendung zu realisieren. Diese Frontends sind jedoch nicht implementiert, da ich mich auf den Eclipse-RCP-Kontext beschränken möchte.

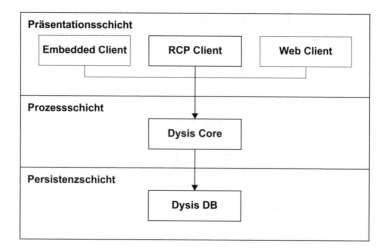

4.5.1 Fachlicher Schnitt

Das Dysis UI folgt der Workbench-Metapher, demzufolge beinhaltet das UI mehrere Perspektiven. Diese Perspektiven sind für die jeweilige Rolle zugeschnitten, die sie verwendet.

Projektleiter Für den Projektleiter steht die Perspektive »Projekte und Aufgaben« zur Verfügung. Sie besteht aus einem Navigator für die vorhandenen Projekte. Für das Bearbeiten der Projekte steht ein Editor zur Verfügung, neue Projekte werden über einen Wizard angelegt. Die Projektsuche erlaubt es, Projekte nach bestimmten Kriterien zu suchen.

Führungskraft Die Führungskraft nutzt die Perspektive »Ressourcen«. Genau wie in der Perspektive »Projekte und Aufgaben« stehen ein Navigator, ein Editor und ein Wizard zur Verfügung, um Personen anzulegen bzw. sie zu bearbeiten. Das Bearbeiten der Personen beinhaltet hier auch die Zuweisung zu Aktivitäten einzelner Projekte.

Mitarbeiter Der Mitarbeiter nutzt die Perspektive »Zeiterfassung«, welche es ihm erlaubt, für den aktuellen Monat seine Anwesenheit auf die ihm zugewiesenen Aktivitäten zu verteilen.

Die Rollen sind dabei beliebig miteinander kombinierbar, d.h., ein Benutzer kann die Rolle Projektleiter und Mitarbeiter zusammen haben, eine Führungskraft kann zusätzlich die Rolle Projektleiter innehaben, oder ein Benutzer hat alle drei Rollen zugewiesen bekommen. Nach dem Start der Anwendung stünden die jeweiligen Perspektiven dann zur Verfügung.

4.5.2 Umsetzung der Clientseite

Der Dysis-Client ist eine Eclipse-RCP-Anwendung. Er besteht aus einer Produktkonfiguration, die auf Features basiert. Dysis umfasst die folgenden Features:

org.eclipse.rcp Das Eclipse RCP Feature beinhaltet alle Bundles der Eclipse-RCP-Plattform.

org.eclipse.help Das Eclipse RCP Help Feature beinhaltet alle Bundles zur Verwendung des Eclipse-Hilfe-Systems.

net.sf.dysis Das Dysis Feature gruppiert sämtliche originär zu Dysis gehörenden Bundles.

net.sf.dysis.additions Das Dysis Additions Feature umfasst alle Library Bundles und zusätzlich die für Dysis benötigten Eclipse Bundles, die nicht im *org.eclipse.rcp* Feature enthalten sind. Dazu gehören beispielsweise die Bundles *org.eclipse.ui.forms* und *org.eclipse.ui.views.log*.

Fachliche Komponenten

Die drei beschriebenen Perspektiven stellen die drei fachlichen Komponenten dar, die clientseitig in die folgenden drei Bundles aufgehen:

- net.sf.dysis.planning.ui
- net.sf.dysis.resource.ui
- net.sf.dysis.timesheet.ui

Fachliche Bundles

Die Bundles beinhalten die jeweils benötigten UI-Elemente der Komponente. Die Schnittstelle des Servers ist in einem einzigen Bundle *net.sf.dysis.core.client.osgi* zusammengefasst. Dieses Bundle beinhaltet die Kontext-XML-Datei für den Spring Application Context, die Serviceschnittstellen und die DTOs, die für den Aufruf der Methoden der Serviceschnittstellen benötigt werden. Das Suffix *.osgi* des Bundles deutet an, dass die von diesem Bundle bereitgestellten Serviceschnittstellen über den OSGi-Kontext verfügbar sind. Somit ließe sich das Bundle leicht analog zu den UI Bundles in einzelne fachliche Core Bundles aufteilen, die jeweils nur die Serviceschnittstellen der jeweiligen Komponente anbietet. Aus Gründen der Einfachheit bezüglich des Build-Prozesses habe ich mich allerdings im Fall Dysis dagegen entschieden.

Serverschnittstelle

Technische Komponenten

Neben den fachlichen Komponenten beinhaltet Dysis auch eine Zahl technischer Bundles:

Technische Bundles   **net.sf.dysis.application** Das Application Bundle stellt das Bundle der Eclipse-RCP-Anwendung dar. Es beinhaltet sowohl die `Application`-Klasse und die *Advisor*-Klassen als auch die Produktkonfiguration. Das Application Bundle implementiert somit auch den Prozess des automatischen Produktupdates und der Authentifizierung.

net.sf.dysis.base.ui Das Basis Bundle dient zur Sammlung der übergreifenden Funktionalität im UI, wie beispielsweise Validierung, Logging oder Navigation. Übergreifende Funktionalität, die einen größeren Umfang hat, ist in eigene, unabhängige Bundles ausgelagert. Dies ermöglicht es Ihnen, die Bundles für clientseitiges Caching oder schematische Suchen direkt für Ihre Anwendung zu nutzen.

net.sf.dysis.help.ui Das Help Bundle beinhaltet die Dysis-Online-Hilfe.

net.sf.dysis.*.ui.help Für die fachlichen Komponenten existieren teilweise Dynamic Help Bundles, welche kontextsensitive Hilfe zu den fachlichen UI-Elementen bieten.

net.sf.dysis.*.ui.nl_en Da Dysis mehrsprachig implementiert ist, existieren sowohl für technische als auch für fachliche Bundles die notwendigen Language Bundles.

Library Bundles

Dysis benutzt zusätzlich zu Eclipse RCP einige wenige 3rd-Party-Bibliotheken, die als Library Bundle integriert sind:

Library Bundles   **org.springframework.bundle.*** Die Serviceschnittstelle des Dysis Backends basiert auf dem Spring Remoting. Daher verwendet der Dysis-Client Spring Dynamic Modules, um auf die bereitgestellten Services zugreifen zu können. Spring DM benötigt zusätzlich weitere Bundles aus dem Apache-Projekt.

org.apache.log4j Dysis verwendet Log4J als Logging-Framework. Auch die Log4J Binaries sind als Library Bundle integriert.

org.eclipse.swt.nebula Einige UI-Komponenten des Eclipse-Nebula-Projekts finden Anwendung im Dysis-Client. Darunter ist das `DateChooserCombo` und das `CompositeTable` Widget.

4.5.3   Umsetzung der Serverseite

Die Dysis-Serverseite ist eine einfache Java-Webanwendung. Das Backend nutzt dabei lediglich den Servletcontainer, um die Serviceschnittstelle bereitzustellen. Ansonsten ist das Backend vollkommen zustandslos umgesetzt. Ein Zustand existiert lediglich in der verwendeten Datenbank.

Komponenten

Aufgrund der kleinen Größe des Backends sind die Klassen nicht in einzelne fachlich orientierte Komponenten aufgeteilt. Somit existiert lediglich das Projekt *net.sf.dysis.core*, welches das gesamte Backend repräsentiert. Für das letztendliche Deployment dient das Projekt *net.sf.dysis.core.web*. In diesem Projekt werden die Artefakte wie web.xml und Java-Archive der Bibliotheken und des Backends mit Hilfe von Ant gesammelt und zu einem deployfähigen Java-Webarchiv gebündelt.

Das Serverprojekt

Verwendete Technologien

Das Backend verwendet mit dem DispatcherServlet das Spring Remoting zur Bereitstellung der Serviceschnittstelle. Somit ist auch auf der Serverseite das Spring Framework als 3rd-Party-Bibliothek eingebunden. Die Persistenzschicht im Hintergrund bietet eine MySQL-Datenbank, die per JDBC angesprochen wird. Das O/R Mapping übernimmt dabei Hibernate.

Remoting

4.5.4   Kommunikation

Die Kommunikation zwischen dem Client und dem Server erfolgt über das HTTP-Invoker-Protokoll. Die Gründe dafür sind die Effizienz und das Basisprotokoll HTTP, das eine problemlose Kommunikation auch über Unternehmensgrenzen hinweg ermöglicht.

Ein weiterer Grund, HTTP Invoker für die Anbindung des Clients an den Server zu verwenden, ist das sogenannte *Piggypacking*, also das transparente Mitsenden von Informationen für nichtfunktionale Anforderungen, z.B. Security, Monitoring oder Transaktionalität. Dysis verwendet den HTTP Request Header, um dem Backend die benötigten Authentifizierungsinformationen für jeden Request zur Verfügung zu stellen. Da der Server zustandslos arbeitet, benötigt er diese Informationen, um den eingehenden Request authentifizieren bzw. auch autorisieren zu können.

Piggypacking

4.6   Installation

Die Referenzanwendung steht als Open-Source-Projekt zur Verfügung. Sie können sich also, wenn Sie es möchten, die Anwendung auf Ihrem Rechner installieren und bestimmte Funktionen ausprobieren. Sollten Sie bei einigen Punkten tiefer in den auszugsweise dargestellten

Quellcode schauen wollen, dann stehen Ihnen die Quellen über ein Subversion-Repository zur Verfügung.

4.6.1   Das Dysis-Projekt

Dysis ist als Projekt bei Sourceforge [27] eingerichtet. Als Open-Source-Projekt stehen somit alle Quellen zur Verfügung und können von Ihnen heruntergeladen und eingesehen werden. Die URL des Subversion-

Subversion   Repositorys lautet `http://dysis.svn.sourceforge.net/svnroot/dysis`.

Der Benutzername für das Repository ist *anonymous*, ein Passwort ist nicht erforderlich. Als Integration für die Eclipse IDE existieren zwei Projekte, Subversive [5] und Subclipse [40]. Beide Werkzeuge sind funktional ungefähr gleichwertig, fühlen sich allerdings in der Verwendung ein wenig unterschiedlich an. Im Repository befinden sich sämtliche Bundles und Projekte, gegliedert nach den Kategorien *Client* und *Server*.

Dysis als Anwendung   Sollten Sie Dysis als Anwendung auf Ihrem Rechner ausprobieren wollen, dann finden Sie dafür im Downloadbereich des Dysis-Projekts drei Dateien:

`Dysis-Setup.exe` Die Setup-Datei installiert den Dysis-Client auf Ihrem Rechner.

`net.sf.dysis.core.war` Das Java-Webarchiv enthält das Dysis-Backend für einen Java-EE-Webserver.

`dysis.ddl` Die DDL-Datei enthält das Datenbankschema.

Diese Dateien stellen die Dysis-Deployment-Artefakte für das Client-System, das Server-System und die Datenbank dar. Eine Anmerkung bezüglich der Datei `Dysis-Setup.exe` möchte ich vorwegnehmen. Sie werden sich vielleicht über die Größe der Datei wundern. Diese Größe liegt darin begründet, dass die Installationsdatei eine eigene Java Runtime Environment (JRE) enthält. Diese wird nach der Installation in Ihrem Dysis-Installationsverzeichnis liegen und ausschließlich vom Dysis-Client verwendet. Die Größe der eigentlichen Dysis-Distribution ist deutlich kleiner.

4.6.2   Hostnamen konfigurieren

Dysis kommuniziert an zwei Stellen über das IP-Protokoll. Die Datenbank wird vom Dysis-Backend unter dem Hostnamen *dysis.mysql* augerufen. Der Dysis-Client sucht den Dysis-Server unter dem Hostnamen *dysis.tomcat*. Um die Kommunikation der Knoten untereinander zu ermöglichen, müssen Sie die beiden Hostnamen für Ihr System definieren. Unter Windows können Sie das in der Datei `<Windows-`

`Verzeichnis>/system32/drivers/etc/hosts` tun, beim Mac ist es die Datei `etc/hosts`. Wenn Sie sowohl den Java-EE-Webserver als auch die MySQL-Datenbank auf Ihrem Rechner installiert haben, dann lenken Sie die beiden Hostnamen auf die lokale IP-Adresse Ihres Rechners. Andernfalls geben Sie die entsprechende IP-Adresse des Zielhosts hier an.

```
# Diese Datei enthält die Zuordnungen der IP-Adressen
# zu Hostnamen. Jeder Eintrag muss in einer eigenen
# Zeile stehen. Die IP-Adresse sollte in der ersten
# Spalte gefolgt vom zugehörigen Hostnamen stehen.
# Die IP-Adresse und der Hostname müssen durch
# mindestens ein Leerzeichen getrennt sein.

127.0.0.1 localhost

127.0.0.1 dysis.mysql
127.0.0.1 dysis.tomcat
```

Listing 4.1
In der Datei hosts definieren Sie die IP-Adresse der Hostnamen für die Dysis-Datenbank und den Dysis-Server.

4.6.3 Die Datenbank einrichten

Dysis arbeitet mit einer MySQL-Datenbank [29] in der Version 5.x. MySQL ist frei verfügbar und schnell und einfach zu installieren. Sollten Sie eine MySQL-Datenbank auf einem anderen Rechner bereits installiert haben, dann können Sie den Hostnamen *dysis.mysql* entsprechend konfigurieren und somit diese Instanz verwenden. Andernfalls müssen Sie sich eine eigene MySQL-Instanz auf Ihrem Rechner installieren. Richten Sie bitte in der von Ihnen verwendeten MySQL-Installation eine Datenbank mit dem Namen *dysis* ein. Das Schema der Datenbank finden Sie in der Datei `dysis.ddl` im Downloadbereich des Dysis-Projekts. Bitte legen Sie dazu einen Datenbankbenutzer *dysis* mit dem Passwort *dysis* an, der mit allen Rechten auf die Datenbank *dysis* zugreifen darf.

Datenbankschema

4.6.4 Den Server einrichten

Das Dysis-Backend ist in Form des Java-Webarchivs `net.sf.dysis.core.war` im Downloadbereich des Dysis-Projekts verfügbar. Dieses Archiv muss lediglich auf einem Java-EE-Webserver installiert werden. Als einfachste Lösung empfiehlt sich hier der Apache Tomcat Server [37]. Das vom Apache-Projekt im Downloadbereich des Tomcat-Projekts bereitgestellte Zip-Archiv muss lediglich in Ihr gewünschtes Tomcat-Installationsverzeichnis entpackt werden. Kopieren Sie danach das Dysis-Java-Webarchiv `net.sf.dysis.core.war` in

*Umgebungsvariable
JRE_HOME setzen*

das webapps-Verzeichnis Ihres Tomcat-Installationsverzeichnisses. Bitte beachten Sie, dass der Apache Tomcat bzw. das Dysis-Backend eine installierte Java Runtime Environment (JRE) in der Version 6 benötigt, welche ggf. zusätzlich installiert werden muss. Daneben muss die Umgebungsvariable JRE_HOME auf das JRE-Installationsverzeichnis zeigen. Mit dem Befehl catalina start im bin-Verzeichnis Ihres Tomcat-Installationsverzeichnisses lässt sich der Tomcat Server nun starten, und das Dysis-Backend steht auf dem Port 8080 zur Verfügung.

4.6.5 Den Client installieren

Nachdem nun Datenbank und Server eingerichtet und gestartet sind, können Sie den Dysis-Client installieren. Führen Sie dafür die Installationsdatei Dysis-Setup.exe aus. Der Client wird nun auf Ihrem Rechner installiert. Nach der Installation können Sie Dysis starten. Als Benutzer dient der mit der dysis.ddl in die Tabelle *Person* eingetragene Benutzer mit dem entsprechenden Passwort. Sollten Sie diesen Eintrag nicht verändert haben, so lautet der initiale Benutzername *kwoehr* mit dem Passwort *dysis*. Nach dem Bestätigen im Login-Dialog erfolgt die Anmeldung am Server, und die Oberfläche des Dysis-Clients öffnet sich. Sie können nun Projekte, Aktivitäten und Personen anlegen und Zeiten für die Ihnen zugewiesenen Aktivitäten erfassen.

Teil II
Implementierung

Nach Entwurf und Ausformulierung der Architektur und der Anforderungen einer Anwendung steht deren Umsetzung, also die Implementierung. Grundsätzlich unterscheiden sich die Herausforderungen der Implementierung von Rich Clients in verteilten Anwendungen bezogen auf die gewählte Plattform nicht voneinander. Dennoch hat jede Plattform und jede Technik Eigenheiten, die sie besonders macht, im Positiven wie auch im Negativen.

Im zweiten Teil dieses Buches möchte ich auf Aspekte dieser Phase eingehen, die speziell die Verwendung von Eclipse RCP als Plattform des Clients betreffen. Aufgrund des Verteilungsaspekts und der potenziellen Menge an zu verwaltenden Daten sind bei der Umsetzung der Anforderungen ein paar Dinge zu beachten, die im Vergleich zur Verwendung von Eclipse RCP als Standalone-Anwendung nicht ganz so ins Gewicht fallen. Wie in der Einleitung bereits gesagt, gehe ich davon aus, dass Sie mit den Eclipse-RCP-Grundtechniken vertraut sind.

Die Erläuterungen in den einzelnen Kapiteln orientieren sich am Dysis-Technologie-Stack. Demzufolge sind auch die Codebeispiele entsprechend technikbezogen. Die Beispiele sind jedoch so formuliert, dass sie auf andere Techniken übertragbar sind und Ihnen so als Blaupause für Ihren gewählten Technologie-Stack dienen können. Dieses Buch zeigt selbstverständlich nicht die komplette Codebasis der Dysis-Anwendung. Dennoch stellen die Beispiele Auschnitte aus einem funktionierenden Gesamtsystem dar. Sollten Sie also den einen oder anderen Punkt bezogen auf den Code detaillierter betrachten wollen, dann können Sie jederzeit in der Dysis-Anwendung nachschauen.

5 Enterprise UI

»Man muss das Unmögliche versuchen,
um das Mögliche zu erreichen.«

—*Hermann Hesse (1877–1962), dt. Schriftsteller*

Der Client ist der Teil einer verteilten Anwendung, der nach außen hin maßgeblich in Erscheinung tritt. Er repräsentiert das Gesicht der Anwendung und hat wesentlichen Einfluss auf deren Akzeptanz. Die Anforderungen an das UI im Enterprise-Umfeld weisen einige Besonderheiten im Vergleich zu anderen Oberflächen auf.

Dieses erste Kapitel des Teils *Implementierung* geht auf einzelne implementierungsspezifische Aspekte eines Enterprise UIs ein. Diese ergeben sich unter anderem aus dem Verteilungsaspekt, wie beispielsweise die Authentifizierung oder das Laden und Darstellen von großen Datenmengen. Diese Themen werden in den ersten Abschnitten erläutert. Das Kapitel beschreibt in den darauffolgenden Abschnitten darüber hinaus Lösungen für Enterprise-typische Anforderungen wie Nebenläufigkeit im UI, Sprachauswahl oder schematische Suchen nach Geschäftsobjekten.

5.1 Login

Dem Login werden in verteilten Anwendungen zweierlei Aufgaben zuteil. Zum einen muss sich der Benutzer hier authentifizieren. Nach der erfolgreichen Authentifizierung erfolgt dann üblicherweise die Autorisierung, der Client bekommt also die entsprechenden Berechtigungen für den Benutzer bereitgestellt. Es sind allerdings auch Szenarien denkbar, in denen eine Autorisierung ohne Authentifizierung stattfindet. Die zweite Aufgabe besteht darin, bestimmte Umgebungsparameter für den Client zu setzen. Dazu können beispielsweise die zu verwendende Sprache oder bestimmte Formate gehören. Die exemplarische Umsetzung einer Authentifizierung werde ich am Dysis-Login erläutern.

Authentifizierung und Autorisierung

5.1.1 Authentifizierung

Die erste Frage, die sich stellt, ist der Ort, an dem die Authentifizierung durchgeführt wird. Denkbar wären zum einen die preStartup()-Methode des WorkbenchAdvisors bzw. die preWindowOpen()-Methode des WorkbenchWindowAdvisors. Diese Stellen sind allerdings aus meiner Sicht für die Authentifizierung schlecht, da der Start der Workbench zu diesem Zeitpunkt bereits eingeleitet ist. Im Falle einer fehlgeschlagenen Authentifizierung sollte die Workbench allerdings gar nicht erst gestartet werden. Der aus meiner Sicht am besten geeignete Punkt ist die Application-Klasse selbst. Die Application-Klasse steuert den Start der Workbench und kann so im Falle einer fehlgeschlagenen Authentifizierung entweder zum Login-Dialog zurückkehren oder den Start der Anwendung abbrechen.

Listing 5.1
Die Application-Klasse
führt mit der Methode
authenticate()
zunächst die
Authentifizierung
durch, bevor sie die
Workbench startet.

```
public Object start(IApplicationContext context)
    throws Exception {
  application = this;
  printStartupMessage();
  Display display = PlatformUI.createDisplay();
  try {
    AuthenticationResult authenticationResult = authenticate(display
        .getActiveShell());
    if (authenticationResult == AuthenticationResult.SUCCESS) {
      printStartupFinishedMessage();
      int returnCode = PlatformUI.createAndRunWorkbench(display, new
          ApplicationWorkbenchAdvisor());
      if (returnCode == PlatformUI.RETURN_RESTART) {
        return IApplication.EXIT_RESTART;
      }
    }
    return IApplication.EXIT_OK;
  }
  finally {
    display.dispose();
  }
}
```

5.1.2 Automatische Authentifizierung

Die Bereitstellung der Daten für die Authentifizierung ist bei Dysis über zwei Wege möglich. Die Daten können sowohl über den Login-Dialog eingegeben als auch als Programmargument übergeben werden. Die Verwendung von Programmargumenten ermöglicht es, eine automatische Authentifizierung ohne Login-Dialog durchzuführen. Das Über-

springen der Benutzerinteraktion beim Login wird zum einen bei der
Automatisierung von Tests eingesetzt, zum anderen ist es für die im
Folgenden beschriebene Auswahl der Sprache notwendig.

Die erste Aufgabe besteht zunächst darin, die Programmargumente
einzulesen. Die Klasse Platform bietet dafür die Methode getApplica-
tionArguments(). Diese Methode liefert alle Argumente, die nicht bereits
vom Framework selbst gelesen wurden. Die Methode readArguments()
in Listing 5.2 zeigt, wie die Programmargumente eingelesen und in einer
Map gespeichert werden.

```
private Map<String, String> readArguments() {
  Map<String, String> programArgumentMap =
      new HashMap<String, String>();
  String[] programArguments = Platform.getApplicationArgs();
  for (int index = 0; index < programArguments.length; index++) {
    String argument = programArguments[index];
    if ((index + 1) < programArguments.length) {
      String nextArgument = programArguments[index + 1];
      // see whether it is key-value or single arguments
      if (nextArgument.startsWith("-")) {
        // next argument is a key -> single argument
        programArgumentMap.put(argument, null);
      }
      else {
        // next argument is a value -> key-value pair
        programArgumentMap.put(argument, nextArgument);
        index++;
      }
    }
    else {
      // no further argument -> single argument
      programArgumentMap.put(argument, null);
    }
  }
  return programArgumentMap;
}
```

Listing 5.2
Die Methode
readArguments() liest
die Programm-
argumente ein.

Die Methode geht dabei davon aus, dass der Schlüssel eines Arguments
immer mit einem Bindestrich beginnt. Für die automatische Authentifizierung definiert Dysis nun zwei Programmargumente, die vorhanden
sein müssen:

1. -dysis.username
2. -dysis.password

Programmargumente
für ein automatisiertes
Login

Zur besseren Verwendung sind diese Argumente als Konstante in der Application-Klasse definiert.

```
static final String USERNAME_ARGUMENT_KEY = "-dysis.username";
static final String PASSWORD_ARGUMENT_KEY = "-dysis.password";
```

Die Methode authenticate() versucht nun zunächst, eine automatische Authentifizierung durchzuführen. Sind die notwendigen Argumente vorhanden, so wird mit diesen Argumenten ein Versuch gestartet, wie in Listing 5.3 zu sehen ist.

Listing 5.3
Sind die notwendigen
Programmargumente
vorhanden, dann wird
eine automatische
Authentifizierung
versucht.

```
private AuthenticationResult authenticateWithArguments(Shell shell)
    {
AuthenticationResult result = AuthenticationResult.INITIAL;
// check arguments for auto login
if (arguments.containsKey(USERNAME_ARGUMENT_KEY) && arguments.
    containsKey(PASSWORD_ARGUMENT_KEY)) {
    final String username = arguments.get(USERNAME_ARGUMENT_KEY);
    final String password = arguments.get(PASSWORD_ARGUMENT_KEY);
    result = doAuthenticate(shell, username,
        password);
}
    return result;
}
```

Sollten die Argumente nicht vorhanden sein oder die Authentifizierung fehlschlagen, dann wird der Login-Dialog, der in Abbildung 5-1 auf der nächsten Seite zu sehen ist, geöffnet und die Informationen werden abgefragt.

Listing 5.4
Sollte die automatische
Authentifizierung nicht
möglich sein oder
fehlschlagen, dann
wird mit Hilfe des
Login-Dialogs
authentifiziert.

```
private AuthenticationResult authenticateWithDialog(Shell shell,
    AuthenticationResult result) {
while ((result == AuthenticationResult.FAILED) || (result ==
    AuthenticationResult.INITIAL)) {
    final LoginDialog loginDialog = new LoginDialog(shell,
        result == AuthenticationResult.FAILED);
    if (loginDialog.open() == Dialog.OK) {
        final String username = loginDialog.getUsername();
        final String password = loginDialog.getPassword();
        result = doAuthenticate(shell, username, password);
    }
    else {
        result = AuthenticationResult.ABORT;
    }
}
    return result;
}
```

Wichtig zu erwähnen ist dabei, dass bei der Verwendung von Programmargumenten die eigentliche Authentifizierung nicht übersprungen wird. Es dient lediglich der Unterdrückung einer Benutzerinteraktion.

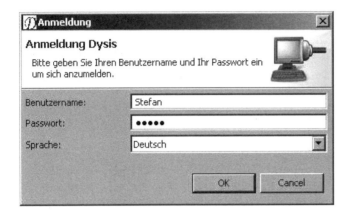

Abb. 5-1
Der Login-Dialog für die Dysis-Anwendung fragt die Authentifizierungsinformation ab und bietet die Möglichkeit der Auswahl der Sprache.

5.1.3 Sprachauswahl

Der Login-Dialog in Abbildung 5-1 zeigt neben dem Benutzernamen und Passwort auch eine Combo zur Auswahl der Sprache, mit der die Eclipse-RCP-Anwendung gestartet werden soll. Voraussetzung ist natürlich, dass die gestartete Anwendung Mehrsprachigkeit unterstützt und demzufolge Language Bundles für die gewählte Sprache bereitstellt. Eclipse RCP soll diese Language Bundles der definierten Sprache im Fortgang für die Darstellung des UI verwenden.

Leider reicht ein einfaches Setzen der ausgewählten Locale mit der Methode Locale.setDefault() nicht aus. Zum Zeitpunkt, zu dem die start()-Methode der Application aufgerufen wird, ist die OSGi-Plattform bereits gestartet. Die Plattform hat also die Standard-Locale der JVM ausgelesen und verwendet diese nun zur Identifikation der zu verwendenden Language Bundles. Es bleibt nichts anderes übrig, als die Eclipse-RCP-Anwendung mit der ausgewählten Sprache neu zu starten. Zum Setzen der vormals gewählten Sprache kann das Programmargument *-nl* verwendet werden. Dieses sorgt dafür, dass die OSGi-Plattform die gesetzte Sprache und nicht die Standard-Locale der JVM verwendet. Um den Neustart der Plattform zu verstecken, kann nun das automatische Login verwendet werden. So wird verhindert, dass dem Benutzer erneut der Login-Dialog gezeigt wird.

Die Locale vorgeben

Eclipse RCP sieht bereits einen Neustart der Anwendung vor. Als Ergebnis der start()-Methode der Application-Klasse wird dafür der Wert IApplication.EXIT_RELAUNCH zurückgegeben. Dieser sorgt dafür, dass die Eclipse-RCP-Anwendung erneut startet. Um den gewünschten Effekt eines Startens mit anderer Sprache und einer automatischen Authentifizierung zu erreichen, müssen beim Neustart jedoch die zusätzlichen Programmargumente berücksichtigt werden. Hierfür kann das System-Property *eclipse.exitdata* verwendet werden. Bei einem Neustart fügt die Eclipse-Plattform die in diesem Property definierten Argumente den bereits vorhandenen Programmargumenten hinzu.

Listing 5.5
Die Methode
prepareRestart() setzt
das System Property
eclipse.exitData mit
den notwendigen
Programmargumenten.

```
private void prepareRestart(String username, String password,
    Locale language) {
// update the commandline arguments witch username, password and
    locale
Map<String, String> restartArgumentMap =
    new HashMap<String, String>();
restartArgumentMap.put(USERNAME_ARGUMENT_KEY, username);
restartArgumentMap.put(PASSWORD_ARGUMENT_KEY, password);
restartArgumentMap.put(LANGUAGE_ARGUMENT_KEY, language.
    getLanguage());
restartArgumentMap.put(ECLIPSE_LANGUAGE_KEY, language.getLanguage
    ());
// set the eclipse restart property
StringBuffer restartArguments = new StringBuffer();
restartArguments.append("${eclipse.vm}\n");
for (Entry<String, String> entry : restartArgumentMap.entrySet())
    {
  restartArguments.append(entry.getKey());
  restartArguments.append("\n");
  restartArguments.append(entry.getValue());
  restartArguments.append("\n");
}
System.getProperties().setProperty(ECLIPSE_EXITDATA_PROPERTY,
    restartArguments.toString());
}
```

Listing 5.5 zeigt die Methode prepareRestart(), die das System-Property *eclipse.exitData* befüllt. Diese Methode wird unmittelbar vor einem Neustart aufgerufen. Ob ein solcher notwendig ist, kann über einen Vergleich der Standard-Locale mit der ausgewählten Sprache herausgefunden werden.

```
private boolean checkForRestart(Locale locale) {
  return !Locale.getDefault().getLanguage().
    equals(locale.getLanguage());
}
```

Diese Überprüfung muss sowohl bei der automatischen Authentifizierung als auch bei der Authentifizierung über den Dialog geprüft werden. Beide authenticate()-Methoden führen diese Prüfung also durch und lösen ggf. einen Neustart der Anwendung durch die Rückgabe eines entsprechenden Ergebnisses aus.

```
...
if(checkForRestart(language)){
  prepareRestart(username, password, language);
  return AuthenticationResult.RESTART;
}
...
```

Die `Application`-Klasse kann auf das Ergebnis `AuthenticationResult.RESTART` reagieren und als Ergebnis den Wert `IApplication.EXIT_RELAUNCH` zurückgeben.

```
...
AuthenticationResult authenticationResult = authenticate(display.
    getActiveShell());
if (authenticationResult == AuthenticationResult.SUCCESS) {
  printStartupFinishedMessage();
  int returnCode = PlatformUI.createAndRunWorkbench(display, new
    ApplicationWorkbenchAdvisor());
  if (returnCode == PlatformUI.RETURN_RESTART) {
    return IApplication.EXIT_RESTART;
  }
}
else if(authenticationResult == AuthenticationResult.RESTART){
  return IApplication.EXIT_RELAUNCH;
}
return IApplication.EXIT_OK;
...
```

Listing 5.6
Der Start der
Anwendung mit
automatischem Login
und Login-Dialog

Wird beim Dysis-Login im Login-Dialog oder als Programmargument eine von der Standard-Locale der JVM abweichende Sprache gewählt, dann führt dies zu einem für den Benutzer kaum merkbaren Neustart der Anwendung. Sollten die Anmeldeinformationen falsch sein, dann öffnet sich wie gewohnt der Login-Dialog mit einer entsprechenden Meldung, diesmal allerdings in der vormals ausgewählten Sprache.

5.2 Navigation

Die Navigation in Enterprise-Anwendungen besteht aus zwei verwandten Aspekten. Zum einen beschäftigt sich Navigation mit Menüstrukturen, also die Anordnung von Funktionen. Der zweite Aspekt beschäftigt sich mit dem Finden und Darstellen von Daten bzw. Datenstrukturen. Da die Navigation durch Daten dazu dient, Funktionen auf selbigen durchzuführen, sind beide Navigationsarten eng miteinander verwoben.

5.2.1 Strukturen für Funktionen

Es gibt im Wesentlichen vier unterschiedliche Strukturen, um die Funktionen einer Anwendung zu strukturieren. Dabei muss unterschieden werden, ob die Funktionen kontextabhängig sind, also in Bezug auf ein Objekt stehen, oder kontextunabhängig.

Feste Menüstruktur

Kontextfrei

Die erste Struktur stellt die feste Menüstruktur, also das Hauptmenü, der Anwendung dar. Diese Struktur beherbergt den Teil der kontextfreien Funktionen einer Anwendung. Diese Funktionen stehen in keinerlei Abhängigkeit zu einem Geschäftsobjekt. Beispiele hierfür sind das Beenden der Anwendung oder der Aufruf der Hilfe. Diese Funktionen sind Teil der festen Menüstruktur der Anwendung und sind dort zu jeder Zeit aufrufbar.

Funktionsgruppen

Separates UI-Element

Die zweite Struktur stellt ein festes Navigationselement dar, welches Funktionen für bestimmte Typen von Geschäftsobjekten gruppiert. Dieses Element kann sowohl im Hauptmenü als auch als separates Element als Teil des UI abgebildet werden. Die Funktionen haben dabei keinen direkten Bezug zu einem ausgewählten Objekt. Beispiele für eine solche typbezogene Funktion können der Aufruf der Suche oder das Anlegen eines neuen Objekts des entsprechenden Typs sein.

Navigationsbäume

Kontextbehaftet

Logische Gliederungspunkte

Teilmenge der Daten

Die dritte Struktur bietet nun kontextbezogene Funktionen an. Das Navigationselement bildet dabei selbst eine bestimmte Teilmenge von Geschäftsobjekten strukturiert ab. Meistens wird dieses Element durch einen Baum repräsentiert, der logische Gliederungspunkte enthält. Diese Gliederungspunkte sind meist temporaler, geografischer oder prozesslicher Natur, auf jeden Fall aber fachlich getrieben. Sinn dieser Struktur ist, einen Ausschnitt der Geschäftsobjekte navigierbar zu gestalten, da die Darstellung der gesamten Datenmenge nicht effizient und noch weniger übersichtlich wäre. Auf den dargestellten Geschäftsobjekten können dann die entsprechenden kontextbezogenen Funktionen ausgeführt werden.

Suche

Da Funktionsbäume meist lediglich einen Teil der Geschäftsobjekte abbilden, ist für den Zugriff auf Funktionen auf den restlichen Geschäftsobjekten eine weitere Struktur notwendig, die Suche. Eine Suche ermöglicht es, die gesamte Datenmenge mittels Suchkriterien einzuschränken und so den Zugriff effizient zu gestalten. Auf den in der Ergebnisliste dargestellten Objekten können dann kontextbezogene Funktionen ausgeführt werden.

Gesamte Datenmenge

5.2.2 Funktionsgruppen darstellen

Da die feste Menüstruktur einer Anwendung erwartungskonform durch das Hauptmenü repräsentiert werden sollte, möchte ich an dieser Stelle für Funktionsgruppen ein Beispiel anführen, welches zur Darstellung das PShelf Widget des Eclipse-Nebula-Projekts [16] verwendet. Mit dem PShelf unterteilt sich die Menüstruktur in einzelne Bereiche, die PShelfItems, von denen jeweils ein einzelner in voller Gänze sichtbar ist. Jeweils einer dieser Bereiche repräsentiert eine Funktionsgruppe, die die einzelnen Funktionen enthält. Abbildung 5-2 zeigt den Dysis-Funktionsnavigator, der die geöffnete Funktionsgruppe *Projekte und Aktivitäten* und die geschlossene Funktionsgruppe *Ressourcen* enthält.

PShelf

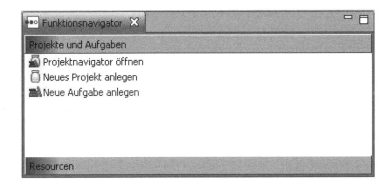

*Abb. 5-2
Der Dysis-
Funktionsnavigator
mit geöffneter
Funktionsgruppe
Projekte und
Aufgaben*

In Abbildung 5-3 auf der nächsten Seite ist hingegen die Funktionsgruppe *Ressourcen* geöffnet.

Die Implementierung eines PShelf ist relativ leicht. Die Bereiche, also die PShelfItems, sind im Beispiel mit einem TableViewer als Inhalt implementiert, wie man in Listing 5.7 auf der nächsten Seite sehen kann.

Abb. 5-3
*Der Dysis-
Funktionsnavigator
mit geöffneter
Funktionsgruppe
Ressourcen*

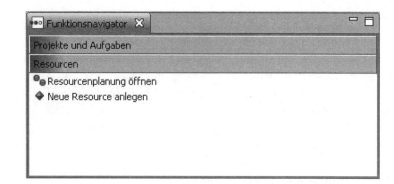

Listing 5.7
*Das PShelfItem hat im
Beispiel einen
TableViewer als Inhalt.*

```
private TableViewer initPShelfItem(PShelfItem shelfItem, String
    text) {
shelfItem.setText(text);
shelfItem.getBody().setLayout(new FillLayout());
TableViewer tableViewerShelfItem = new TableViewer(shelfItem.
    getBody(), SWT.NONE);
tableViewerShelfItem.setContentProvider(new ArrayContentProvider
    ());
tableViewerShelfItem.setLabelProvider(new ActionLabelProvider());
tableViewerShelfItem.addDoubleClickListener(new ActionListener())
    ;
return tableViewerShelfItem;
}
```

Als Inhalt haben die `TableViewer` eine Liste von `IAction`-Objekten, die bei einem Doppelklick aufgerufen werden. Der `LabelProvider` verwendet den Text und das Image der jeweiligen `IAction`.

```
...
navigationShelf = new PShelf(parent, SWT.NONE);
TableViewer tableViewerShelfItemPlanning = initPShelfItem(new
    PShelfItem(navigationShelf, SWT.NONE), "Projekte und Aufgaben
    ");
tableViewerShelfItemPlanning.setInput(
    getPlanningActions());

TableViewer tableViewerShelfItemResource = initPShelfItem(new
    PShelfItem(navigationShelf, SWT.NONE), "Resourcen");
tableViewerShelfItemResource.setInput(getResourceActions());
...
```

Diese Art der Implementierung ermöglicht es, für den Funktionsnavigator, ähnlich wie für das Hauptmenü, einen Extension Point zur Verfügung zu stellen, um für die einzelnen Bereiche von außen `IAction`-Objekte hinzufügen zu können.

5.3 Tabellen und Bäume

Tabellen und Bäume stellen als Navigationselement für Geschäfts-objekte einen wichtigen Bestandteil einer Enterprise-Eclipse-RCP-Anwendung dar. Durch sie wird es möglich, Teile der Gesamtmenge an Daten bezogen auf einen bestimmten fachlichen Kontext darzustellen. In Anbetracht der Menge der angezeigten Daten und der Tatsache, dass diese Daten über einen Remote-Zugriff beschafft werden, bedeutet das für die bekannten UI-Elemente Tabelle und Baum jeweils eine spezielle Herausforderung.

5.3.1 Datenmengen darstellen

Tabellen und Bäume dienen hinlänglich dazu, Datenmengen entweder flach oder hierarchisch darzustellen. Dabei gibt es Anwendungsfälle, bei denen der darzustellende Inhalt beliebig groß ausfallen kann, beispielsweise bei Ergebnislisten von Suchen. Dieser Umstand ist in Bezug auf die Darstellung der Tabelle nicht ganz unwichtig. Bei Tabellen und Bäumen kommt im Vergleich zu anderen Oberflächenelementen eine Besonderheit dazu. Während Textfelder, Labelfelder oder Checkboxen jeweils eine einzelne Information darstellen, ist eine Tabelle in Zeilen und Spalten aufgebaut. Jede Zeile ist ein eigenes UI-Element und muss infolgedessen gezeichnet werden. Mit steigender Anzahl an Zeilen bedeutet das auch einen steigenden Aufwand bei der Aktualisierung des UI.

Beschränkung der Menge

Eine Möglichkeiten, diesem Umstand Rechnung zu tragen, ist, die angezeigte Menge an Daten zu begrenzen. Im Falle von Tabellen ist dies sehr leicht möglich, wenn die fachlichen Anforderungen es erlauben. So kann man die maximale Anzahl an Einträgen begrenzen, im Falle von mehr Einträgen werden diese abgeschnitten. Eine Alternative ist eine Blättern-Funktion, wodurch die gesamte Menge angezeigt werden kann. Beide Lösungen eignen sich auch unter Usability- und Performance-Aspekten sehr gut, um mit großen Datenmengen umzugehen. Zum einen kann so die Ausführungszeit der Query reduziert werden, zum anderen wird die Übersichtlichkeit gefördert, da weniger Daten auf einmal sichtbar dargestellt werden. Darüber hinaus reduziert sich der Speicherbedarf des Clients, da weniger Nutzdaten zur Anzeige vorgehalten werden müssen.

Blättern-Funktion

Virtuelle Darstellung

Die o.g. Beschränkung der Menge der angezeigten Daten funktioniert wunderbar für Tabellen und Listen. In Bezug auf Bäume eignen sich beide Vorgehensweisen nicht, da weder ein Abschneiden von Daten noch eine Blättern-Funktion zur üblichen Funktionsweise eines Baums passt.

SWT.VIRTUAL Hier bietet SWT eine technische Lösung. Das Stilbit *SWT.VIRTUAL* kann beim Anlegen verwendet werden:

```
Table virtualTable = new Table(parentComposite, SWT.VIRTUAL);
...
virtualTable.setUseHashlookup(true);
...
virtualTable.setInput(input);
```

Wie das Listing zeigt, sollte bei einer virtuellen Tabelle zusätzlich zum Stilbit die Methode setUseHashlookup(Boolean) vor dem Setzen des Inputs aufgerufen werden, um ein erwartungskonformes Verhalten zu gewährleisten. Ohne das Stilbit legt die Tabelle bzw. der Baum für jedes Listenelement eine Zeile in der Tabelle an, auch für die Elemente, die im nicht sichtbaren Bereich liegen. Rollt man nun durch die Tabelle, bewegt man die Zeilen, also die UI-Elemente. Eine Tabelle oder ein Baum, die mit diesem Stilbit angelegt wurden, verhalten sich ein wenig anders. Hier werden vom UI lediglich für den sichtbaren Bereich der Tabelle bzw. des Baums Zeilen angelegt. Bei Rollen durch die Tabelle bewegt man also lediglich die Elemente durch den sichtbaren Bereich. Diese spart dann verständlicherweise eine Menge an Ressourcen. Dennoch, die Problematik des Speicherbedarfs für die anzuzeigenden Elemente ist hierdurch nicht gelöst.

5.3.2 Datenmengen laden

Neben der Darstellung ist bei großen Datenmengen auch das Laden derselben ein ernst zu nehmender Aspekt. Einfaches Laden oder gar Suchen nach bestimmten Kriterien sind Dinge, die für gewöhnlich etwas Zeit in Anspruch nehmen. Demzufolge ist es sinnvoll, in Bezug auf Usability und Performance über Strategien für das Laden von Datenmengen nachzudenken.

Dynamisch geladene Tabellen

Wie bereits angeklungen, kann es durchaus vorkommen, dass die Latenz des Ladens von Listen in vielen Fällen bei der Darstellung berücksichtigt werden muss. Zum einen erfordert die im Backend laufende Abfrage Zeit zur Ausführung, dazu kommt die für die Übertragung der

Ergebnisliste vom Server zum Client benötigte Zeit. Bei komplizierten Abfragen oder großen Datenmengen ist die zu erwartende Antwortzeit also durchaus relevant für die Darstellung der Oberfläche. Um nun für diese Zeit das UI nicht zu sperren, sollte diese Abfrage nebenläufig außerhalb des UI Threads[1] ausgeführt werden. Sobald das Ergebnis der Abfrage vorliegt, erfolgt dann die Synchronisation der Oberfläche über den UI Thread.

Nebenläufig ausgeführte Abfrage

Dynamisch geladene Bäume

Anders als Tabellen bzw. Listen stellen Bäume ihren Inhalt in einer hierarchischen Struktur dar. Diese Hierarchien werden dann durch Öffnen der einzelnen Knoten sukzessiv eingeblendet. Für das Laden des Inhalts eines Baums ergeben sich prinzipiell also zwei Möglichkeiten:

Laden der gesamten darzustellenden Datenmenge Die Datenmenge wird als Ganzes geladen. Diese Strategie kann dann analog zu Tabellen auch nebenläufig geschehen. Alle Hierarchiestufen des Baums sind dann clientseitig vorhanden und werden beim Öffnen eines Knotens dargestellt.

Der Vorteil dieser Variante liegt darin, dass das Öffnen eines Knotens nicht verzögert wird. Zusätzlich kann immer dargestellt werden, ob der Knoten Blätter hat. Der Nachteil ist, dass die Daten des Baums als Ganzes geladen werden. Zum einen dauert dies ggf. sehr lange, zum anderen werden Daten geladen, die unter Umständen nicht benötigt werden, was unnötig Speicher verbraucht.

Dynamisches Laden der einzelnen Knoten Die zweite Möglichkeit liegt darin, zu Beginn lediglich die erste Hierarchiestufe des Baums zu laden. Beim Öffnen eines Knotens werden die benötigten Daten dann nachgeladen und dargestellt. Auch bei dieser Variante kann das Laden nebenläufig ausgeführt werden, jedoch ist dabei die Synchronisation mit der Oberfläche etwas komplexer.

Somit lädt der Baum lediglich die benötigten Daten und spart unter Umständen wertvollen Speicherplatz. Dazu kommt, dass die erste Hierarchiestufe vergleichbar schnell angezeigt werden kann. Der Nachteil liegt darin, dass das Öffnen eines Knotens das Nachladen der darzustellenden Informationen bedingt und somit etwas dauert.

---

[1]Der UI Thread ist der Thread, der die Darstellung und Aktualisierung der UI-Elemente bearbeitet und die Steuerung des Event Handlings verwaltet.

Deferred Tree Support

Eclipse bietet für dynamisch geladene Bäume, sogenannte *Deferred Trees*, eine Unterstützung. Man kann die Implementierung, die man beispielsweise aus dem CVS Explorer kennt, auch für eigene RCP-Anwendungen verwenden.

Abb. 5-4
Der Projektnavigator von Dysis nutzt den Deferred Tree Support für das Laden der einzelnen Knoten.

Die Elemente eines *Deferred Trees* sind vom Typ `PlatformObject` abgeleitet. Dieses Objekt gibt zunächst immer den Platzhalter als Kindelement zurück. Um nun die Kinder zu laden, wird in den registrierten `AdapterFactory`-Objekten ein Adapter des Typs `IDeferredWorkbenchAdapter` für das Element gesucht. Die passende `AdapterFactory` muss dafür zunächst registriert werden, idealerweise bei Start des Bundles.

Listing 5.8
Registrieren der AdapterFactory

```
// Register AdapterFactory for elements of the navigator
IAdapterManager manager = Platform.getAdapterManager();
IAdapterFactory factory = new NavigatorElementAdapterFactory();
manager.registerAdapters(factory,
    NavigatorElement.class);
```

Das `NavigatorElement` ist hier das vom `PlatformObject` abgeleitete Objekt, das die Baumelemente repräsentiert. Die Factory liefert dabei den für das `NavigatorElement` passenden Adapter `NavigatorElementAdapter`.

Listing 5.9
Die AdapterFactory

```
public Object getAdapter(Object adaptableObject, Class adapterType)
    {
    if (adaptableObject instanceof NavigatorElement) {
        if (adapterType == NavigatorElement.class || adapterType ==
            IDeferredWorkbenchAdapter.class || adapterType ==
            IWorkbenchAdapter.class) {
            NavigatorElement element = (NavigatorElement)
                adaptableObject;
            return new NavigatorElementAdapter();
        }
        return null;
    }
```

Das Laden der Kinder ist dabei im `NavigatorElement` implementiert, wie in Listing 5.10 am Beispiel des `ProjectNavigatorElements` zu sehen ist.

```
public NavigatorElement[] getChildren() {
    IDataProvider dataProvider = Registry.getRegistry().
        lookupDataProvider(ProjectDataProvider.TYPE);
    return ProjectNavigatorElement.adapt(this,
        ProjectNavigatorElement.class, dataProvider.getDataCollection
        (ICollectionKey.ALL).toArray());
}
```

Listing 5.10
Das Laden der Objekte
wird vom Navigator-
Element implementiert
und vom Navigator-
ElementAdapter
gesteuert.

Der von der Factory bereitgestellte Adapter ist für den tatsächlichen Aufruf des asynchronen Ladens der Kinder zuständig. Die Basisklasse `PlatformObject` steuert dabei den Prozess und sorgt automatisch für das Ersetzen des Platzhalters mit den geladenen Kindelementen.

5.4 Suche

Die Suche bildet zumeist den Einstieg für Funktionen auf dem Inhalt der Ergebnisliste. Der Inhalt muss dabei nicht zwingend dem Domänenmodell entsprechen, unter Umständen stellen die einzelnen Einträge das Resultat einer Komposition von Teilen unterschiedlicher Daten dar. Um an den gewünschten Teil der Daten heranzukommen, muss die gesamte Datenmenge eingeschränkt werden können. Dieses geschieht über die Suchkriterien, die auf die Gesamtdatenmenge angewendet werden. Zieht man in Betracht, dass eine Enterprise-Anwendung eine große Zahl an Suchen beinhalten kann, ist es wünschenswert, die Implementierung zu vereinfachen.

5.4.1 Schema einer Suche

Sowohl die Funktionsweise als auch der grafische Aufbau einer Suche folgen im Normalfall einem bestimmten Schema. Betrachtet man die Funktion einer Suche, dann kann man folgende Elemente identifizieren:

- Definition von Suchkriterien
- Auführung der Suche
- Darstellen der Ergebnisliste
- Ausführen der Funktionen auf der Ergebnismenge

Funktionale Elemente

Schaut man auf den grafischen Aufbau, dann entdeckt man ebenfalls wiederkehrende Elemente:

Grafische Elemente
- Bereich für Suchkriterien
- Ergebnisliste
- Kontextmenü für Funktionen auf der Ergebnisliste

Interessant ist, dass sich die Suche fast ausschließlich im Inhalt unterscheidet, nicht aber im Aufbau oder der Funktionalität. Dieses feststehende Schema ermöglicht es, eine generische Implementierung zu schaffen, die dann für die einzelnen fachlichen Ausprägungen verwendet werden kann.

5.4.2 Generische Suche

Der hier beschriebene Lösungsansatz einer Suche orientiert sich grafisch am Aufbau der Suche der Eclipse-Plattform. Die Ergebnisliste wird in Form eines Views mit einer Tabelle dargestellt.

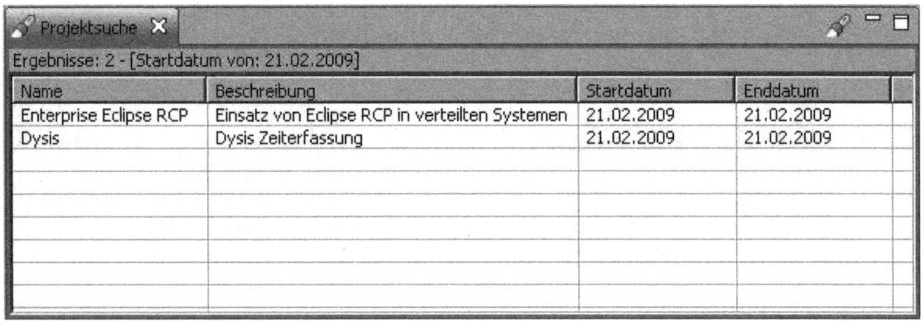

Abb. 5-5
Der View Projektsuche bietet eine Tabelle, auf der auf dem Suchergebnis Funktionen ausgeführt werden können.

Zur Abfrage der Suchkriterien dient ein modaler Dialog, der sich beim Auswählen der Taschenlampe auf dem View öffnet. Der Dialog für die Projektsuche ist in Abbildung 5-6 zu sehen.

Abb. 5-6
Für die Abfrage der Kriterien der jeweiligen Suchabfrage wird ein Dialog verwendet.

Um nun eine generische Implementierung einer Suche bereitzustellen, muss sowohl für die Funktionen als auch für das UI eine abstrakte Implementierung geschaffen werden.

5.4.3 Grafischer Aufbau

Basis einer generischen Lösung ist immer ein Template, das dann für die fachlich unterschiedlichen Elemente verwendet wird. Als zentrales Element dient ein View, der den konkreten Aufbau und das Verhalten einer Ausprägung in Form der Klasse Search liest und die Oberfläche entsprechend darstellt.

In meinem Beispiel sollen die unterschiedlichen fachlichen Ausprägungen mittels Extensions formuliert werden können. Es wäre ebenfalls denkbar, andere Quellen für die Beschreibung einer Suche zu verwenden und anhand dieser ein Search-Objekt zu erstellen. Fürs Erste soll ein Extension Point aber genügen, er ist einfach zu implementieren und leicht zu verwenden. Abbildung 5-7 zeigt die Struktur der Extension für die Projektsuche, die die notwendigen Informationen zur Darstellung deklariert.

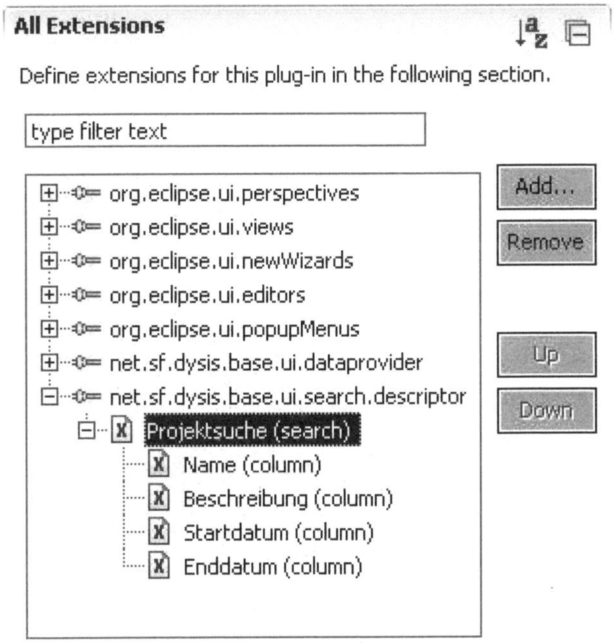

Extensions

Abb. 5-7
Die Extension definiert die Struktur der auszuführenden Suche.

Die Struktur der Ergebnisliste wird durch Hinzufügen der einzelnen Spalten definiert. In diesem Beispiel definiert ein Spaltenelement lediglich das Label und die Breite, es ist jedoch durchaus möglich, weitere

Informationen wie Sortierung oder Filter zu deklarieren, die dann von der generischen Implementierung interpretiert werden. Das Verhalten der Suche wird durch die Attribute des Suchelements definiert, die in Abbildung 5-8 abgebildet sind.

Die hier definierten Klassen bilden das ausprägungsspezifische Verhalten der Suche ab:

executable Eine Implementierung des Interface ISearchExecutable, die für die Ausführung der Suche zuständig ist

labelProvider Eine Implementierung des Interface ITableLabelProvider, die die Darstellung des Inhalts der Ergebnisliste übernimmt

criteriaDialog Eine Implementierung des Interface ISearchCriteriaDialog, die zur Abfrage von Suchkriterien verwendet wird

Die Informationen der Extensions werden zu Beginn gelesen und in Form der Beschreibungsklasse Search zur Verfügung gestellt. Die abstrakte View-Klasse SearchViewPart verbindet die in der Extension definierte Struktur mit den definierten Klassen und bildet damit die vollständige Suchfunktionalität ab. Die konkrete Ausprägung einer Suche muss lediglich von dieser Klasse erben und die ID der zugehörigen Extension definieren. Dies tut sie durch die Implementierung der abstrakten Methode getSearchId(), wie Listing 5.11 exemplarisch für die Projektsuche zeigt.

Listing 5.11
Ein Search View für Projekte

```
public class ProjectSearchView extends SearchViewPart {

    protected String getSearchId() {
        return "net.sf.dysis.planning.ui.search.project";
    }

}
```

Die Verwendung einer ableitenden View-Klasse ist notwendig, da dieser View mittels des bekannten *org.eclipse.ui.views* Extension Points bei der Plattform registriert werden muss. Eine Alternative hierzu wäre es, den generischen View direkt als *multiple* View zu registrieren. Der Bezug zu der fachlichen Ausprägung kann über die *secondary Id* des jeweiligen Views hergestellt werden.

Der View stellt die Beziehung der einzelnen grafischen Elemente her. Ebenfalls in der Extension definiert ist der Bereich zur Erfassung der Kriterien. Für den entsprechenden Dialog existiert das Interface ISearchCriteriaDialog, das den Dialog generisch vom abstrakten SearchViewPart bedienen lässt.

```
public interface ISearchCriteriaDialog {

    void setSearchCriteria(Object searchCriteria);

    Object getSearchCriteria();

    int open();
}
```

Listing 5.12
Das Interface
ISearchCriteriaDialog
erlaubt es dem Search
View, die Kriterien der
Suche zu erfragen.

Die Projektsuche nutzt für Implementierung des Interface ISearchCriteriaDialog einen TitleAreaDialog. Die Methode okPressed() des TitleAreaDialog wird dazu genutzt, die Werte aus den einzelnen ControlElementen in das Suchkriterienobjekt zu transferieren.

```
protected void okPressed() {
    searchCriteria.setName(criteriaPanel.getTextName().getText());
    searchCriteria.setDescription(criteriaPanel.getTextBeschreibung()
        .getText());
    searchCriteria.setFromStartDate(criteriaPanel.
        getDateStartdatumVon().getValue());
    searchCriteria.setToStartDate(criteriaPanel.getDateStartdatumBis
        ().getValue());
    searchCriteria.setFromEndDate(criteriaPanel.getDateEnddatumVon().
        getValue());
    searchCriteria.setToEndDate(criteriaPanel.getDateEnddatumBis().
        getValue());
    super.okPressed();
}
```

Listing 5.13
Beim Beenden des
Dialogs werden die
Kriterien im
Suchkriterienobjekt
abgelegt.

Die Implementierung dieses Dialogs wird im Extension Point registriert. Der View kann so die für die Suche benötigten Kriterien über die Interfacemethoden abfragen. Die Darstellung der Ergebnisliste erfolgt ebenfalls über Informationen aus der Extension. Die Extension bietet die Möglichkeit, die einzelnen Spalten der Tabelle deklarativ festzulegen. Mit Hilfe dieser Informationen wird ein passender TableViewer ange legt. Listing 5.14 zeigt, wie die Ergebnisliste anhand der Beschreibung der Klasse Search erstellt wird.

Listing 5.14
Der SearchViewPart
nutzt die Beschreibung
der Search-Klasse zur
Darstellung der
Ergebnisliste.

```
...
// first of all we need our descriptor
Search search = SearchRegistry.getSearch(getSearchId());
tableViewerSearch = new TableViewer(container, SWT.FULL_SELECTION
    | SWT.VIRTUAL);
tableViewerSearch.setContentProvider(new ArrayContentProvider());
tableViewerSearch.setLabelProvider(search.getLabelProvider());
Table tableSearch = tableViewerSearch.getTable();
// create the columns using the descriptor
for (ResultListColumn resultListColumn : search.getColumns()) {
  TableColumn tableColumn = new TableColumn(tableSearch, SWT.NONE)
    ;
  tableColumn.setText(resultListColumn.getName());
  tableColumn.setWidth(resultListColumn.getWidth());
}
...
```

Zur Darstellung des Inhalts, also des Suchergebnisses, wird der in der Extension definierte passende LabelProvider verwendet.

Die beschriebene Lösung implementiert also alle grafischen Aspekte generisch. Der entsprechende Extension Point fragt alle spezifischen Informationen ab, diese werden dann verwendet, um die konkrete Ausprägung darstellen zu können.

5.4.4 Funktionales Schema

Der elementarste funktionale Bestandteil ist zunächst die Suche selbst. Eine Suche bietet gewöhnlich die Möglichkeit, mittels einer Menge an Kriterien eine Liste von Objekten bereitzustellen. Somit kann das Interface ISearchExecutable wie folgt definiert werden.

Listing 5.15
Das ISearchExecutable
Interface

```
public interface ISearchExecutable {

    Collection perform(Object searchCriteria);

}
```

Eine Ausprägung des ISearchExecutable Interface wird ebenfalls in der Extension definiert. Die Kriterien, die hier als abstraktes Objekt verwaltet werden, kommen aus dem ISearchCriteriaDialog. Da die tatsächliche Beschaffenheit für die Rahmenimplementierung nicht relevant ist, kann hier mit einem einfachen Object gearbeitet werden.

Der letztendliche Ablauf der Suche wird somit komplett vom generischen Teil gesteuert.

1. Eine Suche wird mittels einer `Action` im `SearchViewPart` gestartet. *Ablauf einer Suche*
2. Die Abfrage der Kriterien wird an den registrierten `ISearchCriteriaDialog` delegiert.
3. Nach der Eingabe der Kriterien wird das Kriterien-Objekt an die registrierte `ISearchExecutable` übergeben, und die Suche wird ausgeführt.
4. Die von der `ISearchExecutable` zurückgelieferte Ergebnisliste wird durch die mittels der Konfiguration erstellte Tabelle im `SearchViewPart` mit Hilfe des registrierten `ITableLabelProviders` dargestellt.

Um die Suche nun als Navigationselement nutzen zu können, gibt es mehrere Möglichkeiten. Zum einen bietet der `TableViewer` der Suche *Funktionen definieren* ein Kontextmenü, zu welchem deklarativ Einträge hinzugefügt werden können. Des Weiteren kann die Toolbar- bzw. Menüleiste des jeweiligen `SearchViewPart`-Objekts ebenfalls für Funktionsaufrufe verwendet werden.

5.5 Nebenläufigkeit

Ein Eclipse-RCP-Client nutzt für bestimmte Aufgaben entsprechende Services des Backends. Diese Serviceaufrufe sind in der Regel schnell, es kann jedoch auch durchaus häufig vorkommen, dass sich Aufrufe aufgrund der Netzwerklatenz verzögern. Zusätzlich gibt es Serviceaufrufe, die tendenziell langsamer sind. Werden Serviceaufrufe innerhalb des UI Threads ausgeführt, führt das für die Dauer des Serviceaufrufs automatisch zur Sperrung des UI, was im Sinne der Benutzerfreundlichkeit verhindert werden sollte.

5.5.1 Serviceaufrufe auslagern

Erwartungsgemäß bietet Eclipse RCP hierfür mit dem Jobs API eine *Jobs API* sehr elegante Lösung. Serviceaufrufe können so sehr einfach in einen separaten Thread ausgelagert werden. Das Beispiel der Suche aus dem vorherigen Abschnitt nutzt für die Ausführung der Suche einen Job.

```
public class SearchJob extends Job {

    private ISearchExecutable executable;

    ...
```

Listing 5.16
Der `SearchJob` führt die Suche in einem separaten Thread aus.

```
        protected IStatus run(IProgressMonitor monitor) {
            monitor.beginTask("Suche"), -1);
            searchResult = executable.perform(criteria);
            return Status.OK_STATUS;
        }
    }
```

Die entsprechende SearchAction, die im UI Thread ausgeführt wird, delegiert lediglich an den SearchJob, welcher den Serviceaufruf in einem eigenen Thread durchführt.

Listing 5.17
Die SearchAction, die die Suche letztendlich anstößt, verwendet einen Job für die Ausführung.

```
public class SearchAction extends Action {

    private SearchJob searchJob;

    ...

    public void run() {
        ISearchCriteriaDialog searchCriteriaDialog = search.
            getCriteriaDialog();
        if (searchCriteriaDialog.open() == IDialogConstants.OK_ID) {
            searchJob.setCriteria(searchCriteriaDialog.getSearchCriteria()
                );
            searchJob.schedule();
        }
    }
}
```

5.5.2 Das UI synchronisieren

Im Normalfall bedeutet das Ergebnis eines Serviceaufrufs eine Veränderung im UI. Wird der Serviceaufruf synchron, also im UI Thread, durchgeführt, dann kann das UI nach dem Serviceaufruf einfach aktualisiert werden. Nutzt man allerdings einen Job, dann ergeben sich zwei Herausforderungen:

Herausforderungen
- Synchronisation der beiden Threads
- Zugriff auf den UI Thread aus einem Nicht-UI Thread

Die Synchronisation der Threads kann leicht über einen IJobChangeListener implementiert werden. Dieser kann beim Job angemeldet werden und wird bei unterschiedlichen Ereignissen benachrichtigt.

```
searchAction.getSearchJob().addJobChangeListener(
   new JobChangeAdapter() {
     public void done(final IJobChangeEvent event) {
       Display display = getSite().getShell().getDisplay();
       display.asyncExec(
         new Runnable() {
           public void run() {
             SearchJob searchJob = (SearchJob) event.getJob();
             Collection searchResult = searchJob.getSearchResult()
               ;
             tableViewerSearch.setInput(
               searchResult);
           }
       });
     }
});
```

Listing 5.18
Der IJobChangeListener hört auf den Bearbeitungsstatus und synchronisiert das UI mit dem Suchergebnis.

In unserem Beispiel wird der IJobChangeListener im darstellenden SearchView angemeldet. Es wird allerdings deutlich, dass der Code das UI nicht direkt ändert, sondern eine Hilfsmethode der Display-Klasse verwendet. Zugriffe auf UI-Elemente sind in der Regel nur aus dem UI Thread erlaubt. Daher bedient sich der IJobChangeListener der Methode asyncExec(Runnable) der Display-Klasse. Das hier übergebene Runnable-Objekt wird bei nächster Gelegenheit vom UI Thread ausgeführt. So lässt sich dann auch das Ergebnis der Suche im dafür vorgesehenen TableViewer darstellen.

Die Klasse Display verwenden

5.5.3 Controller-Objekte einsetzen

Das Beispiel der Suche bildet einen abgeschlossenen Prozess ab, sodass die Suche zu jedem Zeitpunkt ausgeführt werden kann. Es ist sogar unproblematisch, die Suche erneut zu starten, auch wenn die aktuell durchgeführte Suche noch nicht beendet ist. Auch hat das Ergebnis der Suche hier keinen Einfluss auf andere Funktionen. Anders ist das beispielsweise beim Speichern eines Objekts. Wird das Speichern eines Objekts nebenläufig durchgeführt, dann muss für diese Zeit ein erneutes Speichern verhindert werden. Da die Regeln der Abhängigkeiten sehr individuell und teilweise sehr komplex sind, empfiehlt sich die Verwendung eines separaten *Controller*-Objekts, welches den nebenläufigen Prozess des Speicherns extern steuert. Er übernimmt dabei sämtliche Aufgaben, die explizit nicht im UI Thread ausgeführt werden.

Individuelle und komplexe Abhängigkeiten

   Dysis nutzt ein solches Controller-Objekt für das nebenläufige Laden und Speichern in Editoren. So wird verhindert, dass beim Zugriff auf den Server das gesamte UI gesperrt wird. Die Basisklasse ServerAccessControllerBase implementiert den dafür benötigten Lebenszyklus.

Listing 5.19
Der ServerAccess-
ControllerBase
bietet einen
Lebenszyklus für den
nebenläufigen Zugriff
auf den Server aus
dem UI.

```java
public abstract class ServerAccessControllerBase<Type> {

  /**
   * The {@link Job} proceeding the server access.
   */
  private final Job serverAccessJob;

  /**
   * The necessary data (if needed).
   */
  private Type data;

  /**
   * Constructor for
   * <class>ServerAccessControllerBase</class>.
   */
  public ServerAccessControllerBase(String label) {
    super();
    serverAccessJob = new Job(label) {
      protected IStatus run(IProgressMonitor monitor) {
        return internalProceedServerAccess(monitor);
      }
    };
    serverAccessJob.addJobChangeListener(new JobChangeAdapter() {
      public void done(final IJobChangeEvent event) {
        Display.getDefault().asyncExec(new Runnable() {
          public void run() {
            handleResult(event.getResult());
          }
        });
      }
    });
  }

  /**
   * Proceeds the server access in a separate
   * {@link Thread} provided by a {@link Job}.
   * This method should fill the {@link #data}
   * field with an appropriate value.<br>
   * <br>
   * <b>ATTENTION</b><br>
   * This method runs <b>not</b> in the UI Thread
   * and may therefore <b>not</b> directly access
   * UI elements.
   *
   * @param monitor
   * The monitor used for status display
```

```
 * @return the {@link IStatus} as the result of
 * the access
 */
protected abstract IStatus internalProceedServerAccess(
  IProgressMonitor monitor);


/**
 * This method may be used for preparing the
 * server access.<br>
 * <br>
 * <b>ATTENTION</b><br>
 * This method is executed in the UI Thread
 * and must therefore not access the server.
 *
 * @return whether the access should still be
 * processed
 */
protected abstract boolean prepareAccess();


/**
 * This method may be used for handling the
 * result of the server access.<br>
 * <br>
 * <b>ATTENTION</b><br>
 * This method is executed in the UI Thread
 * and must therefore not access the server.
 */
protected abstract void handleResult(IStatus status);


/**
 * Initiates the server access. This method
 * calls {@link #prepareAccess()} before
 * scheduling the internal {@link Job}.
 */
public void initiateServerAccess() {
  if (prepareAccess()) {
    serverAccessJob.schedule();
  }
}

public Type getData() {
  return data;
}

public void setData(Type data) {
    this.data = data;
```

```
          }

          protected Job getServerAccessJob() {
            return serverAccessJob;
          }
        }
```

Lebenszyklus   Der Lebenszyklus für den Zugriff auf den Server gestaltet sich in der
folgenden Reihenfolge der Methodenaufrufe der Klasse `ServerAccess-`
`ControllerBase`:

setData(Type) (optional) Zunächst stellt das UI, wenn notwendig, die
für den Serverzugriff benötigten Daten zur Verfügung. Verwendet
wird dies beispielsweise im Falle des Speicherns.

initiateServerAccess() Das UI initiiert danach den Zugriff auf den Server.

prepareAccess() Bevor der Controller tatsächlich den `Job` für den Serverzugriff startet, können noch im UI Thread beliebige Prüfungen
durchgeführt werden. Danach wird der `Job` zur Bearbeitung registriert.

internalProceedServerAccess() Der `Job` delegiert bei seiner Ausführung
in seiner `run()`-Methode an die `internalProceedServerAccess()`-
Methode des Controllers. Hier kann nun außerhalb des UI Threads
auf den Server zugegriffen werden. In der Verarbeitung können die
im Feld *data* abgelegten Daten verwendet werden. Das Feld dient
zugleich zur Speicherung des Ergebnisses des Zugriffs.

handleResult(IStatus) Nach Beendigung des `Job`s sorgt ein `IJobChan-`
`geListener` für den Aufruf der Methode `handleResult(IStatus)` des
Controllers. Diese Methode wird wiederum im UI Thread ausgeführt. Daher kann hier das UI mit dem Ergebnis des Serverzugriffs
aktualisiert werden.

Dysis verwendet zum Speichern eines Objekts den `EditorSaveControl-`
`ler`, der die Klasse `ServerAccessControllerBase` erweitert.

Listing 5.20
Der EditorSaveCon-
troller *implementiert*
das Speichern eines
Objekts.

```
public abstract class EditorSaveController<Type> extends
        ServerAccessControllerBase<Type> {

  private IWritableDataProvider dataProvider;

  private IKey key;

  public EditorSaveController(IEditorPart editorPart, Class<Type>
        contextClass) {
    super(editorPart.getTitle());
```

```
// allow only one save per time
getServerAccessJob().setRule(new EditorControllerRule(
    contextClass));
}

protected boolean prepareAccess() {
  if (getServerAccessJob().getState() != Job.NONE) {
    MessageDialog.openInformation(
      Display.getDefault().getActiveShell(),
      "Information",
      "Der Speichervorgang wird bereits" +
      "durchgeführt. Bitte warten Sie mit dem " +
      "erneuten Speichern, bis dieser Vorgang " +
      "abgeschlossen ist."}
    return false;
  }
  dataProvider = getDataProvider();
  key = getKey(getData());
  return true;
}
protected abstract IKey getKey(Type data);

protected abstract IWritableDataProvider getDataProvider();

protected IStatus internalProceedServerAccess(IProgressMonitor
    monitor) {
  setData((Type) dataProvider.putData(key, getData()));
  return Status.OK_STATUS;
}
}
```

Wie man im Listing sieht, wird in der Methode prepareAccess() geprüft, ob der Job nicht bereits geplant oder sogar schon ausgeführt wird. In diesem Fall wird eine Information angezeigt und der Vorgang abgebrochen. Der Zugriff auf den Server in der internalProceedServerAccess()-Methode verwendet einen IDataProvider. Dieses Konzept stelle ich in Kapitel 10 näher vor. Der Rückgabewert des Aufrufs dataProvider.putData(key, data) wird im Feld *data* abgelegt.

Prüfungen

Serverzugriff

Die Klasse EditorSaveController ist abstrakt und kann für den jeweiligen Editor implementiert werden. Dies ist deswegen notwendig, da die jeweiligen UI-Elemente je Editor unterschiedlich sind. Im Beispiel des ProjectEditors erfolgt die Implementierung in der initControllers()-Methode als anonyme Klasse.

```java
private void initControllers() {
    saveController = new EditorSaveController<ProjectDTO>(this,
        ProjectDTO.class) {
        protected IWritableDataProvider getDataProvider() {
            return (IWritableDataProvider) Registry.getRegistry().
                lookupDataProvider(ProjectDataProvider.TYPE);
        }

        protected IKey getKey(ProjectDTO data) {
            return new PrimaryKey(data.getId());
        }

        protected void handleResult(IStatus status) {
            dirty = false;
            firePropertyChange(PROP_DIRTY);
            firePropertyChange(IEditorProperties.PROP_EDITOR_SAVE);
            container.setEnabled(true);
        }
    };

    ...
```

Wie man sieht, ist die Implementierung sehr einfach. Interessant ist hier lediglich die Methode handleResult(), welche die Synchronisierung des UI übernimmt. Sie setzt das *Dirty Flag* zurück und löst die entsprechenden Event-Objekte aus. Die Initiierung des Serverzugriffs über den Controller erfolgt in der doSave(IProgressMonitor)-Methode des Editors.

```java
public void doSave(IProgressMonitor monitor) {
    // deactivate container
    container.setEnabled(false);
    ...
    // check for errors
    if (!formValidationAdapter.containsErrors()) {
        ...
        // delegate to save controller to actually save the data
        saveController.setData(projectAdapter.getAdaptedObservable());
        saveController.initiateServerAccess();
    }
    else {
        MessageDialog.openError(getSite().getShell(), "Dysis"),
            "Das Speichern ist fehlgeschlagen." +
            "Bitte korrigieren Sie zunächst die" +
            "angezeigten Fehler"));
    }
}
```

Die doSave(IProgressMonitor)-Methode sperrt zunächst den Editor für weitere Eingaben, sodass zunächst der im Editor vorhandene Zustand gespeichert wird, bevor eine weitere Manipulation des Objekts möglich ist. Nach einigen Prüfungen wird mittels der Methode setData(Type) das zu speichernde Objekt gesetzt. Im Anschluss wird der Prozess des Speicherns mit dem Aufruf der initiateServerAccess()-Methode initiiert. Die Freigabe des Editors erfolgt wie bereits gesehen in der Methode handleResult() des Controllers.

Für das Laden des Editors ist analog zum Speichern ein EditorLoad-Controller konfiguriert. Der EditorLoadController implementiert das Laden der im Editor benötigten Daten im Hintergrund.

```
public abstract class EditorLoadController<Type> extends
    ServerAccessControllerBase<Type> {

  /** The {@link IWritableDataProvider} to use. */
  private DataProviderEditorInput<Type> dataProviderEditorInput;

  /** The context {@link IEditorPart}. */
  private IEditorPart editorPart;

  public EditorLoadController(IEditorPart editorPart) {
    super(editorPart.getTitle());
    this.editorPart = editorPart;
  }

  protected IStatus internalProceedServerAccess(IProgressMonitor
      monitor) {
    setData(dataProviderEditorInput.getInputData());
    return Status.OK_STATUS;
  }

  protected boolean prepareAccess() {
    if (getServerAccessJob().getState() != Job.NONE) {
      MessageDialog.openInformation(
        Display.getDefault().getActiveShell(),
        "Information",
        "Der Speichervorgang wird bereits" +
        "durchgeführt. Bitte warten Sie mit dem " +
        "erneuten Speichern, bis dieser Vorgang " +
        "abgeschlossen ist."}
      return false;
    }
    dataProviderEditorInput = (DataProviderEditorInput<Type>)
        editorPart.getEditorInput();
```

Listing 5.23
Der EditorLoadController implementiert das Laden von Daten vom Server.

```
    return true;
  }
}
```

Die prepareAccess()-Methode prüft wieder, ob der Job nicht bereits geplant oder sogar schon ausgeführt wird. Die geladenen Daten werden im Feld *data* abgelegt und können so später verwendet werden. Da zum Zeitpunkt des Öffnens des Editors diese Daten allerdings noch nicht zur Verfügung stehen, legt die createPartControl(Composite)-Methode des Editors zunächst einen Platzhalter an.

Listing 5.24
In der Methode
initControllers()
des Editors wird ein
IJobChangeListener
registriert, der das UI
nach dem Speichern
aktualisiert.

```
public void createPartControl(Composite parent) {
  container = new Composite(parent, SWT.NONE);
  container.setLayout(new FillLayout());
  // create temporary content
  toolkit.createLabel(container,
      "Daten werden geladen..."), SWT.NONE);
  // proceed loading
  loadController.initiateServerAccess();
}
```

Platzhalter

Der Editor zeigt somit zunächst lediglich den Platzhalter an. Am Ende der Methode wird das Laden im EditorLoadController angestoßen. Das dies im Hintergrund geschieht, bleibt das UI weiterhin bedienbar. Die Implementierung des Controllers wird analog zum Speichern in der initControllers()-Methode des Editors angelegt.

Listing 5.25
In der Methode
initControllers()
des Editors wird der
EditorLoadControl-
ler implementiert, der
das UI nach dem
Laden aktualisiert.

```
private void initControllers() {
  ...
  loadController =
      new EditorLoadController<ProjectDTO>(this) {
    protected void handleResult(IStatus status) {
      projectAdapter = ObservableAdapter.createAdapter(getData(),
          ProjectDTO.class);
      projectActivities = projectAdapter.getAdaptedObservable().
          getActivities();
      fillPartControl(container);
    }
  };
}
```

Die Methode fillPartControl() des Editors sorgt dann für das Entfernen des zuvor angelegten Platzhalters und füllt den Editor mit den entsprechenden Widgets. Für die Darstellung können die nun zur Verfügung stehenden Daten verwendet werden.

Das Auslagern von Zugriffen auf Services des Backends in den Hintergrund ist dringend zu empfehlen, da es die Benutzbarkeit des UI in erheblichem Maße steigert. Der Benutzer kann weiter mit der Eclipse-RCP-Anwendung arbeiten, ohne auf die Beendigung der aktuellen Operation warten zu müssen.

5.6 Wizards einsetzen

Sollten Sie sich im Rahmen des Oberflächenkonzepts dazu entschlossen haben, den Einsatz von Wizards zu erlauben, dann gibt es ein paar Dinge, die die Verwendung für den Benutzer intuitiv erscheinen lassen. Wie bereits mehrfach angeklungen ist, dient die Workbench-Metapher dazu, dem Benutzer durch Perspektiven einen einfachen und schnellen Zugriff auf die für seine aktuelle Aufgabe benötigten Werkzeuge zu ermöglichen. Wizards können in das Perspektivenkonzept der Anwendung eingebunden werden, sodass sie im Rahmen der Perspektive als Shortcut angeboten werden. Die für die aktuell ausgewählte Perspektive relevanten Wizards sind somit fast direkt zu erreichen, was die Idee der kontextsensitiven Werkzeugkonfiguration unterstützt. Dieses Konzept werde ich am Dysis-Beispiel erläutern.

Shortcut einer Perspektive

5.6.1 Das New-Wizard-DropDown-Menü

Eclipse RCP bietet für Wizards, die das INewWizard Interface implementieren, eine Standard-Action, die *New Wizard DropDown Action*. Der Menüeintrag dieser Action bietet zusätzlich zu der ausführbaren Action ein DropDown, das weitere Einträge besitzt. Das DropDown zeigt die für die aktive Perspektive registrierten Wizard Shortcuts. Abbildung 5-9 zeigt die Liste der für die Perspektive *Projekte und Aufgabe* registrierten Wizard Shortcuts zum Anlegen von Projekten und Aufgaben.

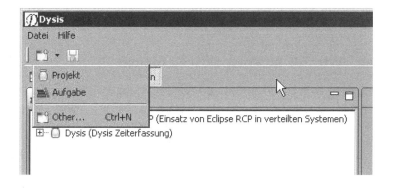

Abb. 5-9
Das DropDown-Wizard-Shortcut-Menü bietet Zugriff sowohl auf die registrierten Wizard Shortcuts als auch auf alle anderen Wizards.

Die Wahl eines Wizard Shortcuts öffnet den Wizard direkt. Der Klick auf den Menüeintrag startet hingegen den plattforminternen *New Wizard*, der alle registrierten `INewWizard` Extensions anhand ihrer Kategorien auflistet.

Das INewWizard Interface

Das New-Wizard-DropDown-Menü wird der Coolbar der Anwendung im `ActionBarAdvisor` hinzugefügt. Die `ActionFactory` bietet hierfür die Konstante `NEW_WIZARD_DROP_DOWN`.

Listing 5.26
Das New-Wizard-
DropDown-Menü wird
im ActionBarAdvisor
aktiviert.

```
protected void makeActions(IWorkbenchWindow window) {
    ...
    newWizardDropDownAction = ActionFactory.NEW_WIZARD_DROP_DOWN.
        create(window);
    register(newWizardDropDownAction);
    ...
}


protected void fillCoolBar(ICoolBarManager coolBar) {
    ...
    coolBar.add(new GroupMarker(IWorkbenchActionConstants.M_FILE));
    IToolBarManager fileToolBar = actionBarConfigurer.
        createToolBarManager();
    fileToolBar.add(new Separator(IWorkbenchActionConstants.NEW_GROUP
        ));
    fileToolBar.add(newWizardDropDownAction);
    ...

    // Add to the cool bar manager
    coolBar.add(actionBarConfigurer.createToolBarContributionItem(
        fileToolBar, IWorkbenchActionConstants.TOOLBAR_FILE));
    ...
}
```

Zusätzlich zur Coolbar kann der New Wizard auch über die Tastenkombination *Ctrl+N* aufgerufen werden.

5.6.2   Wizards an Perspektiven binden

`INewWizards` werden grundsätzlich über eine Extension für den Extension Point *org.eclipse.ui.newWizards* registriert. Die Plattform sorgt automatisch dafür, dass der registrierte Wizard über den *New Wizard* erreichbar ist. Auch das Binden eines `INewWizard` an eine Perspektive erfolgt deklarativ über den Extension Point *org.eclipse.ui.perspectiveExtensions*, wie in Listing 5.27 auf der nächsten Seite dargestellt ist.

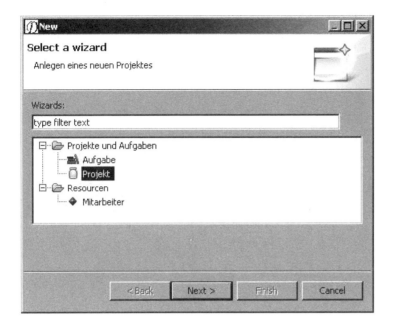

Abb. 5-10
Der New Wizard zeigt
alle registrierten
INewWizard
Extensions.

```
<extension point="org.eclipse.ui.perspectiveExtensions">
  <perspectiveExtension targetID="net.sf.dysis.project.ui.
     ProjectPerspective">
   <newWizardShortcut id="net.sf.dysis.planning.ui.wizard.
      ProjectWizard"/>
   <newWizardShortcut id="net.sf.dysis.planning.ui.wizard.
      ActivityWizard"/>
  </perspectiveExtension>
</extension>
```

Listing 5.27
Die Wizard Shortcuts
werden der Perspektive
deklarativ hinzugefügt.

5.6.3 Perspektiven an Wizards binden

In einigen Fällen ist es wünschenswert, nach Abschluss eines Wizards eine bestimmte Perspektive aufzurufen. Dies ist dann sinnvoll, wenn die Weiterbearbeitung des Geschäftsobjekts die in der Perspektive dargestellten Views benötigt. Zwar kann bei der Registrierung eines INew-Wizard in der Extension eine solche Zielperspektive angegeben werden, sie wird aber leider vom Extension Point ignoriert. Um den Wert im Extension-Attribut *finalPerspective* dennoch berücksichtigt zu wissen, muss selber Hand angelegt werden.

Zunächst sollte das Attribut die ID einer registrierten Perspektive enthalten. Der Aufruf der Perspektive muss dann im registrierten INewWizard integriert werden. Dazu lässt man ihn das Interface IExecutableExtension implementieren. Der INewWizard muss nun zusätzlich die Methode setInitializationData(IConfigurationElement, String, Object) implementieren.

Listing 5.28
Die Methode
setInitializationData()
bietet Zugriff auf die in
der Extension
definierten Attribute.

```
/** {@inheritDoc} */
public void setInitializationData(IConfigurationElement config,
    String propertyName, Object data) throws CoreException {
  finalPerspectiveId =
      config.getAttribute("finalPerspective");
}
```

Wie Abbildung 5.28 zeigt, kann in dieser Methode der Wert der in der Extension angegebenen *finalPerspective* ermittelt werden. Dieser Wert kann nun verwendet werden, um nach dem Schließen des INewWizard in der Methode performFinish() die entsprechende Perspektive aufzurufen.

Listing 5.29
Nach dem Schließen
des INewWizard wird
in der Methode
performFinish() die
definierte Perspektive
aufgerufen.

```
public boolean performFinish() {
  ...
  if (finalPerspectiveId != null) {
    // try to switch to final perspective
    try {
      PlatformUI.getWorkbench().showPerspective(finalPerspectiveId,
          PlatformUI.getWorkbench().getActiveWorkbenchWindow());
    }
    catch (WorkbenchException workbenchException) {
      workbenchException.printStackTrace();
    }
  }
  ...
}
```

5.7   UI-Elemente maskieren

In den meisten Fällen lassen sich die in der Oberfläche gepflegten Informationen problemlos interpretieren. Sollte der Benutzer das Format der Eingabe missachtet haben, beispielsweise bei Zahlen, dann reicht in der Regel ein Hinweis auf das korrekte Format. Einige Eingaben sind jedoch etwas komplizierter, sodass man dem Benutzer eine Unterstützung bei der Eingabe zur Seite stellen sollte, indem die Eingabefelder maskiert sind, demzufolge nur gültige Werte eingetragen werden können.

5.7.1 Datumsfelder darstellen

Die Darstellung eines Datums ist auf den ersten Blick nicht weiter kompliziert. Zieht man jedoch eine Mehrsprachigkeit mit unterschiedlichen Formaten in Betracht, dann hat ein spezielles Control zur Pflege eines Datums durchaus Sinn.

Das SWT DateTime Widget

Seit der Europa-Version bietet Eclipse ein Widget zur Pflege von Datumswerten. Das Widget funktioniert wie ein normales Text Widget, jedoch erlaubt es lediglich die Eingabe eines gültigen Datums. Das DateTime Widget besteht im Standard aus den drei Teilen Tag, Monat und Jahr, die als Integer-Wert abgefragt werden können. Mit den Stilbits SWT.CALENDAR oder SWT.TIME lässt sich das Widget entweder als Kalender oder zur Eingabe einer Uhrzeit verwenden. Aus den einzelnen Bestandteilen lässt sich dann mit einem Calender-Objekt ein Date erstellen.

Abb. 5-11
Das SWT DateTime Widget erlaubt die Eingabe eines Datums.

Wie zu sehen ist, weicht die Gestaltung etwas von den bekannten Widgets ab. Das Stilbit SWT.CALENDAR sorgt für eine etwas erwartungskonformere Darstellung als tatsächliche grafische Kalender.

Das Nebula DateChooserCombo Widget

Mit dem DateChooserCombo Widget stellt das Eclipse-Incubator-Projekt Nebula [16] ein Control zur Verfügung, das die Eingabe eines Datums in einem etwas erwartungskonformeren Stil erlaubt. Um es vorwegzunehmen, sämtliche vom Nebula-Projekt bereitgestellten Widgets sind noch im Beta-Status. Sie haben allerdings bereits einen sehr stabilen und verlässlichen Zustand. Die Eingabe funktioniert beim DateChooserCombo ähnlich wie bei dem SWT DateTime Widget, die einzelnen Teile des Datums können mit den Pfeiltasten manipuliert werden. Allerdings liefert das Widget gleich ein java.util.Date, das Erstellen des Datums mit dem Calendar entfällt also. Zur Eingabeunterstützung für die Maus kann ein grafischer Kalender aufgeklappt werden, in dem das Datum ausgewählt werden kann.

5.7.2 Textfelder maskieren

Zusätzlich zum DateChooserCombo bietet das Nebula-Projekt ein Widget für die maskierte Eingabe von Text, wie beispielsweise ISBN-Nummern.

Abb. 5-12
*Das Widget
DateChooserCombo
des Nebula-Projekts
bietet eine komfortable
Eingabe eines Datums
und einen integrierten
Kalender.*

Dafür wird das `FormattedText` Widget mit einem Formatierungsstring initialisiert. Das Widget unterbindet dann die Eingabe eines ungültigen Zeichens an der entsprechenden Stelle. Leider muss jedes einzugebende Zeichen definiert werden; die Verwendung für Strings mit variierender Länge, wie beispielsweise E-Mail-Adressen, ist daher nicht möglich.

6 Ressourcenschonende Implementierung

> *»Auch Quellen und Brunnen versiegen,*
> *wenn man zu oft und zu viel aus ihnen schöpft.«*
>
> —*Demosthenes, griechischer Redner*

Wenn man sich bei der Implementierung von Eclipse-RCP-Anwendungen für Enterprise-Anwendungen darauf verlässt, dass das gesamte Speichermanagement von Java gehandelt wird, wird man unweigerlich Probleme bekommen. SWT unterscheidet sich in der Art der Verarbeitung und Darstellung von Oberflächenelementen von Swing, da native Oberflächenelemente des Betriebssystems verwendet werden.

Dieses Kapitel zeigt einzelne Problemstellen auf und demonstriert, wie man mit Toolunterstützung die kritischen Punkte der eigenen Anwendung identifiziert und entschärft. Dazu gehören mit der Überwachung der verwendeten Betriebssystemressourcen sowohl präventive Maßnahmen zur Vermeidung von Ressourcenverschwendung als auch Hilfen zur Diagnostik bei bestehenden Problemen.

Prävention und Diagnostik

6.1 Betriebssystemressourcen und Speicher

6.1.1 SWT

Eclipse-RCP-Anwendungen nutzen zur Erstellung des UI das Standard Widget Toolkit (SWT). In der Verwendung ähnelt SWT der Swing-Bibliothek, die sehr verbreitet als UI-Bibliothek verwendet wird. Beide stellen eine breite Auswahl an UI-Elementen, sogenannten Widgets, zur Verfügung, mit denen sich die spezifischen Oberflächen zusammenstecken lassen. Sollten die Standard-Widgets den Anforderungen nicht genügen, existiert die zusätzliche Möglichkeit, eigene Widgets zu erstellen. Das Layouting funktioniert ebenfalls sehr ähnlich, da die unterschiedlichen Layoutmanager vergleichbar arbeiten. Ausgehend von der reinen Bedienung ist es also für einen Swing-erfahrenen Entwickler kein Problem, die Oberflächen mit SWT zu gestalten. Allerdings existiert ein sehr markanter und elementarer Unterschied zwischen beiden Frameworks, der bei der Verwendung berücksichtigt werden muss.

6.1.2 Handles

Swing zeichnet die verwendeten Widgets komplett selbst. Im Gegensatz dazu arbeitet SWT mit UI-Elementen des Betriebssystems. Das heißt, die verwendeten Widgets sind native Komponenten des aktiven Betriebssystems. SWT stellt bildlich gesprochen eine Brücke zu den dargestellten Widgets dar, Funktionsaufrufe werden größtenteils einfach über einen *native call* delegiert.

Native Betriebssystem-komponente

Dieses ist für den Entwickler vollkommen transparent, da die SWT-Bibliothek die Kapselung darstellt und eine Abstraktionsschicht einführt. Allerdings ist zu berücksichtigen, dass jedes der verwendeten Elemente ein Objekt bzw. eine Ressource des Betriebssystems darstellt und daher jeweils ein sogenanntes *Handle* benötigt. Das *Handle* stellt die Referenz auf das vom Betriebssystem angelegte Objekt im Speicher dar. Alle benötigten Handles werden dem aktiven Prozess zugeschrieben, der das UI gestartet hat. Betriebssystemseitig gibt es allerdings aus Sicherheitsgründen eine Limitierung an Handles bzw. Betriebssystemressourcen für einen Prozess. Dies verhindert, dass ein Prozess sämtliche Ressourcen des Systems für sich in Anspruch nehmen und somit das komplette System blockieren und damit zum Absturz bringen kann.

Referenz

6.1.3 UI-Elemente

Es ist also eine Tatsache, dass im UI-Design mit endlichen Ressourcen gearbeitet wird. Jedes Widget, welches auf der Oberfläche platziert wird, sollte demzufolge überlegt eingesetzt werden. Es gibt somit einen weiteren Grund, etwas mehr Zeit damit zu verbringen, ein durchgängiges Oberflächenkonzept zu entwickeln.

K(U)ISS

Keep the UI simple and stupid! Prinzipiell sollte die Oberfläche einfach gestaltet sein. Komplizierte, tief geschachtelte Oberflächenelemente haben mehrere Nachteile. Sie sind unübersichtlich und damit schwer vom Benutzer zu bedienen. Weiterhin ist es schwierig, für komplexe Elemente eine intuitive Tastaturbedienbarkeit zu gewährleisten. Beispiele sind hier Tabwechsel innerhalb eines Editors oder das Ein- und Ausblenden bestimmter Bereiche. In Bezug auf den Ressourcenverbrauch ist von Nachteil, dass ein komplexes Oberflächenelement sich nur als Ganzes öffnen und schließen lässt. Sollte es notwendig sein, eine Limitierung der UI-Komponenten einzuführen, büßt man durch komplexe Elemente stark an Flexibilität ein.

Wiederverwendbare UI-Elemente

Es ist zu überlegen, ob abhängige, unveränderliche Informationen nicht in einen abhängigen View ausgelagert werden können. Als Beispiel kann hier der *History View* der Eclipse IDE angeführt werden.

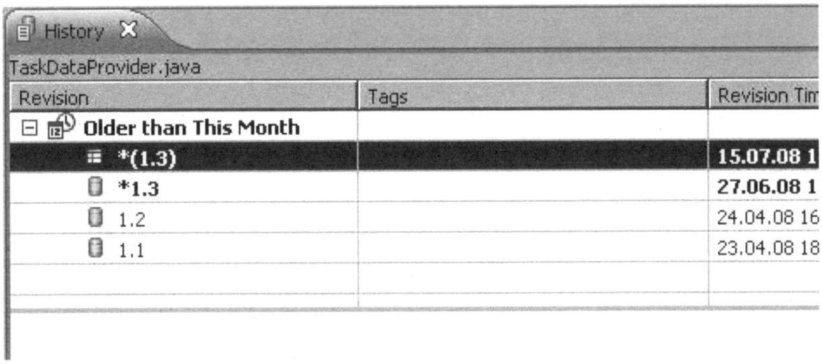

Abb. 6-1
Der History View der Eclipse IDE: Der History View stellt zusätzliche Informationen zu einem Artefakt aus dem Repository bereit.

Die Änderungshistorie wird hier als zusätzliche, unveränderliche Zusatzinformation zu einem Artefakt in einem externen abhängigen View angezeigt. Dieser View existiert lediglich ein einziges Mal und kann an den aktiven Editor gebunden werden. Somit stehen die dargestellten Informationen immer im direkten Bezug zu dem im Editor zu bearbeitenden Objekt.

Kontrollierbares UI

Eine Oberfläche sollte so gestaltet sein, dass bereits zur Entwicklung genau festgelegt wird, wie viele UI-Elemente letztendlich dargestellt werden. Dies klingt im ersten Augenblick ziemlich selbstverständlich, betrachten wir jedoch einmal die Bearbeitung von Datenmengen. Man stelle sich eine Liste von Aufgaben vor, für die ein Zieldatum gepflegt werden soll. Implementiert man dies nun als ein tabellarisch angeordnetes UI-Element, in dem untereinander angeordnet jeweils zwei Widgets (ein Label für die Bezeichnung der Aufgabe, ein Text zur Pflege des Datums) verwendet werden, verliert man automatisch die Kontrolle über die zur Laufzeit erstellte Menge von Widgets. Diese ist abhängig von der Menge an Aufgaben, die dargestellt werden müssen.

6.1.4 Weitere Betriebssystemressourcen

Farben, Schriftarten, Grafiken und Cursor

Nicht nur UI-Elemente wie Fenster, Textfelder oder Labels referenzieren Betriebssystemressourcen. Auch Farben, Schriftarten, Grafiken und Cursor benötigen ein Handle. Hier gibt es nur eine einzige Devise, und die heißt: *Wiederverwendung*. Es muss unbedingt vermieden werden, dass UI-Elemente eigenständig Farben, Schriftarten, Grafiken oder Cursor anlegen. Hierfür sollte eine Klasse verwendet werden, die diese Ressourcen verwaltet und verteilt. Ein solcher Ressourcen-Manager wird verwendet, um Bilder zu laden, Schriftarten oder Cursor zu erstellen und um Farben für die einzelnen Widgets zu verwalten.

Listing 6.1
Ein Ressourcen-Manager legt geladene Bilder in einer Map ab. Bei einer Anfrage wird zunächst in der Map nachgeschaut, ob das Bild schon vorhanden ist.

```
...
URL url = getPluginImageURL(plugin, name);
if (m_URLImageMap.containsKey(url)){
    return m_URLImageMap.get(url);
}
InputStream inputStream = url.openStream();
Image image;
try {
    image = getImage(inputStream);
    m_URLImageMap.put(url, image);
}
finally {
    inputStream.close();
}
...
```

FormToolkit

Um sich den Aufwand zu sparen, einen solchen Ressourcen-Manager selbst zu implementieren, kann der JFace LocalResourceManager verwendet werden. In diesem Zusammenhang ist auch auf die Verwendung des FormToolkits hinzuweisen. GUI-Designer neigen dazu, für einen Forms-Editor mittels Konstruktor fröhlich ein neues *FormToolkit* zur Erzeugung der UI-Komponenten anzulegen. Leider erzeugt jede Instanz ihren eigenen Stack an Farben, Schriftarten, Grafiken und Cursor. Mit jedem geöffneten Editor wächst also die Menge an benötigten Ressourcen an. Auch hier empfiehlt es sich, eine einzige *FormToolkit*-Instanz anzulegen und wiederzuverwenden.

6.1.5 Speicherbedarf

Neben der Limitierung der erlaubten Betriebssystemressourcen ist der Speicherbedarf in Bezug auf den Hauptspeicher ein neuralgischer Punkt. In bestimmten Fällen existieren hier Vorgaben, in einigen Fällen strikte Limitierungen, die bei Nichteinhaltung zum Versagen des Systems führen.

Als Beispiel hierfür dient die Verteilung des Clients über eine Citrix-Farm. Die Benutzer greifen dabei nicht auf einen lokal installierten Client zu. Sie verbinden sich zunächst über einen Citrix-Client und starten die Anwendung dann auf dem angeschlossenen Server. Verständlicherweise ist die Kontrolle des Speicherverbrauchs hier extrem wichtig, da auch ein Server nur begrenzten Speicher zur Verfügung hat und der Speicherverbrauch ziemlich exakt gesteuert werden muss.

Verteilung über Citrix

Java-Entwickler verlassen sich beim Thema Speicher intuitiv auf die Garbage Collection (GC) der Java VM, was durchaus positiv zu bewerten ist. Allerdings basieren Enterprise-Eclipse-RCP-Anwendungen auf der Eclipse-Plattform, einige Spezialitäten und Funktionen der Plattform sind also zu beachten, damit die Verwaltung des Speichers und die GC korrekt arbeiten können.

Garbage Collection

Die GC ist ein wohltuendes Feature der Java VM. Vereinfacht kann man sagen, der Garbage Collector entfernt alle nicht mehr benötigten Objekte im Speicher. Grundsätzlich sind in der Standardkonfiguration der GC für die Java VM drei Dinge zu beachten:

Garbage Collection Trigger Die GC wird dann ausgelöst, wenn der Speicher aufgebraucht ist, der der Java VM maximal zugesichert wurde. Abhängig von der GC-Konfiguration bleibt dieser Speicher betriebssystemseitig weiterhin allokiert, jedoch wird der Speicher VM-intern wieder freigegeben. Schaut man sich den Speicherverbrauch im Task Manager unter Windows an, dann gibt ein Java-Prozess den einmal allokierten Speicher unter Umständen nicht wieder frei.

Garbage-Collection-Lauf Der Garbage Collector entfernt wie gesagt *nicht mehr benötigte* Objekte. Genauer gesagt sind *nicht mehr benötigte* Objekte solche Objekte, die nicht mehr referenziert sind. Sobald ein Objekt von einem anderen Objekt im Speicher noch referenziert wird, wird es im Sinne der GC noch benötigt.

Garbage-Collection-Zyklen Betrachtet man den GC Trigger und den GC-Lauf wird deutlich, dass ein GC-Lauf dazu führen kann, dass ein Objekt erst nach einem GC-Lauf nicht mehr referenziert wird und somit erst beim folgenden Lauf entfernt wird. Dieser wird allerdings nicht sofort ausgelöst, sondern erst nachdem die GC erneut durch den oben stehenden Zustand getriggert wird.

Plattform-Interna

Als Plattform bildet Eclipse eine mannigfaltige Menge an Funktionalität bereits ab. Einzelne Funktionen müssen oder können dabei erweitert werden, um die Spezifika der zu entwickelnden Software umzusetzen. In Bezug auf den Speicherverbrauch und GC ist auch hier an ein paar Stellen auf Besonderheiten zu achten.

IEditorInput

Bestimmte Objekte der Eclipse-Plattform werden speziell verwaltet, beispielsweise der IEditorInput. Dieser ist essenziell zum Öffnen eines EditorParts notwendig, da er den Inhalt des Editors beschreibt. Der IEditorInput wird Framework-intern gespeichert und belegt somit bei falscher Verwendung unnötig Speicher. Schaut man in das JavaDoc des IEditorInput Interface, erfährt man sehr schnell, warum.

> ». . . Please note that it is important that the editor input be light weight. Within the workbench, the navigation history tends to hold on to editor inputs as a means of reconstructing the editor at a later time. The navigation history can hold on to quite a few inputs (i.e., the default is fifty). The actual data model should probably not be held in the input. . . . «

Leichtgewichtige
Implementierung

Eclipse benutzt also einen Ringpuffer mit 50 Elementen, in dem die EditorInputs gehalten werden. Speichert man nun im EditorInput schwere Objekte, leben diese auch nach dem Schließen der Editors weiter und verbrauchen Speicher. Es gilt also, im IEditorInput lediglich einen Schlüssel auf den Inhalt zu halten, um das Objekt leichtgewichtig und damit speicherfreundlich zu verwenden. Abbildung 6-2 auf der nächsten Seite zeigt, wie der Prozess des Ladens in der Referenzanwendung Dysis grundsätzlich abläuft.

Der Prozess verwendet dabei die generische Klasse DataProviderEditorInput, die die Delegation auf die Data Provider Registry implementiert. Die Klasse ist mit einem *Generic* versehen, wird also typsicher erzeugt. Das Vorgehen im Einzelnen gestaltet sich dann wie folgt:

Beispiel

1. Benutzer führt Suche nach Projekten aus.
2. Suchergebnis wird in View als Liste angezeigt. Die Listenelemente werden durch ProjectSearchResultDTO-Objekte repräsentiert.
3. Benutzer klickt doppelt auf Projekt 17, um es zu editieren.
4. In der Action wird ein DataProviderEditorInput-Objekt mit Typ der DTO-Klasse net.sf.dysis.planning.core.dto.ProjectSearchResultDTO erzeugt. Im Konstruktor erhält es dabei den Primärschlüssel 17 des Projekts als IKey-Objekt und zusätzlich die ID des zu verwendenden IDataProvider.
5. Die Action öffnet damit den passenden Editor.

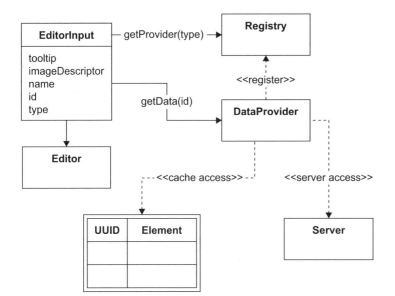

Abb. 6-2
Mit Hilfe einer Registry und mehrerer DataProvider kann der EditorInput leichtgewichtig implementiert werden.

6. Der Editor ruft die Methode `getInputData()` des `DataProviderEditorInput` auf.

7. `getInputData()` ist eine Methode aus der Dysis-Basisimplementierung für den `DataProviderEditorInput`. Sie ruft nun die `Registry` auf, übergibt die ID des `DataProvider`.

8. Die `Registry` schaut nach, ob der übergebene `DataProvider` registriert ist (`DataProvider` werden über Extension Points angemeldet).

9. Die `Registry` liefert den `DataProvider` an `getInputData()` zurück.

10. `getInputData()` kann nun den `DataProvider` aufrufen, um die Daten mit dem Primärschlüssel 17 tatsächlich zu laden.

11. Der `DataProvider` kann dann ggf. einen Cache verwenden, um die Daten nicht immer vom Server zu laden.

Das folgende Listing 6.2 zeigt die Methode `getInputData()`, die in der vorangegangenen Auflistung beschrieben wurde.

```
...
public DataProviderEditorInput(IKey key, String providerType,
    DataProviderInputDetails dataProviderInputDetails) {
  super();
  this.key = key;
  this.providerType = providerType;
  this.dataProviderInputDetails = dataProviderInputDetails;
}
...
```

Listing 6.2
Die Methode getInputData() nutzt den DataProvider aus der Registry, um die benötigten Daten zu laden.

```
public DataType getInputData() {
  if (key instanceof ICollectionKey) {
    return (DataType) Registry.getRegistry().lookupDataProvider(
      providerType).getDataCollection((ICollectionKey) key);
  }
  return (DataType) Registry.getRegistry().
    lookupDataProvider(providerType).getData(key);
}
...
```

Der IEditorInput ist nur ein Beispiel. Sollten Sie mit einer Klasse der Plattform arbeiten, vergewissern Sie sich immer, dass Sie diese erwartungskonform verwenden.

6.2 Profiling

Trotz aller guten Vorsätze gilt: »*Vertrauen ist gut, Kontrolle ist besser.*« Es empfiehlt sich grundsätzlich, den Verbrauch an Betriebssystemressourcen und Speicher der RCP-Anwendung stetig zu überprüfen und zu überwachen. Inbesondere jedoch für den Fall, dass Sie die Ihnen gestellten Anforderungen nicht erfüllen bzw. Symptome für Lecks (engl. leak) entdecken, müssen Sie die einzelnen Komponenten und Funktionen Ihrer Anwendung einzeln dahingehend durchleuchten. Für beide Aspekte Betriebssystemressourcen und Speicher stehen hilfreiche Tools zur Verfügung, die schnell die entscheidenden Stellen in den Tiefen des Codes ans Tageslicht bringen.

Speicherlecks

6.2.1 Überwachung der Handles

Der *Sleak Monitor* [6] ist ein kleines, aber sehr hilfreiches Tool, das frei verfügbar ist. Es bietet zwei Funktionen, zum einen kann ein Abzug der zurzeit verwendeten Handles genommen und angezeigt werden. Dabei werden allerdings nur die Nicht-UI-Handles angezeigt, also Schriftarten, Cursor, Farben und Bilder. Das allein ist schon praktisch, um einen Überblick zu erlangen. Die zweite Funktion ist die *Diff*-Funktion. Sie erlaubt es, die Differenz an benötigten Handles zum letzten gemerkten Zustand darzustellen. So können einzelne Funktionen der Oberfläche einfach und schnell auf den Verbrauch an Handles überprüft werden, um Lecks schnell zu lokalisieren und eliminieren zu können.

Visualisierung des Handle-Bedarfs

Die Integration des *Sleak Monitor* ist sehr leicht. Es kann direkt als Plug-in in die RCP-Anwendung integriert werden und steht so zu Testzwecken sofort zur Verfügung.

Zu empfehlen ist dies in der Entwicklungsphase, da die Startkonfiguration der RCP-Anwendung hierfür angepasst werden muss. In der

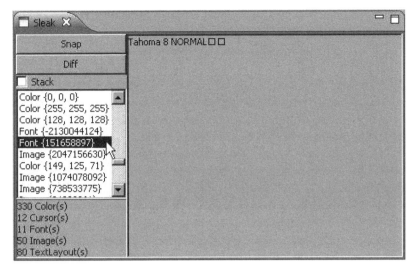

Abb. 6-3
*Der Sleak Monitor
View: Der Sleak
Monitor kann sehr
einfach als Plug-in in
die zu entwickelnde
RCP-Anwendung
integriert werden und
steht dort dann als
View zur Verfügung.*

Testphase empfiehlt sich die Einbindung als SWT-Anwendung, die in der start()-Methode der Application mit gestartet wird. Der Start kann leicht über einen Startparameter der RCP-Anwendung gesteuert werden. So kann der SWT Monitor situativ verwendet werden, steht aber im normalen Betrieb der Anwendung nicht zur Verfügung und stört die Tester bzw. Endanwender nicht unnötig.

```
...
import org.eclipse.ui.internal.misc.Policy
...
if (isSLeakMonitorEnabled()) {
  // switch to debug mode for leak monitoring
  Policy.DEBUG_SWT_GRAPHICS = true;
  Policy.DEBUG_SWT_DEBUG = true;

  // open the monitor
  SLeakMonitor sleakMonitor = new SLeakMonitor();
  sleakMonitor.open();
}
...
```

Listing 6.3
*Starten des Sleak
Monitor im Code*

6.2.2 Speicherverbauch

Speicher ist nach wie vor ein kostbares Gut. Daher ist auch die Überwachung des Speichers und der im Speicher befindlichen Objekte wichtig. Für diesen Job gibt es mehrere sehr gut integrierte Werkzeuge, die eine Überwachung recht komfortabel möglich machen. Ich möchte hier kurz den JProfiler [10] vorstellen.

Visualisierung des Speicherinhalts

Der JProfiler ist ein kommerzielles Wekzeug mit einem großen Umfang an Funktionen. Es stellt nicht nur den aktuellen Speicherinhalt (alle Bereiche des virtuellen Speichers des überwachten Prozesses) dar, zusätzlich besitzt er auch eine *Diff*-Funktion, um Veränderungen im Speicher durch bestimmte Funktionsaufrufe darzustellen. Der Speicherbedarf wird jeweils grafisch animiert dargestellt.

Über das reine Anzeigen des belegten virtuellen Speichers hinaus besitzt der JProfiler ein paar weitere nette Features. Es ist beispielsweise möglich, die Anzahl der Objekte im Speicher und ihren Ursprung bzw. ihre Verwendung zu verfolgen. Stellt man beispielsweise fest, dass die Menge an Objekten einer bestimmten Klasse atypisch hoch ist und diese sich auch nach einem Lauf des Garbage Collectors nicht verringert, kann die Stelle im Code identifiziert werden, an der das Objekt erstellt wurde, und damit ggf. auch den Ursprung, mindestens aber den Kontext des Problems dazu.

Integration in die Eclipse IDE

Die Integration des JProfiler in die Eclipse IDE ist sehr gelungen. Der JProfiler wird immer im Kontext eines Java-Prozesses gestartet, den er überwacht. Für die Verwendung in der Eclipse IDE wird ein Plug-in zur Integration bereitgestellt. Zwar ist das JProfiler UI nicht in die IDE integriert, man erhält jedoch einen zusätzlichen Launch-Mode, mit dem die zu überwachende RCP-Anwendung gestartet werden kann. Dieser Launch Mode startet dann zusätzlich zur Eclipse-RCP-Anwendung automatisch das JProfiler UI als eigene Anwendung in einem externen Fenster. Das Mapping auf den Java-Prozess der RCP-Anwendung erledigt das JProfiler Plug-in, die entsprechenden Daten des Prozesses sind sofort ohne weitere Konfiguration im JProfiler UI verfügbar.

Neben dem kommerziellen JProfiler existieren noch weitere Profiling Tools. Das Eclipse Test and Performance Tools Platform Project (TPTP) [4] bietet beispielsweise eine vielseitige Profiler-Funktionalität für unterschiedlichste Szenarien, die im Gegensatz zum JProfiler Open Source zur Verfügung steht. Als Eclipse-Projekt sind die Tools ebenfalls direkt in die Eclipse IDE integriert und lassen sich von dort aus komfortabel steuern.

6.3 Optimierungspotenziale

Optimierungspotenziale für eine ressourcenschonende Implementierung sind vielfältig. In Bezug auf den Verbrauch von Betriebssystemressourcen ist die wichtigste Strategie die Wiederverwendung, allerdings lassen sich auch mit einem Tuning der GC-Parameter Veränderungen im Speicherbild erzielen.

6.3.1 Systemressourcen wiederverwenden

Objekte wie Farben, Bilder oder Schriften, die Ressourcen belegen, müssen zentral von einem Objekt, also einem Ressourcen-Manager verwaltet werden. Dieser Ressourcen-Manager cached die zu verwaltenden Objekte und implementiert deren Wiederverwendung.

6.3.2 Clientseitig cachen

Caching ermöglicht bekanntlich eine Wiederverwendung von bereits vorhandenen Daten und somit eine Reduzierung des Zugriffs auf die Persistenzschicht. Dabei bewegt man sich immer im Spannungsfeld zwischen Speicherbedarf, Performance, erzeugtem Traffic und Aktualität des Caches. Serverseitig wird man hier sehr gut unterstützt, alle gängigen O/R Mapper wie Hibernate oder EclipseLink bieten ein integriertes und transparentes Caching, was mehr oder weniger leicht zu konfigurieren ist. Es ist bei verteilten Anwendungen in einigen Fällen jedoch ebenfalls wünschenswert, bestimmte Daten clientseitig zu cachen und somit zum einen die Kommunikation mit dem Server zu reduzieren und zum anderen, so skurril es klingt, den Speicherbedarf des Clients zu reduzieren. Empfehlenswert ist das Cachen bei Stammdaten, die einem eher seltenen Aktualisierungszyklus folgen. Sich häufig verändernde Bewegungsdaten zu cachen ist eher problematisch, da in manchen Fällen mit nicht aktuellen Daten gearbeitet werden könnte. Hier ist die Verwendung eines Lockings unabdingbar. Nur so kann verhindert werden, dass aktualisierte Daten mit einem alten Stand aus dem Cache wieder überschrieben werden.

Reduzierung der Kommunikation

Im Rahmen des Kapitels 10 stelle ich eine Referenzimplementierung eines clientseitigen Caches vor, welche Sie auch als Komponente in Ihrer Eclipse-RCP-Anwendung einsetzen können.

6.3.3 UI-Designrichtlinien

Des Weiteren sollten Richtlinien zum Bau von Oberflächen existieren. Spezifizieren Sie zu Anfang Ihr UI so, dass sie die einzelnen Oberflächenteile schlank und übersichtlich bleiben. Nutzen Sie Editoren in Kombination mit Views, um anhängende Informationen eines zu bearbeitenden Objekts darzustellen.

7 Databinding

»Beziehungen schaden nur dem, der sie nicht hat.«

—Volksmund

In Enterprise-Anwendungen geht es überwiegend darum, die aus dem Backend geladenen Daten, in anderen Worten: das *Model*, in der Oberfläche anzuzeigen und die vom Benutzer dort eingegebenen Daten wieder zurück in das Backend zu befördern. In den überwiegenden Fällen stellt die Oberfläche für jedes Attribut eines zu bearbeitenden Geschäftsobjekts ein entsprechendes Eingabefeld zur Verfügung.

Die Eclipse-Plattform bietet für diese Beziehungen von Objektattributen und Eingabeelementen das Eclipse Databinding als Framework an. Dieses Kapitel widmet sich dem Thema Databinding, da es einen wichtigen Teil des UI abbildet. Im ersten Abschnitt *Idee und Grundgedanke* gehe ich auf das grundlegende Konzept und das Ziel der Verwendung eines Databindings ein. Im Anschluss daran wird die Synchronisation der verbundenen Elemente detailliert beleuchtet, die neben der Transposition der Werte auch die Konvertierung und Validierung der Werte beinhalten kann. Zum Abschluss dieses Kapitels zeige ich anhand von Codebeispielen, wie das Eclipse Databinding für Eclipse-RCP-Anwendungen verwendet werden kann.

7.1 Idee und Grundgedanke

In vielen Fällen ist es eher trivial, die Widgets mit den Werten der Attribute des darzustellenden Modells zu füllen. Man nimmt den String-Wert des Attributs und setzt ihn in das Text Widget. Beim Speichern der Daten liest man die modifizierten Werte aus dem Text-Widget und schreibt sie zurück in das Modell. Es erscheint auf den ersten Blick etwas übertrieben, für diesen Zweck ein eigenes Framework zu entwickeln. Zudem darf die Frage gestellt werden, ob das bekannte Entwurfsmuster MVC (Model View Controller), das man häufig als Grundlage zur Darstellung der Daten heranzieht, die Aufgabe nicht bereits wunderbar löst.

7.1.1 Komplexe Verbindungen

Datenkonvertierung

Bezüglich der Frage, ob überhaupt ein eigenes Framework vonnöten ist, ist in Betracht zu ziehen, dass wesentlich komplexere Verbindungen als die gerade beschriebenen existieren. Beispielsweise müssen numerische Werte, Attribute mit Datumsinformationen oder andere individuelle Objekte mit einem Textfeld oder einem anderen Widget dargestellt werden. Natürlich kann man diese notwendigen Funktionen auch manuell codieren, die Databinding-Idee bietet für diese Anforderung allerdings eine konzeptionelle Lösung. Zudem nimmt es dem Entwickler hier eine Menge Arbeit ab und sorgt für ein konsistentes *Look and Feel* des Codes.

7.1.2 MVC – Model-View-Controller

Betrachten wir nun das erwähnte MVC-Entwurfsmuster etwas genauer. MVC definiert zunächst drei Komponenten, die nach bestimmten Regeln miteinander kommunizieren.

MVC-Komponenten

Model Das Model beinhaltet die Daten als die zur Zeit gültigen Werte. Sobald die Daten sich verändern, wird der View benachrichtigt, damit die aktualisierten Daten dargestellt werden können.

View Der View ist für die Darstellung des Models bzw. dessen Daten zuständig. Sobald er vom Model benachrichtigt wird, greift er auf das Model, holt die aktuellen Daten und stellt diese dar. Interaktionen des Benutzers, die im View geschehen, werden von diesem an den Controller weitergegeben, der entsprechend reagiert und ggf. das Model anpasst.

Controller Der Controller ist das steuernde Element. Er enthält Regeln und Funktionen, die über den View getriggert werden und Manipulationen auf dem Model nach sich ziehen.

Abb. 7-1
MVC definiert die Interaktions- und Kommunikationswege der einzelnen Komponenten.

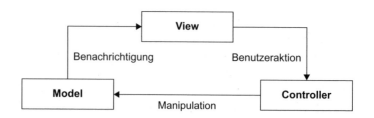

MVC geht also davon aus, dass der View respektive die Widgets die Daten darstellen können bzw. wissen, wie sie dies bewerkstelligen. So wird impliziert, dass das Widget weiß, wie mit dem vom Model bereitgestellten Daten umzugehen ist. Wie wir aber schon festgestellt haben, ist das nicht immer ganz trivial und stellt damit den Stolperstein dar. Da durchaus unterschiedliche Datentypen im Model und View vorkommen können, ist für die Darstellung zunächst Logik notwendig, die ein passendes Format erzeugt. Dieser Code ist in vielen Fällen nicht wirklich auf technische, also dem Widget zugehörige, Aspekte zu beschränken, sondern steht oft auch in einem sehr fachlichen Kontext. Mitunter repräsentieren Widgets nicht nur *primitive* Daten, sondern eben auch komplexe fachliche Objekte. Somit ist das Databinding kein Controller im eigentlichen Sinne, sondern steht genauer gesagt als Mittler zwischen dem View und dem Model und sorgt für deren Synchronisation.

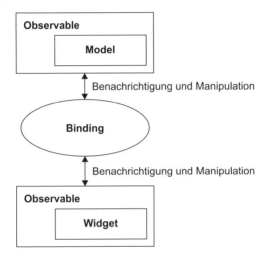

Abb. 7-2
Das Schema des Databindings folgt im Ansatz dem MVC-Entwurfsmuster, allerdings stellt es keinen echten Controller dar.

7.1.3   Synchronisation

Das Databinding definiert dabei zunächst lediglich die Verbindung einzelner Oberflächenelemente mit einzelnen Attributen eines Objekts. Diese Verbindung wird dann bei bestimmten Ereignissen, wie beispielsweise Veränderung des Models oder der Widgets, synchronisiert. Dabei werden grundsätzlich die zwei Richtungen der Synchronisation unterschieden:

Model2Widget Die Werte der Attribute des verbundenen Objektes werden in die Widgets kopiert, bisherige Werte werden überschrieben.

Widget2Model Der Inhalt des Widgets wird jeweils als Wert des Attributes des verbundenen Objektes gesetzt, bisherige Werte werden überschrieben.

Richtungen der Synchronisation

Die Synchronisation der vorhandenen Verbindungen erfolgt dann in einzelnen Phasen.

7.2 Konzept der Synchronisation

Databinding bedeutet also Synchronisation von Modell und Widgets und geschieht in Phasen. Die einzelnen Phasen hängen dabei eng mit zwei immanenten Komponenten zusammen, die bei einer Synchronisation benötigt werden:

Komponenten der Synchronisation

- Transformation
- Validierung

Abb. 7-3
Das Databinding beinhaltet die beiden Phasen Transformation und Validierung.

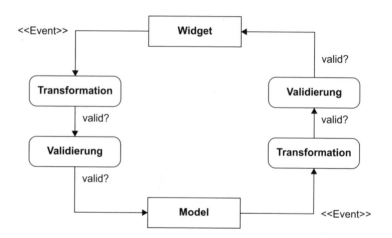

Für eine Synchronisation können (und müssen) beide Komponenten Transformation und Validierung gekoppelt werden, die dann zu einer bestimmten Phase automatisch aufgerufen werden.

7.2.1 Transformation

Der Datentyp des zu konvertierenden Objekts ist in vielen Fällen nicht *kompatibel* mit dem Datentyp des Widgets. Als Beispiel kann hier die Anzeige eines einfachen numerischen Werts in einem Text-Widget genannt werden. Der Integer-Wert des Attributs muss für die Richtung *Model2Widget* in einen String umgewandelt werden, da ein Text ausschließlich Strings darstellt. Dieser Weg ist relativ trivial, da die String-Klasse eine solche Transformation anbietet. Die Richtung *Widget2Model* erfordert die Umwandlung des String-Wertes in den erforderlichen Integer-Wert. Diese Richtung ist insofern interessanter, als

hier Ausnahmen auftreten können, beispielsweise für den Fall, dass der *Ausnahmen*
String-Wert nicht in einen Integer-Wert transformiert werden kann. In
einem solchen Fall wird die Synchronisation logischerweise unterbrochen, da die Rohdaten nicht in das passende Format transformiert und
damit nicht persistiert werden können.

7.2.2 Validierung

Optional können auch Validierungsschritte in einen Synchronisationslauf integriert werden. Hier können dann semantische Überprüfungen
entweder auf den *Rohdaten* des Widgets oder auf den transformierten
Daten im Zielformat für das Attribut des anhängenden Objekts eingebunden werden. Wichtig ist dies beispielsweise für Intervalle, Datumsgrenzen oder komplexere Validierungsregeln. Ebenso wie bei der Transformation können für jede Richtung unterschiedliche Validierungsre   *Richtungsabhängige*
geln definiert werden. Ziel der Validierung ist, den Synchronisationslauf   *Validierungsregeln*
im Fehlerfall zu unterbrechen und damit zu verhindern, dass ungültige
Daten in das Ziel geschrieben werden.

7.2.3 Phasen der Synchronisation

Wie in den vorherigen Absätzen schon beschrieben, besteht eine Synchronisation aus mehreren Phasen:

Lesen der Daten Abhängig von der Richtung werden die Daten aus der
   Quelle (entweder Model oder Widget) gelesen.
Transformation der Daten Zunächst wird das Quell- und Zielformat
   ermittelt. Das geschieht durch Analyse des Datentyps des Attributs
   im Modell und des vom Widget unterstützten Datentyps. Für diese
   Transformation wird der entsprechende Konverter ermittelt. Mittels des Konverters wird der eine Datentyp in den anderen überführt.
Setzen der Daten Abhängig von der Richtung werden die Daten in das
   Ziel (entweder Model oder Widget) geschrieben.

Zwischen die einzelnen Phasen können nun die Validierungen eingehängt werden. Somit kann sowohl der originäre Wert des Widgets, also
das Rohformat, als auch das Ergebnis der Transformation einer Validierung unterzogen werden.

7.2.4 Synchronisationsarten

Die Synchronisation zwischen Widget und Objekt kann in unterschiedlichen Arten konfiguriert werden. Mit Arten sind hier die Auslöser der

Synchronisation gemeint. Grunsätzlich werden für die Richtung *Widget2Model* drei Auslöser für eine Synchronisation unterschieden:

On Modify Sobald sich der Wert im Widget durch eine Benutzereingabe in irgendeiner Art und Weise ändert, beispielsweise durch Eingabe von Text, wird die Synchronisation ausgelöst. Für die Synchronisation bedeutet dies, das die Konvertierung ggf. nicht erfolgreich durchgeführt werden kann, da der Wert des Widgets eventuell noch nicht vollständig eingegeben ist (beispielsweise bei Eingabe eines Datums).

On Change Die Synchronisation wird ausgelöst, sobald sich die im Widget dargestellten Daten ändern. Die eigentliche Manipulation löst hier keine Synchronisation aus, erst wenn der Benutzer den Wert des Widgets vollständig manipuliert hat und die Eingabe abgeschlossen ist, wird die Synchronisation ausgelöst.

On Save Die Synchronisation wird nicht durch Veränderungen der Daten ausgelöst, sondern erfolgt durch einen manuellen Aufruf auf dem Databinding. Typischerweise wird die Synchronisation dann vor dem Speichern aufgerufen, um die Validität der Daten zu überprüfen.

Für die Richtung *Model2Widget* ist es üblich, dass Änderungen sofort propagiert werden. Man geht davon aus, dass Manipulationen am Modell grundsätzlich persistent und damit auch relevant für die Darstellung sind. Somit wird hier üblicherweise die Synchronisationsart *On Modify* verwendet.

7.3 Validierung

Neben dem Feature der automatisierten Synchronisation von Modell und Oberfläche ist die damit einhergehende automatische Validierung ein sehr angenehmer Nebeneffekt. Da die Validierung auf den semantischen Aspekt der Daten schaut, kann sie allerdings auch komplexere Schritte beinhalten.

7.3.1 Validierungstypen

Man unterscheidet zwei Arten von Validierungen anhand der zugrunde liegenden Komplexität bzw. der benötigten Daten.

Validierung auf Feldebene

Validierung auf Feldebene sind einfache Validierungen, die lediglich die Daten des verbundenen Widgets bzw. Attributs des Objekts benötigen.

Sie beziehen sich beispielsweise auf Intervalle, Datumsbereiche oder Gültigkeiten. Diese Art der Validierung ist wenig rechenintensiv und kann im Normalfall ad hoc im Client umgesetzt werden.

Validierung auf Objektebene

Hierzu im Gegensatz stehen komplexere Validierungen auf Objektebene. Hier werden über das verbundene Feld hinaus Informationen benötigt, um die semantische Korrektheit zu überprüfen. Diese Daten sind entweder bereits im Objekt vorhandene Daten oder Daten von anderen indirekt verbundenen Objekten, die erst über die Persistenzschicht geladen werden müssen.

Nutzung von zusätzlichen Daten des Objekts

Clientseitige Objektvalidierung In einigen Fällen ist die Korrektheit eines Feldes nur in Kombination mit einem anderen Feld zu überprüfen. Soll beispielsweise ein Gültigkeitszeitraum angegeben werden, so muss das Gültigkeitsende nach dem Gültigkeitsbeginn liegen. Diese Validierungen benötigen typischerweise nur Daten, die auf der Clientseite bereits vorhanden sind.

Serverseitige Objektvalidierung Als Beispiel für eine Validierung, die zusätzliche Daten über die Persistenzschicht benötigt, kann die Prüfung einer Bestellung angeführt werden. Für die Validierung der eingegebenen Produktnummer muss zunächst gegen den Produktkatalog geprüft werden. Wenn die Produktnummer gültig ist, muss der Bestand geprüft werden, ob die angegebene Bestellmenge verfügbar ist. Beide Validierungen benötigen Informationen, die sinnvollerweise nicht auf dem Client vorliegen. Zudem ist die zweite Validierung abhängig vom Ergebnis der ersten Validierung.

Komplexe Validierungen sind eher rechenintensiv bzw. benötigen tendenziell weitergehende Daten. Beide Aspekte sprechen dafür, diese Validierungsschritte serverseitig durchzuführen, um Speicherbedarf, benötigte Prozessorzeit und Kommunikationsbedarf auf Clientseite zu minimieren.

7.3.2 Ergebnis der Validierung

Das Ergebnis der Validierung hat mehrere Aspekte. Zum einen soll mitunter die aktuell ausgeführte Funktion unterbrochen werden. Dies ist zumeist für *On Save*-Validierung der Fall, wenn Fehler auftauchen. Eine Unterbrechung ist bei *On Modify* und *On Change* nicht gewünscht, da es hier darum geht, dem Benutzer möglichst früh eine fehlerhafte Eingabe darzustellen und Hinweise zur Korrektur zu geben.

Unterbrechung der Funktion

Meldungen

Arten von Meldungen

Das Ergebnis einer Validierung muss nicht unbedingt einen Fehler darstellen. In allen Fällen, *On Modify*, *On Change* und *On Save*, können neben Fehlern auch Warnungen oder Informationen auftauchen, die innerhalb der Validierungslogik bemerkt wurden. Das Ergebnis einer Validierung ist also kein einfacher boolscher Rückgabewert, sondern

Ergebnisobjekte

stellt ein Ergebnisobjekt dar. Dieses Objekt beinhaltet dabei neben dem Validierungsergebnis, beispielsweise *Fehler*, *Warnung* und *Information*, häufig eine fachliche und/oder technische Meldung. Unabhängig davon, was das Ergebnis einer Buchungsvalidierung ist, kann eine Meldung wie *Bitte überweisen Sie den Betrag innerhalb der nächsten 10 Tage* zusätzlich Ergebnis einer Validierung sein. Das Validierungsergebnis muss dann auf eine Unterbrechung der gerade ausgeführten Aktion hin interpretiert werden. Eine Fehlermeldung kann beispielsweise eine fehlgeschlagene Validierung bedeuten, eine Warnung bzw. Information zeigt dagegen eine erfolgreiche Validierung an.

Darstellung

Das Ergebnis der Validierung, also die vorhandenen Meldungen, muss dem Benutzer in einer verständlichen Art und Weise präsentiert werden. Es gibt hier zwei unterschiedliche Ansätze.

Zentrale Fehlerliste

Zum einen kann eine zentrale Fehlerliste verwendet werden, die vorhandene Meldungen möglichst kontextsensitiv zum gerade aktiven Objekt anzeigt. Dieses Vorgehen hat allerdings einen Nachteil, denn die Meldungen stehen in keinem direkten Bezug zum fehlerhaften Widget. Zwar kann die Meldung textuell und über einen Link mit dem Widget verbunden werden, optisch sind beide Elemente jedoch voneinander getrennt.

Integrierte Fehlermeldungen

Die zweite Alternative integriert die Fehlermeldungen in die Eingabemaske, die fehlerhaften Elemente erhalten einen entsprechenden Marker. Auch dieses Vorgehen hat Nachteile. Zum einen kann im Normalfall aus Platzmangel die Fehlermeldung nicht direkt dargestellt werden, da sonst das Layout der Maske gestört wird. So tauchen die Meldungen dann im Normalfall erst beim *Mouse-Over* auf dem Marker auf. Zum anderen sind in Eingabemasken, die mit Reitern arbeiten, nicht alle Fehler in ihrer Gesamtheit sichtbar, da sie auf die einzelnen Reiter verteilt sind.

In der Praxis hat sich eine Kombination aus beiden Vorgehensweisen bewährt. Eine kontextsensitive Fehlerliste schafft den Überblick über die gesamte Fehlerliste, die Kennzeichnung der tatsächlichen fehlerhaften Widgets ermöglicht eine schnelle Navigation zu den zu korrigierenden Elementen.

7.3.3 Einbindung der Validierung

Bei der Einbindung der Validierung in das Databinding sollte auf ein einheitliches Vorgehen bzw. eine einheitliche Umsetzung geachtet werden. Wenn die einzelnen Validierungskomponenten dieselben Mechanismen verwenden, um registriert, gesteuert, aufgerufen und verarbeitet zu werden, können die fachlich getriebenen Logiken sehr einfach wiederverwendet werden. Idealerweise erweitert man das Standard-Databinding-Framework um die speziellen Funktionen und Algorithmen, die benötigt werden. So nutzt man die etablierten Mechanismen und stellt sicher, dass der vorgegebene Ablauf eingehalten wird.

7.4 Eclipse Databinding

Das Eclipse Databinding stellt ein Databinding-Framework dar. Es bietet Klassen und Methoden, um eine Benutzeroberfläche mit Attributen eines Objekts zu verbinden und die Werte jeweils zu synchronisieren.

7.4.1 DataBindingContext

Die zentrale Klasse des Eclipse Databindings ist der sogenannte DataBindingContext. Der Kontext ermöglicht es, Verbindungen zwischen einem Widget und einem Objektattribut zu erstellen. Das so erzeugte Binding arbeitet allerdings nicht direkt auf dem Widget und einem Objektattribut, es verwendet für beide Seiten Adapter, sogenannte IObservableValue. Ein IObservableValue arbeitet nach dem Observer-Entwurfsmuster[11] , es überwacht demzufolge den Zustand des adaptierten Objekts. Im Fall des Databindings ist dieses Objekt zum einen das Widget und zum anderen das Attribut des Objekts. Ein Binding erhebt individuelle Informationen für jede Richtung, somit wird sowohl ein IObservableValue für das Widget als auch ein IObservableValue für das Attribut des Objektes benötigt, welche verbunden werden sollen.

Bindings

Observer-Entwurfsmuster

7.4.2 IObservableValue

Das Eclipse Databinding liefert sowohl für die gängigen Widgets als auch für Attribute eines Objektes bereits IObservableValue-Klassen mit aus, die zum Überwachen für ein Binding verwendet werden können.

Widgets überwachen

Die Factory Klasse SWTObservables bietet statische Methoden, um mit Angabe des gewünschten Eventtyps ein entsprechendes IObservableValue zu erzeugen. Der Eventtyp ist jenes Event, das einen automatischen

Die Klasse SWTObservables

Synchronisationslauf zwischen View und Modell initiiert. Das so erzeugte `IObservableValue` kann dann direkt für ein `Binding` verwendet werden. Für spezielle Widgets ist die Implementierung einer eigenen `IObservableValue`-Klasse notwendig.

Objekte überwachen

Das Observer-Entwurfsmuster impliziert, dass Veränderungen auf dem überwachten Objekt propagiert werden. Hierfür muss eine solche Veränderung jedoch überhaupt verfolgt werden können. Zur Überwachung eines Attributs eines Objekts gibt es zwei unterschiedliche Ansätze, abhängig davon, ob das überwachte Objekt Manipulationen der Attribute propagiert oder nicht.

JavaBeans
überwachen

JavaBeans In der ersten Variante wird also davon ausgegangen, dass das überwachte Objekt die Änderungen entsprechend der JavaBean-Spezifikation [34] propagiert, beispielsweise unter Zuhilfenahme des `PropertyChangeSupport`. Dieser ermöglicht es, `PropertyChangeListener` für bestimmte Attribute zu registrieren. Die Setter-Methoden der JavaBean müssen hier allerdings im Falle einer Manipulation die Methode `firePropertyChange(String, Object, Object)` des `PropertyChangeSupport` aufrufen, um die angemeldeten `PropertyChangeListener` zu benachrichtigen. Mit der Klasse `BeansObservables` kann für solche JavaBeans ein entsprechendes `IObservableValue` für ein bestimmtes Attribut erzeugt werden. Dieses Vorgehen hat den Vorteil, dass Manipulationen im Modell direkt an das Widget gemeldet werden und automatisch ein Update erfolgt.

POJOs überwachen

POJOs Die überwiegende Zahl von Objekten, seien es Value Objects (VO), Data Transfer Objects (DTO) oder O/R-Mapper-Objekte wie Hibernate Beans, entsprechen leider nicht der JavaBean-Spezifikation. Für solche Objekte kann mit der Klasse `PojoObservables` für Attribute ein entsprechendes `IObservableValue` erzeugt werden, das im `Binding` verwendet wird. Hier führt eine Manipulation im Modell allerdings nicht zur Änderung des verbundenen Widgets, da der entsprechende Benachrichtigungsmechanismus fehlt. Änderungen auf dem Modell müssen also entweder durch manuelles Auslösen der Synchronisation oder durch Manipulation auf den `IObservableValues` erfolgen.

7.4.3 Synchronisationsarten

UpdateValueStrategy

Das Eclipse Databinding bietet zur Steuerung der Synchronisation die Klasse `UpdateValueStrategy` an. Ein `Binding` benötigt zwei `UpdateValueStrategy`-Objekte: jeweils eines für jede Richtung, also *Model2Widget* und *Widget2Model*. Eine Strategie erlaubt es zum einen, die Wirkungsweise der Synchronisation zu definieren. Dies geschieht über die sogenannte *Update Policy*, wobei zwischen den folgenden Arten gewählt werden kann:

NEVER Die Werte der Quelle werden nicht in das Ziel synchronisiert. *Update Policies*

ON REQUEST Die Werte werden nur durch manuelles Aufrufen der Synchronisation von der Quelle in das Ziel synchronisiert. Dies beinhaltet dann sowohl den Aufruf der Transformation als auch den Aufruf der registrierten Validierungen.

CONVERT Änderungen auf den Quellen werden verfolgt, die Konvertierungen und Validierungen werden automatisch aufgerufen. Allerdings werden dann die Werte nicht automatisch von der Quelle in das Ziel synchronisiert. Dies geschieht nur beim manuellen Aufrufen der Synchronisation.

UPDATE Änderungen auf den Quellen werden verfolgt, die Konvertierungen und Validierungen werden automatisch aufgerufen. Die Werte werden automatisch von der Quelle in das Ziel synchronisiert.

Die *Update Policy* steuert also, ob die Synchronisation automatisch erfolgt oder nicht. Eine automatische Synchronisation wird dann durch die Konfiguration des IObservableValue getriggert. Die Synchronisationsart definiert sich beim Eclipse Databinding also für jedes Binding durch die Kombination aus der Konfiguration des IObservableValue und der *Update Policy* der entsprechenden UpdateValueStrategy.

7.4.4 Konvertierung

Die UpdateValueStrategy ist das steuernde Objekt des Bindings, daher wird auch hier die Konvertierung der anhängenden Werte konfiguriert. Sowohl das IObservableValue der Quelle als auch das des Ziels definieren den Datentyp des beherbergten Werts. Für die Konvertierung zwischen den beiden Datentypen wird ein Converter benötigt. Für die *Converter* Konvertierung zwischen den Standarddatentypen stehen bereits Converter zur Verfügung. Andernfalls bietet die UpdateValueStrategy die Möglichkeit, einen benutzerdefinierten Converter zu verwenden, dieser wird dann mittels setConverter(Converter) gesetzt.

7.4.5 Validierung

Für die Validierung werden im Rahmen des Eclipse Databindings sogenannte IValidator-Objekte verwendet. Mit der Methode valida- *IValidator*

te(Object) kann dieses ein IStatus-Objekt als Validierungsergebnis zu-
rückliefern. Die Rückgabe definiert somit zum einen das Validierungsergebnis und liefert ggf. die anhängende Meldung.

Phasen

Entsprechend der beschriebenen Phasen können IValidator-Objekte für
unterschiedliche Zeitpunkte bei der UpdateValueStrategy registriert werden. Die Phasen können auf beiden Seiten einer Verbindung genutzt
werden.

Zeitpunkte für **setAfterGetValidator(IValidator)** Der übergebene IValidator wird auf-
Validierungen gerufen, nachdem der Wert aus der Quelle gelesen wurde. Der Datentyp, der in der validate(Object)-Methode übergeben wird, entspricht dem des IObservableValue der Quelle.

setAfterConvertValidator(IValidator) Der übergebene IValidator wird
aufgerufen, nachdem der Wert aus der Quelle gelesen und mittels
des passenden Converters transformiert wurde. Der Datentyp, der
in der validate(Object)-Methode übergeben wird, entspricht dem
des IObservableValue des Ziels.

setBeforeSetValidator(IValidator) Der übergebene IValidator wird
analog zu dem *afterConvert* IValidator aufgerufen. Der Unterschied ist hier von technischer Natur und bezieht sich auf die *Update Policy* der UpdateValueStrategy. Der *beforeSet* IValidator wird im
Gegensatz zum *afterConvert* IValidator im Falle einer *CONVERT
Update Policy* nicht aufgerufen.

Ebenen

Ein IValidator bekommt abhängig von der gewählten Phase zur Validierung den Feldwert entweder transformiert oder nicht transformiert
übergeben. Die Validierung auf Feldebene ist somit kein Problem. Interessant wird es bei Validierungen auf Objektebene.

Clientseitige Objektvalidierung Da der IValidator wie gesagt keinen direkten Zugriff auf das gesamte Objekt hat, benötigt er für eine Validierung auf Objektebene eine Referenz. Für die Validierung ist
allerdings der aktuelle Zustand des Objekts, d.h. der Zustand aus der
Maske, notwendig. Hier empfiehlt sich, die zusätzlich benötigten Daten
über eine *On Modify*- bzw. *On Change*-Validierung in das Objekt zu
synchronisieren. So entspricht der Zustand des Objekts dem der Maske.
Die Validierung kann also direkt auf dem Objekt ausgeführt werden,
wenn alle notwendigen Daten zur Verfügung stehen.

Serverseitige Objektvalidierung Für die Fälle, bei denen zusätzliche, nicht im Objekt bzw. in der Maske vorhandene Daten benötigt werden, ist ein Zugriff auf das Backend notwendig. Hier eignet sich die Nutzung einer *On Modify-* bzw. *On Change*-Validierung eher nicht, da jede Eingabe automatisch mit einem Serverzugriff verbunden wäre. Um die Zugriffe auf den Server zu reduzieren, sollte daher auf eine *On Save*-Validierung zurückgegriffen werden. Betrachtet man die Funktionsweise des Databinding ist dieses Vorgehen allein jedoch immer noch unvorteilhaft. Jedes Binding würde vor dem Speichervorgang einen separaten Zugriff zum Server tätigen, um das eigene Validierungsergebnis zu erfragen. Um die Serverzugriffe auf ein Minimum zu reduzieren, muss die Systematik der Validierung ein wenig verändert weden.

Die serverseitige Validierung erfolgt im Idealfall über einen einzigen Aufruf des Servers. Dieser Aufruf überprüft sämtliche Aspekte des Objekts, welche nicht clientseitig überprüft werden können. Als Ergebnis werden wie gewohnt die Meldungen für die entsprechenden Attribute bzw. Widgets zurückgeliefert. Doch passt dieses rein objektzentrierte Vorgehen zunächst nicht zur Systematik des Eclipse Databinding, das mit den Bindings auf Attributebene prüft. Beide Ansätze lassen sich jedoch über eine leicht modifizierte Verwendung der IValidator-Objekte vereinen.

Serverseitige Validierungsroutinen

Da die eigentliche Validierung komplett serverseitig erfolgt, bleibt für das IValidator-Objekt die Aufgabe, festzustellen, ob für dessen anhängendes Attribut vom Server Fehler gemeldet wurden. So kann der zentrale Validierungsmechanismus über den DataBindingContext weiterverwendet werden. Die serverseitige Validierungsroutine kann jederzeit aufgerufen werden, wobei auftretende Fehler automatisch durch den Databinding-Mechanismus einheitlich dargestellt werden.

Clientseitige Interpretation

7.4.6 Darstellung

Das Eclipse Databinding verfolgt im Standard einen feldbezogenen Ansatz zur Darstellung der Fehler. So erlaubt das Databinding nicht nur Bindings für ein Attribut und ein Widget bezogen auf dessen Inhalt, sondern es sind auch Bindings für ein Attribut und eine Eigenschaft des Widgets möglich. Beispielsweise kann der Name eines Projekts mit der Hintergrundfarbe des zugehörigen Widgets verbunden werden. Für die korrekte Übersetzung wird dann allerdings ein eigener Converter benötigt, der den Attributwert in die entsprechende Farbe umwandelt. Die Klasse SWTObservables bietet für mehrere Eigenschaften IObservableValues an:

Weitere Möglichkeiten

`observeForeground(Control)` Ändern der Vordergrundfarbe
`observeBackground(Control)` Ändern der Hintergrundfarbe
`observeEditable(Control)` Ändern des »editierbar«-Attributs
`observeEnabled(Control)` Ändern des »verfügbar«-Attributs
`observeVisible(Control)` Ändern der Sichtbarkeit
`observeTooltipText(Control)` Ändern des Tooltips
`observeSelection(Control)` Ändern der Auswahl
`observeMin(Control)` Ändern des Minimalwerts
`observeMax(Control)` Ändern des Maximalwerts
`observeFont(Control)` Ändern der Schrift

Die IObservableValues werden nur für die Widgets angeboten, für die sie auch sinnvoll einzusetzen sind bzw. für die sie implementiert werden können. Wichtig ist hierbei, dass nur für die Richtung *ModelToTarget* eine Transformation, also eine transformierende UpdateValueStrategy definiert wird. Um zu vermeiden, dass die jeweilige Eigenschaft des Widgets als Wert für das Attribut in das Objekt geschrieben wird, benötigt die UpdateValueStrategy für die Richtung *TargetToModel* eine *NEVER Policy*.

*One-way-
Synchronisation*

*Listing 7.1
Binding für die
Hintergrundfarbe eines
Text-Widgets.*

```
// Anlegen des IObservableValue für die Hintergrundfarbe
ISWTObservableValue descriptionBackground = SWTObservables.
    observeBackground(textDescription);
UpdateValueStrategy updateValueStrategy =
    new UpdateValueStrategy();
updateValueStrategy.setConverter(new IConverter(){
    public Object getFromType() {
        return String.class;
    }

    public Object getToType() {
        return Color.class;
    }

    public Object convert(Object fromObject) {
        String description = (String) fromObject;
        // endet die Beschreibung mit 'gelb'
        // färbt sich der Hintergrund gelb
        if(description != null &&
            description.endsWith("gelb")){
            return ResourceManager.
                getColor(SWT.COLOR_YELLOW);
        }
        return null;
    }
});
```

```
// Anlegen des Bindings mit den Observable Values
// und einer NEVER policy für TargetToModel
bindingContext.bindValue(descriptionBackground, description, new
    UpdateValueStrategy(UpdateValueStrategy.POLICY_NEVER),
    updateValueStrategy);
```

Es ist so möglich, Fehler direkt am Eingabeelement darzustellen. Leider ist dieses Vorgehen insofern etwas mühsam, als dass für jedes Widget ein weiteres Binding angelegt werden muss. Zusätzlich wird mit dieser Vorgehensweise ein Teil der Validierungslogik nicht von der Validierung selbst in Form des IValidators gelöst, sondern durch den IConverter, also von der Konvertierung. Wie bereits erwähnt, fehlt auch eine Komplettansicht aller Fehler des entsprechenden Editors.

Zentrale Fehlerliste

Für die Implementierung einer zentralen Fehlerliste gibt es zwei Möglichkeiten. Zum einen kann der schon existierende *Problems View* der Plattform verwendet werden. Da dieser allerdings ebenfalls für Laufzeitfehler und ähnliche Meldungen verwendet wird, kann auch ein eigener View implementiert werden, der die Eingabefehler als Liste (oder Baum) präsentiert. Der View funktioniert dann ähnlich wie die *Outline*, also kontextsensitiv zum aktiven Editor. Allerdings ergibt sich hier der Effekt, dass Fehlermeldung und Eingabeelement nicht zusammen angezeigt werden.

Forms-Fehlerdisplay

Als Weg der Mitte, also der Kombination aus feldbezogener Darstellung und einer Fehlerliste, dient für Editoren das *Forms API*. Es ermöglicht, unter Einbindung der für Forms-Editoren standardmäßig eingesetzten ScrolledForm, zum einen die Darstellung einer zentralen Fehlerliste und mit Verwendung von sogenannten *Decorator*-Objekten zusätzlich die Kennzeichnung der fehlerhaften Widgets. Die hier vorgestellte Lösung basiert auf einem Snippet der *IBM*.

Fehlerliste Wie bereits erwähnt, stellt bei diesem Vorgehen die ScrolledForm des Editors den Dreh- und Angelpunkt dar. Sie stellt zwei wichtige Dinge zur Verfügung, zum einen den IMessageManager, der eine Menge von Nachrichten verwalten kann.

Listing 7.2
Erstellen des
IMessageManagers

```
// Anlegen des benötigten ManagedForm
IManagedForm managedForm = new ManagedForm(formToolkit,
    scrolledForm);
// Die ManagedForm bietet dann den MessageManager
IMessageManager messageManager = managedForm.getMessageManager();
```

Darüber hinaus bietet die ScrolledForm eine sogenannte *Message Area*, einen Bereich neben dem Titel, in dem Nachrichten angezeigt werden können. Die dem IMessageManager hinzugefügten Nachrichten werden dann automatisch von ihm in der *Message Area* angezeigt. Sollten mehrere Nachrichten vorhanden sein, taucht die Anzahl der vorhandenen Nachrichten auf.

Um nun eine zentrale Liste aller Nachrichten des Editors zu erhalten, wird auf der Message Area ein zusätzliches Popup registriert, welches diese Liste erzeugt und darstellt.

Listing 7.3
Erstellen des Popups
zur Darstellung aller
vorhandenen
Nachrichten

```
// Registrieren eines HyperlinkListeners, der beim
// Klicken auf die Message Area das Popup öffnet
scrolledForm.getForm().addMessageHyperlinkListener(new
    HyperlinkAdapter() {
    public void linkActivated(HyperlinkEvent event) {
        if (currentErrorShell != null) {
            currentErrorShell.dispose();
            currentErrorShell = null;
        }
        String title = event.getLabel();
        Object href = event.getHref();
        Point hl =
            ((Control)event.widget).toDisplay(0, 0);
        hl.x += 10;
        hl.y += 10;
        currentErrorShell = new Shell(scrolledForm.getForm().
            getShell(), SWT.ON_TOP | SWT.TOOL);
        currentErrorShell.setImage(getImage(scrolledForm.getForm().
            getMessageType()));
        currentErrorShell.setText(title);
        FillLayout fillLayout = new FillLayout();
        fillLayout.marginHeight = 4;
        fillLayout.marginWidth = 1;
        currentErrorShell.setLayout(fillLayout);
        currentErrorShell.setBackground(ResourceManager.getColor(SWT.
            COLOR_WHITE));
        FormText text = formToolkit.createFormText(currentErrorShell,
            true);
        configureFormText(scrolledForm.getForm(), text);
        if (href instanceof IMessage[]){
```

```
        text.setText(createErrorShellContent(
            (IMessage[]) href), true, false);
    }
    currentErrorShell.setLocation(hl);
    currentErrorShell.pack();
    currentErrorShell.open();
    }
});
```

Im Quellcode tauchen zwei Methodenaufrufe auf, die näher erläutert werden müssen.

Die Methode createErrorShellContent(IMessage[]) wandelt die registrierten Messages in den Text des Popups inklusive Icon um.

```
private String createErrorShellContent(IMessage[] messages) {
    StringWriter sw = new StringWriter();
    PrintWriter pw = new PrintWriter(sw);
    pw.println("<form>");
    // Jede Message als Listeneintrag darstellen
    for (int i = 0; i < messages.length; i++) {
        IMessage message = messages[i];
        pw.print("<li vspace=\"false\" " +
            "style=\"image\" indent=\"16\" " +
            "value=\"");
        switch (message.getMessageType()) {
            case IMessageProvider.ERROR:
                pw.print("error");
                break;
            case IMessageProvider.WARNING:
                pw.print("warning");
                break;
            case IMessageProvider.
                INFORMATION:
                pw.print("info");
                break;
        }
        pw.print("\"> <a href=\"");
        pw.print(i + "");
        pw.print("\">");
        if (message.getPräfix() != null)
            pw.print(message.getPräfix());
        pw.print(message.getMessage());
        pw.println("</a></li>");
    }
}
pw.println("</form>");
```

Listing 7.4
Erstellen des Textes für
die vorhandenen
Nachrichten

```
pw.flush();
return sw.toString();
```

Wie zu erkennen ist, handelt es sich bei dem Content um einfaches HTML. Es besteht aus einem *form*-Tag, das eine Menge von *li*-Tags, also eine Liste, führt. Jede Message bekommt einen eigenen Eintrag in dieser Liste spendiert.

Ist die Message mit einem Control verbunden, so soll auf dieses navigiert werden können. Dies ermöglicht die Methode configureForm-Text(Form, FormText).

```
private void configureFormText(final Form form, FormText formText)
  {
    formText.addHyperlinkListener(new HyperlinkAdapter() {
      public void linkActivated(HyperlinkEvent e) {
        String is = (String) e.getHref();
        try {
          int index = Integer.parseInt(is);
          IMessage[] messages = form.getChildrenMessages();
          IMessage message = messages[index];
          Control c = message.getControl();
          ((FormText) e.widget).getShell().dispose();
          if (c != null && !c.isDisposed()){
            c.setFocus();
          }
        }
        catch (NumberFormatException exception) {
          exception.printStackTrace();
        }
      }
    });
  }
```

Es legt einen HyperlinkListener auf die einzelnen Message-Texte. Ist mit der dargestellten IMessage ein Control verbunden, so wird es fokussiert, sollte auf die Message geklickt werden.

Messages und Decorator Die offen gebliebene Frage ist nun, wie die Messages erzeugt und dem IMessageManager zur Verfügung gestellt werden. Grundlage der Messages ist zunächst einmal das Ergebnis der registrierten IValidator-Objekte der anhängigen Bindings. Um nun aber das Ergebnis direkt zu verwenden, werden die Validatoren mit einer Wrapper-Klasse umhüllt.

```java
public IValidator adapt(final IValidator validator, final Object
    validatorId, final Control control, final String message) {
  return new IValidator() {
    public IStatus validate(Object value) {
      IStatus status = validator.validate(value);
      if (status.isOK()) {
        messageManager.removeMessage(validatorId, control);
      }
      else {
        messageManager.addMessage(validatorId, message, null,
            statusToMessageType(status), control);
      }
      return status;
    }
  };
}
```

Listing 7.6
Wrappen der
IValidator-Objekte

Dieser Wrapper delegiert den Aufruf und den umhüllten IValidator und fügt dem IMessageManager ggf. die entsprechende Meldung hinzu. Die Übergabe des Control-Objekts bei der Erstellung der Message bewirkt das Anzeigen des Decorators am Widget des unterliegenden Bindings.

Messages aus der serverseitigen Validierung Die Darstellung der Messages, die aus der serverseitigen Validierung hervorgehen, kann sehr leicht integriert werden. Das Codebeispiel verwendet einen sogenannten ValidationMessageManager. Dieses Objekt sucht aus der Liste von IValidationMessage diejenigen heraus, die zu einem bestimmten Schlüssel, dem sogenannten *referenceKey*, passen. Diese Zuordnung muss zum einen serverseitig erfolgen, aber clientseitig auch interpretierbar sein. Jeder Validator muss wissen, auf welchen *referenceKey* er hört.

```java
public IStatus validate(Object object) {
  List<IValidationMessage> validationMessages =
      validationMessageManager.getValidationMessages(referenceKey)
      ;
  if (!validationMessages.isEmpty()) {
    StringBuffer errorMessageBuffer = new StringBuffer();
    int type = IMessageProvider.INFORMATION;
```

Listing 7.7
Wrappen der
validate()-Methode der
IValidator-Objekte

```
        for (IValidationMessage validationMessage : validationMessages
          ) {
        errorMessageBuffer.append(validationMessage.getMessage());
        errorMessageBuffer.append(";");
        validationMessageManager.validationMessageRead(
            validationMessage);
        if (type == IMessageProvider.INFORMATION) {
          type = validationMessage.getType();
        }
        else if (type == IMessageProvider.WARNING &&
            validationMessage.getType() == IMessageProvider.ERROR)
            {
          type = validationMessage.getType();
        }
      }
      return new Status(messageTypeToStatus(type), Activator.
          PLUGIN_ID, errorMessageBuffer.toString());
    }
    return Status.OK_STATUS;
}
```

Die einzelnen IValidationMessages werden textuell konkateniert und als IStatus zurückgegeben. Adaptiert man diesen IValidator nun mit dem beschriebenen Wrapper, werden die serverseitig erstellten Nachrichten automatisch im Editor analog zu den clientseitigen Messages dargestellt. Die Validierung erfolgt so über einen einheitlichen Mechanismus und wird in einer ebenfalls einheitlichen Weise dargestellt.

8 Hilfe

»Help! I need somebody
Help! Not just anybody
Help! You know I need someone
Help!«

—*The Beatles*

Jede nichttriviale Anwendung sollte über ein Hilfesystem verfügen. Die Erstellung von Hilfesystemen ist normalerweise mit erheblichem Aufwand verbunden, weshalb man in vielen Enterprise-Anwendungen den hierfür benötigten Aufwand bis zuletzt scheut. Zudem stellt die Hilfe bzw. das Benutzerhandbuch meist ein separates Dokument dar, das nicht elementarer Bestandteil der Anwendung ist.

Eclipse stellt ein ausgereiftes Hilfesystem zur Verfügung, das in eigene Anwendungen eingebunden werden kann. Allerdings ist das Verfassen der Texte mit den originären Eclipse-Werkzeugen nicht ergonomisch. Daher zeigt Ihnen der erste Abschnitt, wie Sie mit Hilfe von DocBook die Erstellung zum einen vereinfachen und zum anderen flexibilisieren können. Zusätzlich geht dieses Kapitel auf das Thema Dynamic Help, also die kontextsensitive Hilfe für Oberflächenelemente ein. Als Abschluss wird die Komponente *Spickzettel* (engl. Cheat Sheets) vorgestellt. Mit Cheat Sheets können Sie dem Benutzer eine geführte interaktive Anleitung für die Bedienung der Anwendung an die Hand geben.

8.1 Eclipse-Online-Hilfe

Widmen wir uns zunächst der Dysis-Online-Hilfe, die das Benutzerhandbuch für Dysis darstellt.

Die Online-Hilfe besteht aus einzelnen HTML-Dateien, die mit einer XML-Datei strukturiert werden. Um die Dateien wie in Abbildung 8-1 auf der nächsten Seite zu präsentieren, startet das Eclipse-Hilfe-System einen lokalen Jetty Webserver. Das Hilfe-UI greift über diesen lokalen Webserver auf die referenzierten HTML-Dateien zu. *Lokaler Jetty Webserver*

Abb. 8-1
Die Dysis-Online-Hilfe

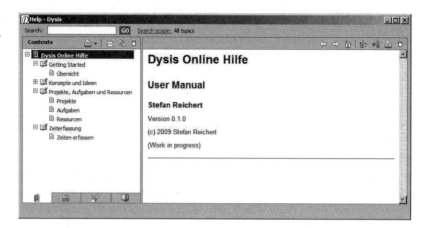

8.1.1 Abhängigkeiten

Wie man sich vorstellen kann, bedeutet ein solcher Aufbau eine Reihe von Bundles, um zu funktionieren. Ein Hilfe-Bundle benötigt zunächst einmal vier Abhängigkeiten:

Benötigte Bundles

- org.eclipse.help
- org.eclipse.help.base
- org.eclipse.help.ui
- org.eclipse.help.webapp

Zum Starten aus der Eclipse IDE werden die vier Bundles der Startkonfiguration hinzugefügt, die Abhängigkeiten sind einfach über den Knopf *Add Required Bundles* aufzulösen.

Ein funktionierendes Eclipse-Hilfe-System in einer Eclipse-RCP-Anwendung benötigt allerdings genau die automatisch hinzugefügten Abhängigkeiten im Rahmen der Produkt- bzw. Featurekonfiguration, um diese Bundles auch im Export zu berücksichtigen. Diese Menge an Bundles herauszufinden ist mühsam, denn es handelt sich um eine nicht gerade kleine Menge. Zwar hilft hier für den Start der Anwendung aus der Eclipse IDE zunächst die Funktion *Add Required Plug-ins* in der Startkonfiguration. Für ein automatisiertes Bauen bzw. Testen, wie später in Kapitel 11 beschrieben, ist jedoch die genaue Liste von benötigten Bundles interessant, wenn Sie mit der RCP Runtime Distribution arbeiten.

Weitere
Abhängigkeiten

- org.eclipse.equinox.http.jetty
- org.eclipse.equinox.http.registry
- org.eclipse.equinox.http.servlet
- org.eclipse.equinox.jsp.jasper

- org.eclipse.equinox.jsp.jasper.registry
- org.eclipse.core.variables
- org.eclipse.core.runtime.compatibility
- org.eclipse.core.runtime.compatibility.registry
- org.eclipse.ant
- org.eclipse.ant.core
- org.eclipse.ui.forms
- org.eclipse.osgi.services
- org.apache.lucene.analysis
- org.apache.lucene
- org.apache.commons.cli
- org.apache.commons.logging
- org.apache.commons.el
- org.apache.jasper
- javax.servlet
- javax.servlet.jsp
- org.mortbay.jetty

Diese Liste von Bundles ist notwendig, um das Eclipse-Hilfe-System in Ihre Eclipse-RCP-Anwendung zu integrieren. Eines der zum Produkt gehörenden Features muss diese Bundles als Plug-ins beinhalten, da sie im *org.eclipse.rcp* Feature nicht enthalten sind. Eclipse bietet für die Hilfe-Funktionalität ein eigenes Feature *org.eclipse.help*, welches unter anderem die oben aufgelisteten Bundles gruppiert. Dieses Thema beschreibe ich detailliert im Kapitel *Continuous Integration*.

Das Eclipse Help Feature

8.1.2 Aufbau

Ein Hilfe-Bundle integriert sich in das Eclipse-Hilfesystem über eine *TOC*-XML-Datei (Table of Contents). Sie ordnet einzelne *Topic*-Elemente zu dem Baum, der nachher im Eclipse-Hilfe-System zu sehen ist.

```xml
<?xml version="1.0" encoding="utf-8" standalone="no"?>
<toc label="Dysis-Online-Hilfe" topic="html/index.html">
  <topic label="Getting Started" href="html/pt01.html">
    <topic label="Übersicht" href="html/ch01.html"/>
  </topic>
  <topic label="Konzepte und Ideen"
      href="html/pt02.html">
    <topic label="Konzept A" href="html/ch02.html"/>
    <topic label="Konzept B" href="html/ch03.html"/>
  </topic>
  <topic label="Projekte, Aufgaben und Ressourcen"
```

Listing 8.1
Die TOC-XML-Datei gliedert einzelne Topic-Elemente zu einem hierarchisch gegliederten Baum.

```
        href="html/pt03.html">
    <topic label="Projekte" href="html/ch04.html"/>
    <topic label="Aufgaben" href="html/ch05.html"/>
    <topic label="Ressourcen" href="html/ch06.html"/>
  </topic>
  <topic label="Zeiterfassung" href="html/pt04.html">
    <topic label="Zeiten erfassen"
        href="html/ch07.html"/>
  </topic>
</toc>
```

Ein Topic-Element referenziert jeweils eine HTML-Datei, die den darzustellenden Inhalt liefert. Eine TOC-XML-Datei wird dem Eclipse-Hilfe-System über den Extension Point *org.eclipse.help.toc* bekannt gemacht.

Listing 8.2
Die TOC-XML-Datei
wird über eine
Extension registriert.

```
<extension point="org.eclipse.help.toc">
  <toc file="toc.xml" primary="true"/>
</extension>
```

Für das Anlegen einer TOC-XML-Datei bietet die Eclipse IDE einen entsprechenden Wizard an. Die Bearbeitung wird durch einen Editor unterstützt.

Das Dysis-Hilfe-Bundle beinhaltet zum einen die in Listing 8.2 dargestellte Extension. Zusätzlich enthalten ist die TOC-XML-Datei aus Listing 8.1 auf der vorherigen Seite und die in ihr referenzierten HTML-Dokumente, wie Abbildung 8-2 auf der nächsten Seite zeigt. Die Datei book.css ist das CSS Stylesheet der Eclipse-Online-Hilfe aus der Eclipse-Distribution. Es wird von den HTML-Dateien zur Formatierung der HTML-Elemente verwendet.

8.1.3 Online-Hilfen erstellen

Da es sich bei den Hilfetexten um normale HTML-Dokumente handelt, kann für die Erstellung dieser Dokumente prinzipiell jeder herkömmliche HTML-Editor verwendet werden. Dieser Ansatz hat jedoch den Nachteil, dass Layout und Inhalt eng miteinander verwoben sind. Soll das Aussehen der Hilfetexte im Nachhinein geändert werden (z.B. bei einer Aktualisierung des Corporate Designs), so müssen die Hilfetexte mühsam von Hand umgeschrieben werden. Dieses Problem kann man durch die Verwendung von Cascading Style Sheets (CSS) beheben. Eventuell möchte man die Texte der Online-Hilfe aber auch in Form eines Handbuchs zur Verfügung stellen, entweder als PDF-Datei zum Lesen am Bildschirm oder als gedrucktes Papierhandbuch. In diesem

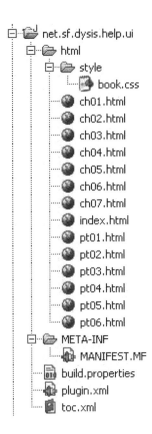

Abb. 8-2
Das Dysis-Hilfe-Bundle

Fall müssten die Texte komplett neu erfasst oder manuell in eine Textverarbeitung eingelesen werden.

Online-Hilfen mit DocBook erstellen

Ich möchte hier einen Ansatz vorstellen, der die Erstellung von verschiedenen Ausgabeformaten aus einer einzigen Dokumentenquelle erlaubt. Als Basistechnologie wird dazu DocBook [20] sowie DocBook XSL Stylesheets [39] eingesetzt. Die Hilfetexte werden gemäß der DocBook DTD verfasst, was zu mehreren Vorteilen führt:

DocBook: Effiziente Dokumentationserstellung durch Single-Sourcing

- Die Hilfetexte können mit einem herkömmlichen XML-Editor verfasst werden, z.B. dem im Eclipse WTP enthaltenen.
- Die Hilfetexte können durch den XML-Editor bzw. durch den XML-Parser validiert werden.
- Es stehen XSL-Transformationen für unterschiedliche Ausgabeformate zur Verfügung: Eclipse Help, HTML, JavaHelp, HTMLHelp, Windows Help sowie PDF.

Die von DocBook angebotene Transformation in das Format der Eclipse-Online-Hilfe hat einen weiteren Komfortpunkt, da sie sich vollständig automatisieren und damit einfach in den Automatisierungsprozess integrieren lässt. Dabei wird unter anderem auch die benötigte TOC-XML-Datei und die benötigte Extension gleich mit generiert.

Die Arbeit mit DocBook vorbereiten

Bevor wir beginnen, ein Hilfe-Dokument mit DocBook zu erfassen, sollten die einzelnen benötigten DocBook-Komponenten zunächst verfügbar gemacht werden. Im Detail sind das die folgenden Komponenten:

DocBook-
Komponenten
* DocBook XML (http://www.docbook.org/)
* DocBook XSL (http://sourceforge.net/projects/docbook/)
* Saxon Parser (http://sourceforge.net/projects/saxon/)

Die Komponenten müssen dabei nicht installiert, sondern lediglich ausgepackt werden und in einem Ordner im Dateisystem vorliegen. Die Dateien werden für die Transformation benötigt.

Abb. 8-3
Die DocBook-
Komponenten müssen
ausgepackt im
Dateisystem vorliegen.

Das DocBook-Hilfe-Projekt

Um die Transformation später aus der Eclipse IDE kontrollieren zu können, empfiehlt sich für den Transformationsvorgang ein eigenes Eclipse-Projekt. Da es sich hierbei weder um ein Bundle-Projekt noch um ein Java-Projekt handelt, reicht ein ganz normales Projekt. Dysis verwendet hierfür das Projekt *net.sf.dysis.help.docbook*. Es beinhaltet zum einen das eigentliche Hilfedokument sowie das für die Transformation zu verwendende Stylesheet.

Die in Abbildung 8-4 auf der nächsten Seite zusätzlich zu sehenden Ant-Dateien dienen zum Starten der Transformation. Doch lassen Sie uns vorher einen Blick auf das Erstellen der DocBook-Sourcen werfen.

Abb. 8-4
Das Dysis-DocBook-Hilfe-Projekt beinhaltet die DocBook-Quellen und die Transformationsvorschrift zum Eclipse-Online-Hilfe-Format.

DocBook-Dokumente

DocBook unterstützt diverse Dokumenttypen, unter anderem *book* und *article*. Obwohl das von uns verwendete Stylesheet beide Dokumenttypen verarbeiten kann, werden wir für unser Beispiel den Dokumententyp *book* verwenden. So kann der Hilfetext später sehr gut in ein PDF-Dokument umgewandelt werden. Dabei stammt dann sowohl die Online-Hilfe als auch das Benutzerhandbuch aus ein und derselben Quelle. Eine vollständige Referenz der möglichen DocBook-Elemente ist unter `http://docbook.org/tdg/index.html` einsehbar. Listing 8.3 zeigt das Dysis-Hilfe-Dokument.

```
<?xml version="1.0"?>
<!DOCTYPE
book PUBLIC "-//OASIS//DTD DocBook XML V4.4//EN"
"http://www.oasis-open.org/docbook/xml/4.4/docbookx.dtd">
<book>
  <bookinfo>
    <title>Dysis-Online-Hilfe</title>
    <subtitle>User Manual</subtitle>
    <releaseinfo>Version 0.1.0</releaseinfo>
    <pubdate>(Work in progress)</pubdate>
    <authorgroup>
      <author>
        <firstname>Stefan</firstname>
        <surname>Reichert</surname>
      </author>
    </authorgroup>
    <legalnotice>
      (c) 2009 Stefan Reichert
    </legalnotice>
  </bookinfo>
  <toc />
  <part>
    <title>Getting Started</title>
    <chapter>
```

Listing 8.3
Die Dysis-Online-Hilfe als
DocBook-Dokument

```
      <title>Übersicht</title>
      <para>
        Hier steht ein Einleitung.
      </para>
    </chapter>
  </part>
  <part>
    <title>Konzepte und Ideen</title>
    <chapter>
      <title>Konzept A</title>
      <para>
        Hier steht die Beschreibung von Konzept A.
      </para>
    </chapter>
    <chapter>
      <title>Konzept B</title>
      <para>
        Hier steht die Beschreibung von Konzept B.
      </para>
    </chapter>
  </part>
  <part>
    <title>Projekte, Aufgaben und Ressourcen</title>
    <chapter>
      <title>Projekte</title>
      <para>
        Hier steht etwas über Projekte.
      </para>
    </chapter>
    <chapter>
      <title>Aufgaben</title>
      <para>
        Hier steht etwas über Aufgaben.
      </para>
    </chapter>
    <chapter>
      <title>Ressourcen</title>
      <para>
        Hier steht etwas über Ressourcen.
      </para>
    </chapter>
  </part>
  <part>
    <title>Zeiterfassung</title>
    <chapter>
      <title>Zeiten erfassen</title>
```

```
    <para>
       Hier steht etwas über Zeiterfassung.
    </para>
  </chapter>
 </part>
</book>
```

DocBook-Dokumente transformieren

Die Transformation eines DocBook-Dokuments in das Format der Eclipse-Online-Hilfe erfolgt mit Hilfe eines XLS-Transformators, Dysis verwendet dafür den Saxon Parser. Um die Integration der Transformation in den automatisierten Build-Prozess zu ermöglichen, wird diese über Ant gesteuert. Der Aufruf ist dabei relativ einfach, da lediglich der Saxon Parser mit den Informationen der DocBook-Quelldatei, der XSL-Stylesheet-Datei und dem Ziel gefüttert wird.

```
<project name="Dysis-Online Help"
   default="generate.dysis.help">
 <property file="build.properties" />
 <path id="saxon.classpath">
    <pathelement location="${saxon.lib.path}" />
 </path>
 <target name="generate.dysis.help">
   <java fork="true" dir="${output.help.dir}" failonerror="true"
       classname="com.icl.saxon.StyleSheet">
     <classpath refid="saxon.classpath" />
     <arg value="${docbook.source.file}" />
     <arg value="${stylesheet.file}" />
   </java>
 </target>
</project>
```

Listing 8.4
Ein Ant Target steuert die Transformation des DocBook-Dokuments in das Format der Eclipse-Online-Hilfe.

Die vom Ant Target verwendeten Properties sind in der referenzierten build.properties-Datei definiert:

```
output.help.dir=../net.sf.dysis.help.ui

docbook.source.file=${basedir}/docbook/dysis.help.xml
stylesheet.file=${basedir}/stylesheet/custom.eclipse.xsl

saxon.lib.dir=D:/Software/DocBook/saxon
saxon.lib.path=${saxon.lib.dir}/saxon.jar
```

Das Dysis-Hilfe-Bundle *net.sf.dysis.help.ui* wird als Ziel der Transformation definiert, den Input liefert das bereits gezeigte `dysis.help.xml`-Dokument.

Die letzte Unbekannte ist nun die `custom.eclipse.xsl`-Stylesheet-Datei, die die eigentliche Magie der Transformation beinhaltet. Die Datei erweitert die originale `eclipse.xsl`-Stylesheet-Datei in der DocBook-XSL-Komponente um einige Einstellungen. Dieses Prinzip nennt sich *Customization Layer*. Schaut man sich die `custom.eclipse.xsl`-Stylesheet-Datei in Listing 8.5 an, dann sieht man zu Beginn die Referenz auf die Originaldatei. Damit werden sämtliche dort definierten Transformationsvorschriften übernommen, sie können bei Bedarf aber auch erweitert bzw. überschrieben werden.

Listing 8.5
Die verwendete XSL-Stylesheet-Datei erweitert bzw. überschreibt bestimmte Transformationsvorschriften der referenzierten Originaldatei.

```
<?xml version="1.0"?>
<xsl:stylesheet
    xmlns:xsl="http://www.w3.org/1999/XSL/Transform"
    version="1.0">
<xsl:import href=
    "file:/D:/Software/DocBook/docbook-xsl-1.73.2/eclipse/eclipse.
        xsl" />
<xsl:param name="base.dir">html/</xsl:param>
<xsl:param name="html.stylesheet">
        style/book.css
</xsl:param>
<xsl:param name="chunk.first.sections" select="1" />
<xsl:param name="chunk.section.depth" select="3" />
<xsl:param name="use.id.as.filename" select="0" />
<xsl:param name="suppress.navigation" select="1" />
<xsl:param name="chapter.autolabel" select="0" />
<xsl:param name="generate.section.toc.level"
        select="0"/>
<xsl:param name="table.borders.with.css" select="0"/>
<xsl:param name="table.cell.border.thickness"
        select="1"/>
<xsl:param name="html.cellspacing" select="0"/>
<xsl:param name="html.cellpadding" select="10"/>
<xsl:param name="html.cleanup" select="1"/>
<xsl:param name="generate.toc">
    appendix toc,title
    article/appendix nop
    article toc,title
    book nop
    chapter nop
    part nop
    preface toc,title
```

```
  qandadiv toc
  qandaset toc
  reference toc,title
  sect1 toc
  sect2 toc
  sect3 toc
  sect4 toc
  sect5 toc
  section toc
  set toc,title
 </xsl:param>
</xsl:stylesheet>
```

Um zu erreichen, dass die erstellten HTML-Dateien nicht im Hauptverzeichnis des *net.sf.dysis.help.ui* Bundles angelegt werden, definiert das Property *base.dir* hierfür das Unterverzeichnis *html*. Die dort angelegten HTML-Dateien verwenden das style/book.css-Stylesheet, welches im Property *html.stylesheet* angegeben ist, um die HTML-Elemente konform zur Eclipse-Online-Hilfe darzustellen. Wie der Output des Ant-Laufs in Listing 8.6 zeigt, werden zusätzlich zu den .html-Dateien sowohl die TOC-XML-Datei (toc.xml) als auch das Plug-in-Manifest (plugin.xml) generiert.

```
build.dysis.help:
    [java] Writing html/ch01.html for chapter
    [java] Writing html/pt01.html for part
    [java] Writing html/ch02.html for chapter
    [java] Writing html/ch03.html for chapter
    [java] Writing html/pt02.html for part
    [java] Writing html/ch04.html for chapter
    [java] Writing html/ch05.html for chapter
    [java] Writing html/ch06.html for chapter
    [java] Writing html/pt03.html for part
    [java] Writing html/ch07.html for chapter
    [java] Writing html/pt04.html for part
    [java] Writing html/index.html for book
    [java] Writing toc.xml
    [java] Writing plugin.xml
BUILD SUCCESSFUL
Total time: 13 seconds
```

Listing 8.6
Zusätzlich zu den HTML-Dateien werden auch die zur Integration in die Eclipse-Hilfe benötigten Dateien erstellt.

Die manuelle Anpassung der TOC-XML-Datei an die Struktur des DocBook-Hilfe-Dokuments entfällt. Somit steht auch der Integration in den automatisierten Build-Prozess nichts mehr im Weg.

DocBook-Dokumente modularisieren

Um zu erreichen, dass die DocBook-Dokumente durch die erreichte Größe weiterhin handhabbar bleiben, kann eine Modularisierung des Dokuments mit XML-Entities vorgenommen werden.

Listing 8.7
Die Dysis-Online-Hilfe
als
DocBook-Dokument
mit XML-Entities für die
Kapitel

```
<?xml version="1.0"?>
<!DOCTYPE
book PUBLIC "-//OASIS//DTD DocBook XML V4.4//EN"
"http://www.oasis-open.org/docbook/xml/4.4/docbookx.dtd"[
<!ENTITY gettingstarted SYSTEM
    "components/gettingstarted.xml">
<!ENTITY konzepteideen SYSTEM
    "components/konzepteideen.xml">
<!ENTITY projekteaufgabenressourcen SYSTEM
    "components/projekteaufgabenressourcen.xml">
<!ENTITY zeiterfassung SYSTEM
    "components/zeiterfassung.xml">]>
<book>
  <bookinfo>
    <title>Dysis-Online-Hilfe</title>
    <subtitle>User Manual</subtitle>
    <releaseinfo>Version 0.1.0</releaseinfo>
    <pubdate>(Work in progress)</pubdate>
    <authorgroup>
      <author>
        <firstname>Stefan</firstname>
        <surname>Reichert</surname>
      </author>
    </authorgroup>
    <legalnotice>
      (c) 2009 Stefan Reichert
    </legalnotice>
  </bookinfo>
  <toc />

  &gettingstarted;
  &konzepteideen;
  &projekteaufgabenressourcen;
  &zeiterfassung;
</book>
```

So kann das Hauptdokument beispielsweise auf Ebene der Kapitel untergliedert werden, wie Listing 8.7 zeigt. Ein Kapitel wird dann in einer separaten XML-Datei verfasst, wie Listing 8.8 zeigt. Das Gesamtdokument kann so in einzelne gut zu verwaltende Teile gegliedert werden.

```
<part>
  <title>Getting Started</title>
  <chapter>
    <title>Übersicht</title>
    <para>
      Hier steht die Beschreibung von Konzept A.
    </para>
  </chapter>
</part>
```

Listing 8.8
Das Kapitel »Getting Started« wird in einer separaten XML-Datei verfasst.

8.1.4 Online-Hilfe einbinden

Damit Benutzer die Hilfe aus der Anwendung heraus aufrufen können, müssen die entsprechenden Actions im Hauptmenü angemeldet werden. Die Registrierung der Menüeinträge für den Aufruf der Hilfe erfolgt im `ActionBarAdvisor`. Zunächst müssen die entsprechenden Actions in der Methode `makeActions()` erzeugt und registriert werden. Anschließend können sie in der Methode `fillMenuBar()` im Menü eingetragen werden. Das Hilfemenü selbst muss natürlich vorher angelegt werden. Die notwendigen Konstanten definiert Eclipse im Interface `IWorkbenchActionConstants`.

```
public class ApplicationActionBarAdvisor
  extends ActionBarAdvisor {
  ...
  private IWorkbenchAction showHelpAction;
  private IWorkbenchAction searchHelpAction;
  private IWorkbenchAction dynamicHelpAction;

  protected void makeActions(IWorkbenchWindow window) {
    ...
    showHelpAction = ActionFactory.HELP_CONTENTS.create(window);
    register(showHelpAction);

    searchHelpAction = ActionFactory.HELP_SEARCH.create(window);
    register(searchHelpAction);

    dynamicHelpAction = ActionFactory.DYNAMIC_HELP.create(window);
    register(dynamicHelpAction);
  }

  protected void fillMenuBar(IMenuManager menuBar) {
    ...
    // Add help menu
```

Listing 8.9
Die Hilfe-Actions werden im ActionBarAdvisor registriert.

```
MenuManager menuManagerHelp =
    new MenuManager("&Hilfe", IWorkbenchActionConstants.M_HELP);
menuManagerHelp.add(showHelpAction);
menuManagerHelp.add(searchHelpAction);
menuManagerHelp.add(dynamicHelpAction);
menuManagerHelp.add(new Separator());
menuManagerHelp.add(aboutAction);
menuBar.add(menuManagerHelp);
}
...
}
```

Die gewünschten Menüeinträge sind dann vorhanden, und die vorher erstellte Online-Hilfe ist für den Benutzer verfügbar.

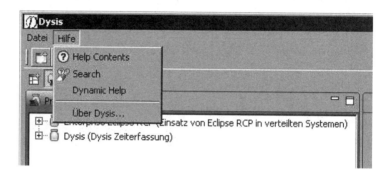

Abb. 8-5
Die Hilfe-Einträge in
der Menüleiste

8.2 Kontextsensitive Hilfe

Neben der Eclipse-Online-Hilfe, die ein komplettes Hilfe-Dokument zur Verfügung stellt, können auch Hilfethemen kontextsensitiv für einzelne Controls in Views oder Editoren zur Verfügung gestellt werden. Diese sogenannte *Dynamic Help* wird dabei speziell für eine UI-Komponente registriert.

8.2.1 Dynamic Help Bundles

Aufgrund der Tatsache, dass sich die kontextsensitive Hilfe auf UI-Elemente bezieht, ist im Rahmen einer Eclipse-RCP-Anwendung eine Trennung zwischen Online-Hilfe-Bundle und Dynamic Help Bundle zu empfehlen. Zudem bietet die Dynamic Help automatisch eine Schnittstelle zu dem in der Online-Hilfe vorliegenden Content.

Bezug auf eine
UI-Komponente

Eine Dynamic Help wird immer in Bezug auf UI-Komponenten definiert. Mit Rücksicht auf die Komponentenorientierung der UI Bundles ist es sinnvoll, die Dynamic Help Bundles identisch zu

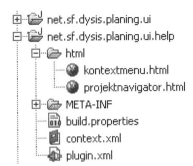

Abb. 8-6
*Das Bundle
net.sf.dysis.planning.
ui.help stellt die
Dynamic Help für das
Bundle
net.sf.dysis.planning.ui
zur Verfügung.*

strukturieren. Ein UI Bundle erhält ein Dynamic Help Bundle, das die Dynamic Help bereitstellt. Sollten Sie später Distributionen Ihrer Eclipse-RCP-Anwendung ausliefern, so können auch auf Ebene der Dynamic Help Bundles lediglich die notwendigen integriert werden. Darüber hinaus bleibt das UI Bundle damit frei von der Abhängigkeit zum *org.eclipse.help.ui* Bundle und funktioniert auch ohne laufendes Hilfesystem. Am Beispiel Dysis existiert für das Bundle *net.sf.dysis.planning.ui* somit ein Dynamic Help Bundle *net.sf.dysis.planning.ui.help*.

Abhängigkeiten

8.2.2 Dynamic Help erstellen

Eine Dynamic Help wird wie die Online-Hilfe über eine Extension registriert. Der Extension Point *org.eclipse.help.contexts* benötigt dafür zum einen eine Kontext-XML-Datei, die die Hilfe strukturiert beschreibt. Zusätzlich muss unter *plugin* ein Kontextpräfix angegeben werden, für das in der Kontext-XML-Datei geltende Dynamic Help dient.

```
<extension point="org.eclipse.help.contexts">
  <contexts file="context.xml"
      plugin="net.sf.dysis.planning.ui">
  </contexts>
</extension>
```

Listing 8.10
*Eine Dynamic Help
wird über den
Extension Point
org.eclipse.help.contexts
registriert.*

Für die Kontext-XML-Datei bietet die Eclipse IDE einen Editor, mit dessen Hilfe sich die Erstellung relativ einfach gestaltet. Die Datei definiert dabei einzelne *context*-Elemente, die jeweils eine ID haben. Die durch das *context*-Element bereitgestellten Informationen werden nachher über die Konkatenierung der Kontext-ID der Extension und der ID des *context*-Elements identifiziert. Das Element aus Listing 8.11 auf der nächsten Seite ist somit über die Kontext-ID *net.sf.dysis.planning.ui.ProjectNavigator* zu referenzieren.

```xml
<?xml version="1.0" encoding="UTF-8"?>
<contexts>
  <context id="ProjectNavigator">
   <description>
     Der Projektnavigator bietet eine
     Übersicht der zur Verfügung stehenden Projekte
     und deren Aufgaben. Ein Eintrag im Projekt
     Navigator bietet ein Kontextmenü, mit dem der
     Projekteditor geöffnet werden kann und das
     Projekt bearbeitet.
   </description>
   <topic href="html/projektnavigator.html"
     label="Details zum Aufbau"/>
   <topic href="html/kontextmenu.html"
     label="Das Kontextmenü"/>
  </context>
</contexts>
```

Um für den Projektnavigator aus dem Bundle *net.sf.dysis.planning.ui* nun die gewünschte Dynamic Help anzubieten, muss für das entsprechende `Control` ein Hilfe-Kontext gesetzt werden. In diesem Fall ist das der `Tree` des *ProjectNavigator* Views, der die einzelnen Projekte und Aufgaben darstellt. Das Setzen des Hilfe-Kontexts findet in der den `Tree` erzeugenden `createPartControl()`-Methode des Views statt.

```java
public void createPartControl(Composite parent) {
  ...
  PlatformUI.getWorkbench().getHelpSystem().setHelp(
     treeViewerProjects.getTree(),
     "net.sf.dysis.resource.ui.ProjectNavigator");
  ...
}
```

Die Klasse `IWorkbenchHelpSystem`, die von der Workbench zur Verfügung gestellt wird, bekommt dabei sowohl das `Tree`-Objekt als auch die Kontext-ID *net.sf.dysis.planning.ui.ProjectNavigator* übergeben. Ist der `Tree` nun in der Oberfläche ausgewählt, dann erscheint nach dem Drücken der *F1*-Taste oder Auswahl des *Dynamic Help*-Menüeintrags aus dem Hilfe-Menü der Menüzeile wie erwartet die registrierte Dynamic Help, die in Abbildung 8-7 auf der nächsten Seite dargestellt ist.

Abb. 8-7
*Die registrierte
Dynamic Help bietet
zum Projektnavigator
zusätzliche
Informationen für den
Benutzer.*

In der ersten Sektion sind die in der Kontext-XML-Datei definierten Informationen aufgelistet. In der zweiten Sektion werden Referenzen aus der Online-Hilfe präsentiert, sofern welche gefunden wurden. Suchkriterium für diese Referenzen stellt in diesem Beispiel der Name des den Tree beinhaltenden Views.

Inhalt der Dynamic Help

Ein weiteres nettes Feature ist die sogenannte *Active Help*. Als Active Help bezeichnet Eclipse die Möglichkeit zum Einbinden von JavaScript-Code als Hyperlink in die HTML-Dokumentation. Die Beschreibung einer bestimmten Aktion kann somit um eine entsprechende Demo erweitert werden. Der JavaScript-Code führt Aktionen innerhalb der Eclipse-Anwendung aus, so können beispielsweise ein View geöffnet, ein Menüeintrag angewählt oder ein Cheat Sheet geöffnet werden.

8.3 Cheat Sheets

Die Vervollständigung der kontextbezogenen Hilfe stellen die sogenannten *Cheat Sheets*, also Spickzettel, dar. Cheat Sheets erklären eine frei definierbare Menge an einzelnen Aktionen. Sie bieten so die Möglichkeit, dem Benutzer interaktiv einen komplexen Zusammenhang Schritt für Schritt im UI zu erklären. Cheat Sheets können da-

Schritt-für-Schritt-Anleitung

bei entweder lediglich einen beschreibenden Charakter haben oder die einzelnen notwendigen Aktionen selbst auslösen.

8.3.1 Cheat Sheet Bundles

Da auch Cheat Sheets sich meist in einem Kontext bewegen, ist es sinnvoll, sie identisch mit der kontextsensitiven Hilfe einzubinden. Dabei kann in den allermeisten Fällen das identische Bundle verwendet werden.

Abb. 8-8
Das Cheat Sheet
Projekt bearbeiten *ist*
Bestandteil des Bundles
net.sf.dysis.planning.ui.help.

Um Cheat Sheets nutzen zu können, fehlt lediglich eine weitere Abhängigkeit auf das Bundle *org.eclipse.ui.cheatsheets*. Das Dysis Bundle *net.sf.dysis.planning.ui.help*, das auch die kontextsensitive Hilfe für das Bundle *net.sf.dysis.planning.ui* bereitstellt, bietet das in Abbildung 8-9 dargestellte Cheat Sheet zum Bearbeiten eines neuen Projekts.

Abb. 8-9
Das Cheat Sheet
Projekt bearbeiten
erklärt Schritt für
Schritt, wie in Dysis ein
bestehendes Projekt
bearbeitet werden
kann.

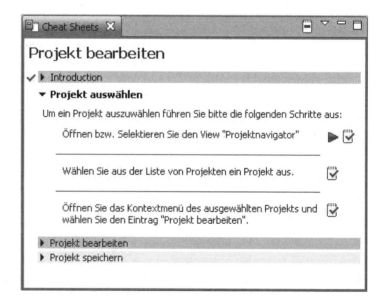

Die Darstellung übernimmt dabei der View *Cheat Sheets*, welcher vom Bundle *org.eclipse.ui.cheatsheets* zur Verfügung gestellt wird.

8.3.2 Cheat Sheets erstellen

Für das initiale Anlegen eines Cheat Sheets stellt die Eclipse IDE den *New Cheat Sheet* Wizard bereit. Das Erstellen eines Cheat Sheets beschränkt sich auf das Formulieren eines XML-Dokuments, wobei dafür wiederum ein Editor zur Verfügung gestellt wird. Der Editor öffnet sich nach dem Bestätigen des *New Cheat Sheet* Wizards automatisch.

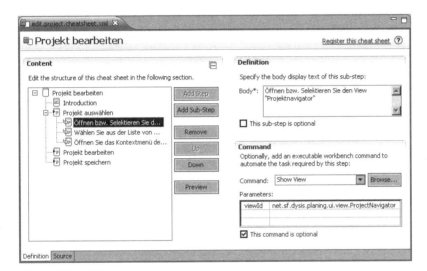

Abb. 8-10
Der Cheat Sheet Editor erleichtert das Definieren der einzelnen Schritte für das Cheat Sheet Projekt bearbeiten.

Der Editor ermöglicht nun die Formulierung eines Vorgehens, das der Benutzer im UI Schritt für Schritt durchführen kann. Für einzelne Aktionen können auch *Commands* hinterlegt werden. Der Benutzer erhält dann im UI ein *Ausführen*-Symbol in Form eines grünen Pfeils. Wird dieses vom Benutzer angewählt, dann wird die dahinterliegende Aktion ausgeführt.

Commands

8.3.3 Cheat Sheets integrieren

Um Cheat Sheets für den Benutzer zugreifbar zu machen, gibt es im Wesentlichen zwei Möglichkeiten. Zum einen kann im Hauptmenü ein weiterer Eintrag eingefügt werden. Die *Open Cheat Sheet* Action wird allerdings im Rahmen einer *actionSet* Extension deklariert.

```
<extension point="org.eclipse.ui.actionSets">
  <actionSet id="net.sf.dysis.application.actions"
      label="Dysis Application Actions" visible="true">
    <action label="Cheat Sheets..."
      class="org.eclipse.ui.cheatsheets.CheatSheetExtensionFactory:
        helpMenuAction"
```

Listing 8.13
Die Open Cheat Sheet Action wird über eine org.eclipse.ui.actionSets Extension registriert.

```
            menubarPath="help/help"
            id="org.eclipse.ui.cheatsheets.actions.
                CheatSheetHelpMenuAction"/>
    </actionSet>
</extension>
```

Es empfiehlt sich, die Extension direkt im Application Bundle zu deklarieren. Leider wird damit eine Abhängigkeit auf das Bundle *org.eclipse.ui.cheatsheets* notwendig, damit die `org.eclipse.ui.cheatsheets.CheatSheetExtensionFactory` gefunden wird. Alternativ kann die `Action` auch in einem separaten Bundle definiert werden, um das Application Bundle sauber zu halten. Die hinzugefügte `Action` *Cheat Sheets...* öffnet einen Dialog, der alle verfügbaren Cheat Sheets auflistet.

Abb. 8-11
Der Dialog Cheat Sheets listet alle in Dysis verfügbaren Cheat Sheets auf.

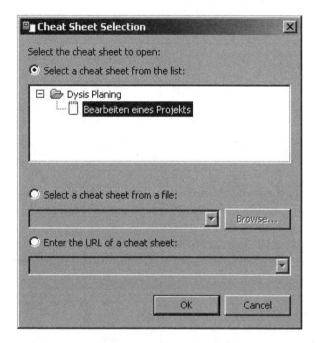

Integration in die Dynamic Help

Als Alternative dazu kann der Aufruf eines Cheat Sheets auch direkt in die kontextsensitive Hilfe integriert werden. Abbildung 8-12 zeigt die Dynamic Help des Projektnavigator-Views, die einen Link auf das Cheat Sheet *Projekt bearbeiten* besitzt.

Um dies zu erreichen, muss der Kontext-XML-Datei für das entsprechende *context*-Element ein *command*-Element hinzugefügt werden. Dieses Element verweist auf den *org.eclipse.ui.cheatsheets.openCheatSheet* Command, welcher die entsprechende ID des zu öffnenden Cheat Sheets als Parameter übergeben bekommt.

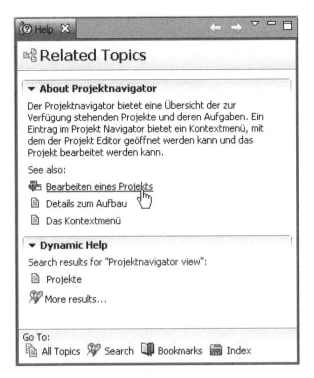

Abb. 8-12
Das Cheat Sheet
Projekt bearbeiten
kann auch aus der
Dynamic Help des
Projektnavigators
aufgerufen werden.

```
<contexts>
  <context id="ProjectNavigator">
     ...
     <command label="Bearbeiten eines Projekts" serialization="org.
        eclipse.ui.cheatsheets.openCheatSheet(cheatSheetId=net.sf
        .dysis.planning.ui.help.cheatsheet.editproject)"/>
  </context>
</contexts>
```

9 Remoting

>*»Dass wir miteinander reden können,*
>*macht uns zu Menschen.«*

—*Karl Jaspers (1883–1969), dt. Philosoph*

In den vorangegangenen Kapiteln haben wir uns mit clientspezifischen Aspekten einer Enterprise-Anwendung beschäftigt. Im nun folgenden Kapitel schauen wir uns das Thema der Kommunikation zwischen dem Client und dem Server an.

Kommunikation zwischen Client und Server spielt in Enterprise-Eclipse-RCP-Anwendungen unbestritten eine zentrale Rolle. Der Verteilungsaspekt ist gleichzeitig einer der größten Vorteile als auch eine starke Herausforderung dieser Architektur. Die Umsetzung der Kommunikation, also das *Remoting*, ist dabei wesentlich vom eingesetzten Framework abhängig. Dabei gibt es allerdings unterschiedliche Mentalitäten, mit denen ein Remoting implementiert werden kann. Der erste Abschnitt geht auf diese Mentalitäten ein. Jedes Framework favorisiert unterschiedliche Protokolle, im Normalfall werden jedoch mehrere unterstützt. Ich verwende für Dysis serverseitig das Spring Framework, da es eine Fülle an nützlichen Funktionalitäten besitzt. Darüber hinaus bietet es mit dem Spring Remoting eine integrierte Kommunikationsstruktur. Es wäre ebenfalls möglich, für die Kommunikation ein anderes Protokoll wie REST oder RMI einzusetzen. Die Verwendung von HTTP Invoker bzw. dem Spring Remoting bietet sich allerdings aufgrund der bereits vorhandenen Integration in Spring an. Im Abschnitt *Spring Remoting* erläutere ich mit dem Dysis-Technologie-Stack exemplarisch, wie eine effiziente Kommunikation zwischen Client und Server mit dem Spring Remoting sichergestellt werden kann. Zum Abschluss dieses Kapitels gehe ich dann noch kurz auf das Thema OSGi-Remoting ein. Die Spezifikation ist hier zwar noch sehr jung, aufgrund der steigenden Verbreitung von OSGi auf der Serverseite wird der in die OSGi-Plattform integrierte Mechanismus aber immer interessanter.

Sollten Sie serverseitig nicht mit Spring arbeiten, dann sind einige technische Teile dieses Abschnitts für Sie wahrscheinlich nicht interessant. Ich empfehle Ihnen dennoch, diesen Abschnitt zu lesen, da einige Entwurfsmuster, wie beispielsweise das ServiceLocator-Entwurfsmuster, besprochen werden. Diese Entwurfsmuster können auch mit anderen Protokollen verwendet werden.

9.1 Remoting-Mentalitäten

Bevor wir uns also auf die Umsetzung stürzen, möchte ich zunächst auf die Art und Weise eingehen, in der ein Aufruf von entfernter Logik in den Eclipse-RCP-Client integriert wird. Dabei kommt es weniger auf das konkrete Pattern für den Aufruf als auf die *Mentalität* der Verwendung an.

9.1.1 Transparentes Remoting

Eine Ausprägung von Remoting-Mentalität ist das transparente Remoting. Die Methoden des Backends sind dabei so gestaltet, wie der Client sie benötigt, um sie möglichst einfach in den Code zu integrieren. *Feingranulare serverseitige Methoden* Die vom Backend bereitgestellte Logik wird im Client so verwendet, als wäre sie integrativer Bestandteil des Clients. Die Tatsache, dass der Aufruf der Logik nicht lokal sondern entfernt abgearbeitet wird, spielt eine untergeordnete Rolle. Entfernte Services werden hier eher frequent aufgerufen, die übertragene Datenmenge ist vergleichsweise klein.

9.1.2 Service Remoting

Die Struktur der Schnittstelle des Servers wird bei einer Service-Remoting-Mentalität vom Backend getrieben. Die angebotenen Services versuchen dabei, die Granularität der Remoting-Zugriffe so zu steuern, dass eine Balance zwischen Frequenz der Aufrufe und der übertragenen Datenmenge eines Aufrufs herrscht. Der Client tätigt hier bewusst entfernte Aufrufe auf den Methoden des Backends und übernimmt dabei die Transferleistung des UI zu den angebotenen Services. *Verwendung des Backends als Service Provider* Ein Service Remoting greift im Vergleich zum transparenten Remoting eher weniger frequent und dafür mit vergleichsweise größeren Datenmengen auf das Backend zu.

9.1.3 Rahmenbedingungen

Die Entscheidung, mit welcher Mentalität Sie das Remoting in Ihrer Anwendung verwenden, ist maßgeblich von den Rahmenbedingungen Ihrer Anwendung abhängig. Ist die Verbindung zwischen Client und Server verlässlich sehr gut, dann tut der ein oder andere Aufruf mehr auf dem Backend nicht weh. Meines Erachtens sollte jedoch bei jedem Aufruf immer im Hinterkopf bewusst sein, dass es sich hierbei um einen Aufruf auf einem entfernten System handelt. Nur so kann ein unnötiger Kommunikationsoverhead vermieden werden. Das Remoting vollkommen transparent zu implementieren, birgt letztendlich die Gefahr, die Steuerungsmöglichkeiten in Bezug auf die Verteilung aus der Hand zu geben. Stellen die vom Server angebotenen Methoden keine echte Schnittstelle dar, sondern sind fließender Bestandteil des Codes des Clients in Form von feingranularen Methodenaufrufen, dann schränkt dies die Möglichkeiten der Skalierung ein. Die Skalierung der Anwendung ist allerdings von elementarer Bedeutung und dafür unbedingt zu bewahren.

Granularität und Kontrolle

9.2 Einbindung in den Client

Das Remoting stellt also einen sehr bedeutsamen Teil einer Enterprise-Eclipse-RCP-Anwendung dar. Dabei existiert, wie bereits angedeutet, eine nahezu unüberschaubare Bandbreite an Kommunikationsprotokollen. Da es sich jedoch unabhängig vom gewählten Protokoll immer um Aufrufe von Logik auf einem entfernten System handelt, kommen zu den normalen Prämissen der Implementierung die Aspekte der Verteilung hinzu. Diese Aspekte beschäftigen sich unter anderem mit den Fragen:

- Wie kann sichergestellt werden, dass der Code für den Zugriff auf den Server nicht unnötig komplex wird?
- Wie kann man mit Verbindungsabbrüchen umgehen?
- Wie kann eine benutzerfreundliche Behandlung von Verbindungsproblemen aussehen?

Aspekte der Verteilung

Die Antworten gestalten sich dabei immer protokollspezifisch und sind jeweils für die gewählte Technik zu lösen. Im Folgenden gehe ich schwerpunktmäßig auf die Frage nach der Implementierung des Zugriffs auf die serverseitigen Methoden ein. Ich stelle dabei die Umsetzung der Remote-Kommunikation der Dysis-Anwendung vor. Sie basiert auf dem Spring Framework und nutzt das HTTP-Invoker-Protokoll für den Aufruf der entfernten Services des Backends. Auf die anderen Fragen gehe ich im Rahmen des folgenden Kapitels 10 ein.

9.3 Spring Remoting

Dependency Injection

Das Spring Framework[25] ist ein sehr populäres Framework für die Entwicklung von Java-Enterprise-Anwendungen, vor allem im Webumfeld. Im Kern besteht Spring aus einem Dependency Injection Container, der dafür sorgt, dass die Kopplung zwischen den einzelnen Teilen einer Anwendung so gering wie möglich bleibt. Insbesondere wird Wert darauf gelegt, dass jede einzelne Klasse sich nicht selbst um ihr Umfeld und die von ihr benötigten Abhängigkeiten kümmert. Stattdessen werden Klassen vom Dependency Injection Container konfiguriert. Der Container kümmert sich darum, dass alle Klassen bzw. Komponenten einer Anwendung in der richtigen Reihenfolge initialisiert und konfiguriert werden.

Dynamic Proxys

Dependency Injection wird also verwendet, um mehrere Komponenten miteinander zu verbinden. Dies kann nicht nur lokal geschehen, sondern auch über Rechnergrenzen hinweg. Mit Hilfe eines Dynamic Proxys, der nach dem Decorator-Entwurfsmuster [11] arbeitet, sorgt Spring dafür, dass die beteiligten Komponenten von einer solchen entfernten Kommunikation nichts erfahren. Insbesondere müssen sich die Komponenten nicht um Dinge wie RemoteExceptions und JNDI Lookups kümmern.

9.3.1 Konfiguration des Service

Zur Veranschaulichung soll ein einfacher Service zur Verwaltung von Personendaten dienen. Dieser Service stellt Methoden zum Anlegen und Modifizieren von Personendatensätzen bereit. Darüber hinaus implementiert der Service Methoden zum Laden von einzelnen bzw. einer Menge von Personendatensätzen (siehe Listing 9.1).

Listing 9.1
Das Interface
IPersonService

```
public interface IPersonRemoteService {

    List<PersonDTO> loadAll();

    PersonDTO load(Long id);

    PersonDTO save(PersonDTO thePerson);

    void delete(PersonDTO thePerson);
}
```

Die Kommunikation mit der Datenbank, in der diese Daten schlussendlich gespeichert werden, übernimmt ein DAO. Service und DAO werden von Spring per Dependency Injection verbunden, wie man in der

Spring-Kontext-XML-Datei in Listing 9.2 sehen kann. Beide Klassen tauchen in Form eines *bean*-XML-Elements auf, für den Service ist zusätzlich das DAO als Property deklariert. Bis hierhin entspricht dies exakt dem Vorgehen, das auch für die Implementierung einer Webanwendung angebracht wäre.

```xml
<?xml version="1.0" encoding="ISO-8859-1"?>
<beans xmlns="http://www.springframework.org/schema/beans"
  xmlns:xsi="http://www.w3.org/2001/XMLSchema-instance"
  xsi:schemaLocation="http://www.springframework.org/schema/beans
http://www.springframework.org/schema/beans/spring-beans.xsd">
  <bean id="transactionManager" class="org.springframework.jdbc.
      datasource.DataSourceTransactionManager">
   <property name="dataSource" ref="dataSource"/>
  </bean>
  <bean id="dataSource" class="org.springframework.jdbc.datasource.
      DriverManagerDataSource">
   <property name="driverClassName"
      value="${jdbc.driverClassName}"/>
   <property name="url" value="${jdbc.url}"/>
   <property name="username" value="${jdbc.username}"/>
   <property name="password" value="${jdbc.password}"/>
  </bean>

  <!-- Hibernate session factory -->
  <bean id="sessionFactory" class="org.springframework.orm.
      hibernate3.annotation.AnnotationSessionFactoryBean">
   <property name="dataSource">
    <ref bean="dataSource"/>
   </property>
   <property name="configLocation">
    <value>classpath:hibernate.cfg.xml</value>
   </property>
  </bean>

  <bean id="personDAO" class="net.sf.dysis.repository.resource.
      PersonDAO">
   <property name="sessionFactory"
      ref="sessionFactory"/>
  </bean>

  <bean id="personRemoteService" class="net.sf.dysis.resource.core.
      service.PersonRemoteService">
   <property name="personDAO" ref="personDAO"/>
  </bean>
</beans>
```

Listing 9.2
Die serverseitige Spring-Kontext-XML-Datei

Um den Service nun auch von extern (d.h. außerhalb der VM) ansprechbar zu machen, muss er exportiert werden. Dazu sind mehrere Schritte erforderlich. Zunächst muss der Service mit Hilfe eimes passenden Spring Service Exporters exportiert werden. In unserem Fall ist dies der `HttpInvokerServiceExporter`, der als Remote Proxy agiert. Die Verbindung zum eigentlichen Service wird über eine entsprechende Dependency hergestellt (siehe Listing 9.3). Alle Services einer Anwendung, die von außerhalb angesprochen werden sollen, müssen analog in die Datei `remoting-servlet.xml` aufgenommen werden. Alle anderen Services sind nicht-öffentlich und können somit auch nicht von außen aufgerufen werden. Die exportierten Services bilden also den Remoting-Kontext. Der Name der Datei für diesen Remoting-Kontext richtet sich in der Standardeinstellung nach dem Namen des Servlets, das die Services exportiert. Spring stellt dazu die Klasse `DispatcherServlet` zur Verfügung, die wie gewohnt in der Datei `web.xml` konfiguriert wird (siehe Listing 9.4).

Service Exporter

Remoting-Kontext

DispatcherServlet

Listing 9.3
Die serverseitige
Spring-Remoting-
Kontext-XML-Datei

```xml
<?xml version="1.0" encoding="ISO-8859-1"?>
<beans xmlns="http://www.springframework.org/schema/beans"
  xmlns:xsi="http://www.w3.org/2001/XMLSchema-instance"
  xsi:schemaLocation="http://www.springframework.org/schema/beans
  http://www.springframework.org/schema/beans/spring-beans-2.5.xsd"
    >

  <!-- remoting exporters -->
  <bean name="/personService" class="org.springframework.remoting.
    httpinvoker.HttpInvokerServiceExporter">
    <property name="service" ref="personRemoteService"/>
    <property name="serviceInterface"
      value="net.sf.dysis.resource.core.service.
        IPersonRemoteService"/>
  </bean>
</beans>
```

Listing 9.4
web.xml

```xml
<?xml version="1.0" encoding="UTF-8"?>

<web-app version="2.4" xmlns="http://java.sun.com/xml/ns/j2ee"
  xmlns:xsi="http://www.w3.org/2001/XMLSchema-instance"
  xsi:schemaLocation="http://java.sun.com/xml/ns/j2ee
  http://java.sun.com/xml/ns/j2ee/web-app_2_4.xsd">

  <display-name>Dysis Backend</display-name>
  <context-param>
    <param-name>contextConfigLocation</param-name>
```

```
    <param-value>
        /WEB-INF/applicationContext.xml
    </param-value>
</context-param>

<listener>
    <listener-class>
        org.springframework.web.context.ContextLoaderListener
    </listener-class>
</listener>

<servlet>
    <servlet-name>remoting</servlet-name>
    <servlet-class>
        org.springframework.web.servlet.DispatcherServlet
    </servlet-class>
    <load-on-startup>1</load-on-startup>
</servlet>

<servlet-mapping>
    <servlet-name>remote</servlet-name>
    <url-pattern>/remote/*</url-pattern>
</servlet-mapping>
</web-app>
```

9.3.2 Konfiguration des Clients

Auf Clientseite muss der Service nun importiert werden, hierzu stellt Spring die Klasse `HttpInvokerProxyFactoryBean` bereit, die als lokaler Proxy für den Service fungiert. Damit der Proxy den lokalen Aufrufern das entsprechende Interface anbieten kann, muss er mit dem zu implementierenden Interface konfiguriert werden. Weiterhin muss die URL angegeben werden, unter der der entfernte Service tatsächlich erreichbar ist (siehe Listing 9.5). Im Listing sieht man, wie durch geschickten Einsatz eines `PropertyPlaceHolderConfigurers` dafür gesorgt wird, dass die Vorgabewerte für die URL mit Hilfe von System-Properties überschrieben werden können. So wird sichergestellt, dass der Client nicht neu kompiliert werden muss, wenn der Server umzieht und unter einer anderen URL erreichbar sein sollte. Auch die Umschaltung zwischen verschiedenen Instanzen (z.B. Integration/Produktion) des Systems kann mit diesem Mechanismus realisiert werden.

Services importieren

System-Properties nutzen

Listing 9.5
Die clientseitige
Spring-Kontext-XML-
Datei

```xml
<?xml version="1.0" encoding="UTF-8"?>
<beans xmlns="http://www.springframework.org/schema/beans"
  xmlns:xsi="http://www.w3.org/2001/XMLSchema-instance"
  xsi:schemaLocation="http://www.springframework.org/schema/beans
  http://www.springframework.org/schema/beans/spring-beans.xsd">

    <bean id="propertyPlaceholderConfigurer" class="org.
        springframework.beans.factory.config.
        PropertyPlaceholderConfigurer">
      <property name="properties">
       <props>
         <prop key="remote.server">localhost</prop>
         <prop key="remote.port">8080</prop>
         <prop key="remote.context">
            net.sf.dysis.core
         </prop>
       </props>
      </property>
      <property name="systemPropertiesModeName">
       <value>SYSTEM_PROPERTIES_MODE_OVERRIDE</value>
      </property>
    </bean>

    <bean id="personService" class="org.springframework.remoting.
        httpinvoker.HttpInvokerProxyFactoryBean">
      <property name="serviceUrl"
         value="http://${remote.server}:${remote.port}/${remote.
            context}/remote/PersonService" />
      <property name="serviceInterface"
         value="net.sf.dysis.service.resource.IPersonService" />
    </bean>

</beans>
```

9.3.3   Service Proxys verwenden

Will ein Client eine Methode auf einem Service im Server aufrufen, muss er zunächst Zugriff auf den Service Proxy erhalten. Nachdem er diese Referenz erhalten hat, kann der Aufruf der Methode wie gewohnt durchgeführt werden und ist, wie bereits geschildert, vollständig transparent.

Listing 9.6
Clientseitige Nutzung
eines Service

```java
public PersonDTO[] getElements(Object parent) {
    List<PersonDTO> allPersons = getPersonService().loadAll();
    return allPersons.toArray(new PersonDTO[0]);
}
```

Die Referenz auf einen Service Proxy kann der Client auf unterschied- *Referenzen auf Service*
liche Art und Weise erhalten. Ich möchte hier drei Varianten vorstellen. *Proxy setzen*
Alle drei stellen jeweils unterschiedliche Anforderungen an die Art und
Weise, wie das Spring Framework in den Client integriert ist.

9.3.4 Das ServiceLocator-Entwurfsmuster

Schauen wir uns zunächst das ServiceLocator-Entwurfsmuster [31] an.
Ein *ServiceLocator* bietet primär Zugriff auf eine definierte Menge an
Services eines Kontexts über jeweils eine spezifische *Getter*-Methode.
Dabei ist es üblich, dass der ServiceLocator selbst diesen Kontext hält.
Es ist jedoch auch möglich, den ServiceLocator auf einem fremden Kon-
text zu verwenden. Ziel ist es, von der für das Remoting verwendeten
Technologie zu abstrahieren. Das Remoting kann so an zentraler Stelle   *Abstraktion von der*
im ServiceLocator verwaltet und konfiguriert werden.   *Remoting-Technologie*

Die Verwendung des ServiceLocator-Entwurfsmusters stellt keinerlei Bedingungen an die Art und Weise, wie Spring verwendet wird.
Für dieses Beispiel gehen wir davon aus, dass Spring als einfaches
Library Bundle im Client zur Verfügung steht. Die vom Server bereitgestellte Schnittstelle liegt in einem Code Bundle, in unserem Beispiel *net.sf.dysis.core.client*. Dieses Bundle beinhaltet die Bibliothek mit
den Interfaces der Service Proxys, die Kontext-XML-Datei und die
ServiceLocator-Klasse, mit der auf die Service Proxy zugegriffen werden kann. Abbildung 9-1 zeigt das *net.sf.dysis.core.client* Code Bundle
und das Spring Library Bundle.

Der im Listing 9.7 auf der nächsten Seite dargestellte `ClientSer-
viceLocator` hält dabei den clientseitigen Spring Application Context
in Form der vom Spring Framework bereitgestellten Klasse `ClassPa-
thXmlApplicationContext`. Der Spring Application Context wird über
die in Listing 9.5 dargestellte Kontext-XML-Datei `applicationContext-
client.xml` konfiguriert. Üblicherweise wird der Name der XML-Datei,
die den clientseitigen Spring Application Context definiert, als Konstante im ServiceLocator hinterlegt. Der `ClientServiceLocator` hat für jeden
im Kontext verfügbaren Service eine *Getter*-Methode, wie man in Listing 9.7 sehen kann.

Abb. 9-1
*Der ServiceLocator
liegt im
Schnittstellen-Bundle
des Servers. Es hat eine
Abhängigkeit auf das
Spring Library Bundle.*

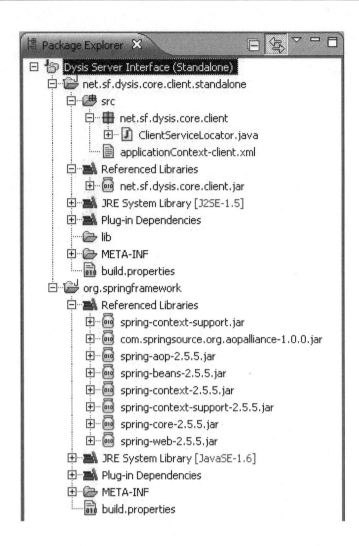

Listing 9.7
*Die Klasse
ClientServiceLocator
hält den Spring
Application Context
und bietet für jeden
verfügbaren Service
eine Getter-Methode.*

```java
public class ClientServiceLocator {
  private final String DEFAULT_CONTEXT_LOCATION =
      "classpath:applicationContext-client.xml";
  private ClassPathXmlApplicationContext context = null;
  private String contextLocation;

  private ClientServiceLocator() {
    // shouldn't be instantiated
  }
  private final static ClientServiceLocator instance = new
      ClientServiceLocator();
```

```
public static ClientServiceLocator instance() {
  return instance;
}


public synchronized void init(String applicationContextLocation)
    {
  contextLocation = applicationContextLocation;
  context = null;
}


public synchronized ApplicationContext getContext() {
  if (context == null) {
    if (contextLocation == null) {
      contextLocation = DEFAULT_CONTEXT_LOCATION;
    }
    Thread currentThread = Thread.currentThread();
    ClassLoader originalClassloader = currentThread.
        getContextClassLoader();
    try {
      currentThread.setContextClassLoader(this.getClass().
          getClassLoader());
      context = new ClassPathXmlApplicationContext(contextLocation
          );
    } finally {
      currentThread.setContextClassLoader(originalClassloader);
    }
  }
  return context;
}


public final IPersonRemoteService getPersonService() {
  return (IPersonRemoteService) getContext().
      getBean("personService");
}
}
```

Ein positiver Nebeneffekt ist dabei, dass der Zugriff auf den Spring Application Context gekapselt ist und die Bean-ID des Service lediglich ein einziges Mal im Code verwendet wird. Die Referenz auf den Service Proxy kann dann durch einen einfachen Aufruf der entsprechenden *Getter*-Methode erfragt werden:

```
personService = ClientServiceLocator.instance().getPersonService();
```

Die Verwendung des ClientServiceLocators ist explizit und lässt sich sehr einfach verwalten. Er ist sehr gut als Schnittstelle für die Client-Entwickler geeignet, da er von der verwendeten Technik Spring wegabstrahiert. Die im Spring Application Context deklarierten Service Proxys erscheinen durch den `ClientServiceLocator` nach außen als vollwertige Services mit dem sie umhüllenden Interface.

9.3.5 Service Proxys im OSGi-Kontext

Die zweite Variante, auf die Service Proxys zuzugreifen, verwendet den OSGi-Kontext des Clients. Ziel ist, die Verwaltung des Spring Application Contexts nicht mehr manuell zu verwalten, sondern mit dem OSGi-Kontext zu koppeln. Notwendigerweise geht diese Variante allerdings davon aus, dass der Client *Spring Dynamic Modules* (Spring DM) verwendet. Damit gestaltet sich das Bundle *net.sf.dysis.core.client* ein wenig anders. Zum einen definiert es nunmehr Abhängigkeiten zu den offiziellen Spring DM Library Bundles, nicht mehr zum Spring Library Bundle. Der Spring Application Context wird in diesem Szenario von den Spring DM Bundles verwaltet. Die Kontext-XML-Datei aus Listing 9.5 auf Seite 178 muss dafür im Verzeichnis *META-INF/spring* liegen, damit sie von Spring DM gefunden wird. Abbildung 9-2 auf der nächsten Seite zeigt das *net.sf.dysis.core.client* Code Bundle und die Spring DM Library Bundles für dieses Szenario.

Die Veröffentlichung der in der Kontext-XML-Datei liegenden Service Proxys über den OSGi-Kontext erfolgt über die zweite XML-Datei im *META-INF/spring*-Verzeichnis. Die Datei *applicationContext-client-osgi.xml*, die in Listing 9.8 dargestellt ist, definiert die OSGi-Services, die durch die Spring Beans repräsentiert werden.

Listing 9.8
Die clientseitige
Spring-Kontext-XML-
Datei zum Registrieren
der Services im
OSGi-Kontext

```
<beans xmlns="http://www.springframework.org/schema/beans"
  xmlns:xsi="http://www.w3.org/2001/XMLSchema-instance"
  xmlns:osgi=
    "http://www.springframework.org/schema/osgi"
  xsi:schemaLocation=
    "http://www.springframework.org/schema/beans
http://www.springframework.org/schema/beans/spring-beans.xsd
http://www.springframework.org/schema/osgi
http://www.springframework.org/schema/osgi/spring-osgi.xsd">

  <!-- Der OSGi-Service mit Referenz auf den Service Proxy -->
  <osgi:service
      id="personRemoteServiceOSGi"
      ref="personRemoteService"
      interface="net.sf.dysis.resource.core.service.
          IPersonRemoteService">
  </osgi:service>

</beans>
```

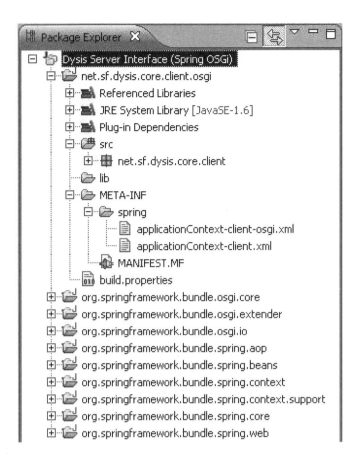

Abb. 9-2
*Das Code Bundle
enthält bei der
Nutzung des OSGi-Bus
für den Zugriff auf die
Service Proxys lediglich
noch die
Kontext-XML-Dateien.*

Spring DM sorgt automatisch dafür, dass die mit dem Namespace *osgi:service* versehenen Spring Beans als OSGi-Service registriert werden. `ref="personRemoteService"` verweist dabei auf die in der applicationContext-client.xml definierte Spring Bean. Es ist auch möglich, die Bean-Definitionen in einer einzigen Kontext-XML-Datei zusammenzufassen, was ich allerdings aus Gründen der Veranschaulichung hier nicht getan habe.

Verweis auf eine Spring Bean

An den Stellen, an denen ein Service Proxy benötigt wird, kann so über den OSGi-Kontext auf ihn zugegriffen werden. Zur Vereinfachung empfiehlt sich eine generische Methode auf dem `Activator` des jeweiligen Bundles. Listing 9.9 auf der nächsten Seite zeigt die `getService(Class)`-Methode, die den Service über den OSGi `BundleContext` bereitstellt.

Listing 9.9
Die getService(Class)-
Methode greift auf den
BundleContext zu, um
den gewünschten
Service bereitzustellen.

```
public <ServiceType> ServiceType getService(
    Class<ServiceType> clazz) {
  ServiceReference serviceReference = getBundle().getBundleContext
      ().getServiceReference(clazz.getName());
  return (ServiceType) getBundle().getBundleContext().getService(
      serviceReference);
}
```

An den benötigten Stellen kann so über den Activator auf den Service Proxy zugegriffen werden:

```
personService = Activator.getDefault().getService(
    IPersonRemoteService.class);
```

Die Nutzung des OSGi-Kontexts für den Zugriff auf die Service Proxys ist deutlich eleganter als die Verwendung des ServiceLocator-Entwurfsmusters. Die Verlagerung der Verwaltung des Spring Application Contexts zu Spring DM ist sehr attraktiv und bequem. Die einzige Aufgabe besteht darin, die Service Proxys per Konfiguration als OSGi-Service zu exportieren. Spring bleibt darüber hinaus weiterhin unsichtbar für den Client-Entwickler, da er seine Service Proxys über den OSGi-Kontext bezieht.

9.3.6   Clientseitige Dependency Injection

Die beiden ersten Varianten, den Client mit dem Service zu verbinden, hatten den Effekt, dass die eigentliche Remoting-Technik vor dem Client versteckt wird. Nun bietet Spring allerdings eine Vielzahl von Features, die ggf. auf der Clientseite explizit verwendet werden sollen. Für den Zugriff auf die Service Proxys wäre das beispielsweise die Dependency Injection. Somit müsste eine Komponente nicht aktiv einen Lookup auf einen Service Proxy tätigen, die Service-Proxy-Referenz würde durch Spring bei Initialisieren des Spring Application Contexts automatisch injiziert und wäre verfügbar.

Automatisches Injizieren von benötigten Services

Beispiel

Ich möchte dies am Beispiel eines IDataProviders für den Zugriff auf den IPersonRemoteService zeigen. Der IDataProvider kapselt dabei den Zugriff auf das Backend, um transparent ein clientseitiges Caching bereitzustellen. Intern verwendet ein IDataProvider einen Service Proxy, um auf die Daten im Backend zuzugreifen. Abbildung 9-3 auf der nächsten Seite zeigt die Deklaration des PersonDataProviders, der intern den IPersonRemoteService zum Arbeiten benötigt.

IDataProvider werden also über die Extension Registry erzeugt und verwaltet, da sie über eine *Extension* registriert werden. Dies steht zunächst im Konflikt zum Spring Container, der selbst die Kontrolle über die von ihm zu verwaltenden Spring Beans benötigt. Wie ist es also möglich, den `PersonDataProvider` unter die Kontrolle des Spring Containers zu bringen und ihn gleichzeitig über die Extension deklarierbar zu gestalten?

Eclipse kennt für die Instanziierung von Extensions das Konzept der Extension Factory. Hierzu muss das Interface `IExecutableExtensionFactory` implementiert werden. Die Eclipse-API-Dokumentation äußert sich zum Interface `IExecutableExtensionFactory` folgendermaßen:

Extension Factory

»This interface allows extension providers to control how the instances provided to extension-points are being created by referring to the factory instead of referring to a class. [...] Effectively, factories give full control over the create executable extension process.«

Eine `IExecutableExtensionFactory` machte es so möglich, die eigentliche Zielklasse der Extension, beispielsweise einen `DataProvider`, einen View oder auch eine Action, nicht über die Extension Registry erzeugen zu lassen, sondern aus einem Spring Application Context zur Verfügung zu stellen. Dabei setze ich die von Martin Lippert und Heiko Seeberger implementierte `SpringExtensionFactory` des *org.eclipse.springframework.util* Bundles [15] ein, die genau dieses tut. Schauen wir uns an, wie das schlussendlich funktioniert.

*Extension Registry und
Spring Application
Context verbinden*

Grundsätzlich orientiert sich diese Variante am vorherigen Beispiel. Die Service Proxys werden also mittels Spring DM über den OSGi-Kontext exportiert. Das Code Bundle *net.sf.dysis.resource.ui* beherbergt den `PersonDataProvider` und greift im Ursprungszustand über den Activator auf den benötigten Service Proxy zu.

```
public Object getData(IKey key) {
  assert key instanceof PrimaryKey;
  PrimaryKey primaryKey = (PrimaryKey) key;
  try {
    return Activator.getDefault().getService(
      IPersonRemoteService.class).load(
      primaryKey.getPrimaryKey());
  }
}
```

*Listing 9.10
Der PersonData
Provider benutzt die
getService(Class) des
Activators, um auf den
von ihm benötigten
IPersonRemoteService
zugreifen zu können.*

```
catch (Exception exception) {
  logger.info(exception.getMessage(), exception);
  return null;
  }
}
```

Der erste Schritt besteht nun darin, den `PersonDataProvider` dem Spring Container als Bean bekannt zu machen. Der Übersicht halber geschieht dies in einer separaten Kontext-XML-Datei *dataProviderContext.xml*, die nun im *META-INF/spring*-Verzeichnis des Bundles *net.sf.dysis.resource.ui* liegt. Diese Kontext-XML-Datei wird beim Starten automatisch von Spring DM gefunden und für den Spring Application Context des Bundles verwendet. Die Datei definiert zum einen den `PersonDataProvider` als Spring Bean, zum anderen definiert sie eine Referenz auf den im OSGi-Kontext vorhandenen `IPersonRemoteService` und setzt ihn als Property des `PersonDataProviders`. Listing 9.11 zeigt die Datei *dataproviderContext.xml*.

Listing 9.11
Der
PersonDataProvider
wird in einer
Kontext-XML-Datei mit
einem Verweis auf den
benötigten
IPersonServiceRemote
deklariert.

```
<beans xmlns="http://www.springframework.org/schema/beans"
  xmlns:xsi="http://www.w3.org/2001/XMLSchema-instance"
  xmlns:osgi=
    "http://www.springframework.org/schema/osgi"
  xsi:schemaLocation="http://www.springframework.org/schema/beans
  http://www.springframework.org/schema/beans/spring-beans.xsd
  http://www.springframework.org/schema/osgi
  http://www.springframework.org/schema/osgi/spring-osgi.xsd">

  <!-- Die Referenz auf den OSGi-Service -->
  <osgi:reference
      id="personRemoteServiceOSGi"
      interface="net.sf.dysis.resource.core.service.
        IPersonRemoteService"/>

  <!-- Der IDataProvider mit dem OSGi-Service als Property -->
  <bean id="personDataProvider" class="net.sf.dysis.resource.ui.
      dataprovider.PersonDataProvider">
    <property name="personRemoteService"
        ref="personRemoteServiceOSGi"/>
  </bean>

</beans>
```

Beim Starten des Bundles *net.sf.dysis.resource.ui* wird nun die Kontext-XML-Datei gelesen und die definierten Beans erzeugt. Die `PersonDataProvider` Spring Bean trägt nun den vom Bundle *net.sf.dysis.core.client* deklarierten OSGi-Service als Property.

Nun fehlt lediglich die Verbindung der Extension mit der im Spring Container vorhandenen Bean. Hierfür verwenden wir die beschriebene `SpringExtensionFactory`. Um diese verwenden zu können, muss dem *net.sf.dysis.resource.ui* eine Dependency auf das Bundle *org.eclipse.springframework.util* spendiert werden. Die `SpringExtensionFactory` wird dabei einfach in der Extension als Zielklasse deklariert. Als Hinweis, welche Bean aus dem Spring Container an dieser Stelle referenziert wird, dient das Suffix `:<Bean-Id>`. Somit steht in diesem Fall in der Extension *org.eclipse.springframework.util.SpringExtensionFactory:personData-Provider* als Wert für das *class*-Attribut. Abbildung 9-4 zeigt die modifizierte Extension für den `PersonDataProvider`.

Der Zugriff auf den `IPersonRemoteService` im `PersonDtaProvider` erfolgt nun über das von Spring DM per Dependency Injection gefüllte Feld *personRemoteService*.

```
public Object getData(IKey key) {
  assert key instanceof PrimaryKey;
  PrimaryKey primaryKey = (PrimaryKey) key;
  try {
    return personRemoteService.load(primaryKey.getPrimaryKey());
  }
  catch (Exception exception) {
    logger.info(exception.getMessage(), exception);
    return null;
  }
}
```

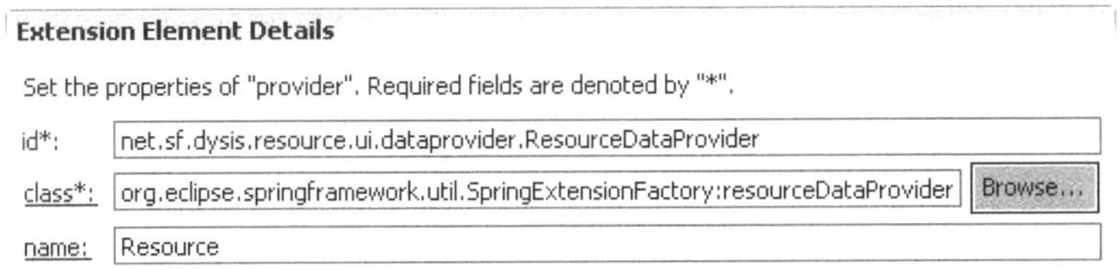

Listing 9.12
Der PersonDataProvider benutzt nun das initialisierte Feld personRemoteService, um auf den von ihm benötigten IPersonRemoteService zugreifen zu können.

Extension Element Details

Set the properties of "provider". Required fields are denoted by "*".

id*: `net.sf.dysis.resource.ui.dataprovider.ResourceDataProvider`

class*: `org.eclipse.springframework.util.SpringExtensionFactory:resourceDataProvider` `Browse...`

name: `Resource`

Abb. 9-4
Die Extension für den PersonDataProvider verweist nun auf die SpringExtensionFactory. Diese stellt die PersonDataProvider aus dem Spring Container zur Verfügung, welcher über Dependency Injection bereits mit einem IPersonRemoteService ausgestattet ist.

Zu beachten ist lediglich, dass die mittels `SpringExtensionFactory` in Extensions referenzierten Spring Beans auch im selben Bundle in einer Kontext-XML-Datei definiert sein müssen.

Die Verwendung von clientseitiger Dependency Injection macht es möglich, sämtliche Stärken des Spring Frameworks auch clientseitig zu verwenden, wenn es denn gewünscht ist. Leider ist dazu derzeit (noch) ein etwas höherer Aufwand notwendig, und auch die Konfiguration der Extensions in der plugin.xml wirkt etwas ungewohnt.

9.4 OSGi Remoting

Neben dem sehr ausführlich beschriebenen Spring Remoting möchte ich an dieser Stelle noch kurz auf das OSGi Remoting eingehen. Die Spezifikation der OSGi-Plattform [22] ist hierzu noch vergleichsweise jung, jedoch hat eine plattformspezifische Lösung bei einer homogenen Umgebung durchaus Charme.

Das Spring Remoting bietet für Enterprise-Eclipse-RCP-Anwendungen für den überwiegenden Teil der Infrastrukturen in Unternehmen eine zweifelsfrei sehr gute Lösung. In den meisten Fällen muss ein Eclipse-RCP-Client an sein auf einem Applikationsserver deploytes Backend angebunden werden. Die Plattform des Servers, der Application- bzw. Webcontainer, unterscheidet sich also von der *Kopplung von Client* Plattform des Eclipse-RCP-Clients. Wenn aber nun auch der Serverteil *und Server auf Basis* OSGi als Plattform verwendet wird, dann ist die Kopplung des Clients *von OSGi* an den Server auf Ebene von OSGi eine sehr attraktive Alternative.

Der Draft der Spezifikation der Version 4.2 der OSGi-Plattform *Distributed OSGi* beinhaltet das sogenannte *Distributed OSGi*. Hier können laut Spezifikation OSGi-Services im OSGi-Kontext registriert und gleichzeitig über die OSGi-Plattform exportiert werden. In der Referenzimplementierung sieht ein Export für den FooService über das Interface IFooService mittel SOAP wie folgt aus:

Listing 9.13
Export des FooService
über das IFooService
Interface als
Distributed-OSGi-
Service

```
Dictionary<String, String> properties =
    new Hashtable<String, String>();
properties.put("osgi.remote.interfaces", "*");
serviceRegistration = getBundleContext().registerService(
    IFooService.class.getName(), new FooService(), properties);
```

Für die Parameter wie Protokoll oder Adresse existieren Default-Werte. Die OSGi-Plattform kümmert sich dann um alles Weitere. Der Client definiert für den Zugriff auf diesen entfernten OSGi-Service die Verbindungsparameter, welche vom OSGi-Kontext bei Zugriff auf den Service genutzt werden. Diese Parameter sind dann laut Spezifikation in der Datei *remote-services.xml* im *OSGI-INF/remote-service*-Ordner des nutzenden Bundles definiert.

```
<service-descriptions
   xmlns="http://www.osgi.org/xmlns/sd/v1.0.0">
  <service-description>
    <provide interface="test.osgi.remote.IFooService"/>
    <property name="osgi.remote.interfaces">*</property>
    <property name="osgi.remote.configuration.type">
        pojo
    </property>
    <property name="osgi.remote.configuration.pojo.address">
        http://localhost:9000/test/osgi/remote/IFooService
    </property>
  </service-description>
</service-descriptions>
```

Listing 9.14

Im Client werden für das IFooService Interface als Distributed-OSGi-Service die notwendigen Parameter in der remote-services.xml-Datei spezifiziert.

Auch hier sorgt die OSGi-Plattform für alles Weitere, damit der Service verwendet werden kann. Die Referenzimplementierung auf Basis von Apache CXF ist noch nicht released. Man darf aber durchaus gespannt sein, wie sich dieser Prozess um Distributed OSGi und damit auch um den Einsatz von OSGi auf der Serverseite fortsetzt.

10 Nichtfunktionale Anforderungen

> *»Menschen stolpern nicht über Berge,*
> *sondern über Maulwurfshügel.«*
>
> —*Konfuzius (551–479 v. Chr.), chin. Philosoph*

Anforderungen an eine Softwarelösung lassen sich grundsätzlich in zwei Kategorien teilen, die funktionalen und die nichtfunktionalen Anforderungen. Die funktionalen Anforderungen sind meist sehr spezifisch und daher individuell. Nachdem sich die vorangegangenen Kapitel mit eher funktionalen Anforderungen beschäftigt haben, geht dieses Kapitel auf allgemeine nichtfunktionale Anforderungen an eine verteilte Software ein. Die Hauptthemen sind dabei die Punkte Verfügbarkeit, Performance und Sicherheit, die jeweils in einem eigenen Abschnitt erörtert werden.

10.1 Verfügbarkeit

Verfügbarkeit ist für Unternehmensanwendungen von essenzieller Bedeutung. Rich Clients haben gegenüber Webanwendungen den Vorteil, dass sie auch laufen, wenn der Server nicht verfügbar ist. Diesen Vorteil kann man unter bestimmten Voraussetzungen ausnutzen. Dies wird landläufig als Offline-Fähigkeit bezeichnet. Darüber hinaus hat man immer auch die Möglichkeit, den Server mit einer höheren Verfügbarkeit auszustatten, z.B. durch Clustering. Dies hat jedoch Auswirkungen auf die Architektur, z.B. ist Clustering einfacher, wenn der Server zustandslos ist. Ist er zustandsbehaftet, muss darauf geachtet werden, dass es eine Session gibt, die zwischen den Servern repliziert wird.

10.1.1 Clustering

Um serverseitig eine hohe Verfügbarkeit einer Anwendung zu erreichen, ist Clustering ein bewährtes Mittel. Im Webumfeld stellen sich hier besondere Herausforderung, da der Server hier zustandsbehaftet arbeitet. *Zustand*
So muss die Client-Session für den Betrieb im Cluster konfiguriert und

verwaltet werden. Dies ist durchaus möglich, allerdings nicht ganz trivial und einigermaßen fehleranfällig.

Im Rich-Client-Umfeld gestaltet sich die Sache deutlich leichter. Die Session muss hier nicht serverseitig gehalten werden, da der Client selber den Zustand innehat. Die in der Session anhängigen Informationen, wie beispielsweise ein Authentifizierungstoken, liegen beim Client und können bei Bedarf beim Zugriff auf den Server mit übermittelt werden. Serverseitig bedeutet dieses Vorgehen, dass jeder Zugriff auf den Server authentifiziert werden muss. Das hört sich allerdings schlimmer an, als es ist, da hierfür auch die Kombination aus Authentifizierungstoken und Persistenzschicht, also die Datenbank, verwendet werden kann. Eine Authentifizierung erfolgt somit lediglich beim ersten Zugriff, danach reicht für die Dauer der Anmeldung bzw. des Lease das Prüfen des Tokens.

10.1.2 Offline-Fähigkeit

Um die Abhängigkeit des Clients vom Server zu reduzieren, besteht die Möglichkeit, eine Untermenge der Funktionen des Clients auch ohne Server ausführbar zu machen. Die Manipulationen am Client werden dann bei wieder bestehender Verbindung zum Server mit selbigem synchronisiert. Lediglich ein Teil der Funktionen des Clients kann aber tatsächlich offlinefähig gemacht werden, dennoch ist es bei bestimmten Funktionen (Datenerfassung, Statusmeldungen etc.) durchaus möglich und sinnvoll.

Lokale Datenbank

Eine Möglichkeit, offlinefähige Elemente zu implementieren, ist, eine lokale Datenbank zu verwenden. Diese beinhaltet den Auszug der serverseitigen Datenbank, der notwendig ist, um die entsprechenden Funktionen ausführen zu können. Dieser Auszug besteht meist aus Stammdaten, die als Attribute für die zu erfassenden Informationen dienen. Dabei werden genauer gesagt die für die Funktionen benötigten Informationen erfasst und in der lokalen Datenbank gespeichert. Bei wiederhergestellter Verbindung mit dem Server wird mit den gespeicherten Informationen die entsprechende serverseitige Funktion aufgerufen. Bei dieser Variante sind einige Punkte zu beachten.

Auszüge von Stammdaten verwenden

Geschäftslogik Die serverseitig bereitgestellten Funktionen bilden die Geschäftslogik der Anwendung. Diese Geschäftslogik sollte, um die Stringenz der Architektur zu wahren, ausschließlich auf dem Server zur Verfügung stehen. Die Verwendung einer lokalen Datenbank beinhaltet für die schreibenden Funktionen somit lediglich das Ablegen der offline erfassten Daten. Die Synchronisation der lokalen Datenbank in die serverseitige Datenbank beinhaltet dann die Verwendung der serverseitigen Geschäftslogik mit den offline erfassten Daten. Auch für den lesenden Zugriff ist häufig komplizierte Logik notwendig. Es ist auch hier unter allen Umständen zu vermeiden, Geschäftslogik auf dem Client vorzuhalten.

Größe der lokalen Datenbank Um die Operationen auf der lokalen Datenbank durchführen zu können, sind ggf. sehr große Mengen an Daten notwendig. Dies stellt besondere Anforderungen an die clientseitige Hardware und die benötigten Ressourcen.

Traffic zur Datensynchronisation Die Synchronisation der lokalen Datenbank mit der Serverdatenbank bezüglich der benötigten Informationen kann sehr hoch sein.

Das Command-Entwurfsmuster

Als Alternative oder Erweiterung zur lokalen Datenbank kann auch das sogenannte *Command-Entwurfsmuster* verwendet werden. Ein Command ist vergleichbar mit einer Message und repräsentiert einen Serviceaufruf mitsamt der Parameter. Bei bestehender Verbindung zum Server werden Serviceaufrufe repektive der Command normal synchron abgearbeitet. Sollte die Verbindung allerdings unterbrochen werden, dann werden die entsprechenden Commands clientseitig abgelegt. Bei Wiederherstellung der Verbindung zum Server werden die in der Zwischenzeit abgelegten Commands der Reihe nach abgearbeitet.

Serviceaufrufe als Commands abarbeiten

Dieses Vorgehen kann in einigen Fällen die Verwendung einer lokalen Datenbank beihalten, da auch für Commands gewisse zusätzliche Informationen benötigt werden.

10.2 Performance

In Enterprise-Eclipse-RCP-Anwendungen werden meist große Datenmengen verarbeitet. Insbesondere bei der Verwendung von Nachschlagelisten oder Ad-hoc-Validierungen kann es notwendig sein, große Datenmengen auf den Client zu übertragen, um sie dort für den zügigen Aufbau des UI nutzen zu können. Somit kommt bei bestimmten Anwendungsfällen auch dem Client als Präsentationsschicht eine wichtige Rolle in Bezug auf die Performance zugute.

Datenmengen übertragen

10.2.1   Granularität der Kommunikation

Bewusste Kommunikation

Die Art und Weise, wie der Client mit dem Server redet, hat selbstverständlich einen erheblichen Einfluss auf die Menge der ausgetauschten Informationen. Für die richtige Granularität gibt es allerdings kein Patentrezept. Sie ist typischerweise ziemlich stark abhängig von der fachlichen und technischen Domäne. Grundsätzlich sollten Aufrufe zum Server mit Bedacht erfolgen, sie sollten nicht zu feingranular sein. Zu feingranulare Aufrufe bringen einen massiven Kommunikationsoverhead mit sich und wirken sich so negativ auf die Performance aus. Allerdings ist es auch nicht ratsam, eine riesige Menge an Daten clientseitig erfassen und dann in einem mächtigen Serviceaufruf abarbeiten zu lassen. Hier leidet die Bedienbarkeit des Clients. Wie immer liegt der richtige Weg irgendwo in der Mitte. Serviceaufrufe sollten im Regelfall eine sinnvolle Menge an Funktionen bündeln, allerdings auch so granular gestaltet sein, dass eine Wiederverwendung möglich ist.

10.2.2   Datentransport

Trotz einer guten Granularität der Kommunikation kommt ein Client nicht umhin, mit dem Server Daten auszutauschen. Auch hier gibt es Aspekte, die dazu führen, dass die Kommunikation effizient oder ineffizient erfolgt.

Kommunikationsobjekte

DTO-Entwurfsmuster

In Bezug auf den Datentransport muss beachtet werden, welche Daten tatsächlich übertragen werden. Hierbei soll auf das *Data Transfer Object*-Entwurfsmuster (DTO-Entwurfsmuster) [32] verwiesen werden. Dieses Entwurfsmuster sieht für den Transport von Informationen leichtgewichtige Objekte vor. Leichtgewichtig beinhaltet hierbei mehrere Charakteristiken:

Aspekte zur Leichtgewichtigkeit von DTOs

- Ein DTO beinhaltet ausschließlich Daten, keine Funktionen auf selbigen.
- Ein DTO ist als Plain Old Java Object (POJO) implementiert, es hat also keinerlei Referenzen auf externe Bibliotheken.
- Ein DTO beinhaltet für den Kontext spezifische Daten.

O/R Mapper

Gängige O/R Mapper wie Hibernate oder Toplink arbeiten bereits mit leichtgewichtigen Objekten. Diese Persistenzobjekte würden sich also prinzipiell für den Transport zum Server eignen. Drei Aspekte sprechen jedoch in vielen Fällen gegen eine direkte Verwendung dieser Objekte.

Architektur Ein wesentlicher Grundsatz der Architektur ist die strikte Trennung der einzelnen Schichten der Architektur. Die Verwendung von Objekten der Persistenzschicht im Client bricht genau mit diesem Grundsatz.

Aspekte gegen die Verwendung von Persistenzobjekten im Client

Abhängigkeiten Mit der Einführung von Annotations bieten O/R Mapper häufig die Möglichkeit, die Persistenzinformationen anstelle von XML direkt als Annotation in den Objekten selbst zu definieren. Damit verlieren die Objekte jedoch den Status *POJO*, da sie so explizit eine Abhängigkeit zum O/R Mapper definieren. Die Verwendung dieser Objekte im Client würde demzufolge das Vorhandensein der O/R-Mapper-Bibliotheken bedingen, was ebenfalls einen Bruch der Architektur darstellen würde.

Annotations

Datenmenge Grundsätzlich entsprechen die Objekte der Persistenzschicht, also den Tabellen der verwendeten Datenbank. Damit beinhalten sie aber ggf. auch Daten, die für den jeweiligen Kontext nicht relevant sind. Auch hier existiert die Differenz zum DTO-Entwurfsmuster, da nicht benötigte Daten überflüssigerweise transportiert würden.

Die genannten Aspekte sind jedoch jeweils im Detail zu prüfen. In einigen Fällen, gerade in der Bearbeitung von Daten, ist es ggf. durchaus sinnvoll, den serverseitigen Transformationsprozess vom Persistenzobjekt zum passenden DTO zu vermeiden und direkt mit dem Persistenzobjekt zu arbeiten. Dabei ist es jedoch zwingend erforderlich, dass es keine Abhängigkeiten zu den Persistenzbibliotheken gibt und dass ein wesentlicher Prozentsatz der übertragenen Daten auch tatsächlich benötigt wird. In diesem Fall ist der Bruch der Architektur gegen den Mehraufwand des zusätzlichen Prozessschritts der Transformation aufzuwiegen.

Serverseitige Transformation

Komprimierung

Neben der Einschränkung der zu übertragenden Nutzdaten bietet die Übertragung selbst Potenzial für Performanceverbesserungen. Die übertragenen Daten unterteilen sich bekanntlich in Nutzlast und protokollspezifische Informationen. Protokolle wie HTTP bieten für den Nutzlastanteil transparente Komprimierungsmechanismen an. So wird vor der Übertragung auf dem Protokolllayer die Nutzlast gepackt und nach Empfang wieder entpackt. Bei der Verwendung von Objektserialisierung ist das Komprimierungspotenzial sehr hoch, so dass mit diesem Verfahren die tatsächlich übertragene Nutzlast stark reduziert werden kann. Auch hier gilt es, die zusätzliche Laufzeit für den Prozessschritt

Die Nutzlast komprimieren

der Komprimierung gegen die Verkürzung der Übertragungszeit und die Reduzierung der Netzlast aufzuwiegen.

10.2.3 Serverseitiges Caching

Die beste Art, das Laden von Daten zu beschleunigen, ist, das Laden durch Wiederverwendung zu vermeiden. Im Allgemeinen wird diese Strategie als Caching bezeichnet. Unabhängig von der Art des Präsentationlayers, also Web oder Rich Client, bieten die gängigen O/R Mapper unterschiedliche Caching-Mechanismen, die sich transparent in die Verwendung integrieren. Sowohl der Firstlevel-Cache, der für die Transaktion die Wiederverwendung von bereits geladenen Objekten ermöglicht, als auch der Second-level-Cache, der transaktionsübergreifend Objekte bereitstellt, wirken sich positiv auf die Laufzeit von Funktionen aus.

Neben den Out-of-the-Box-Lösungen ist auch eine eigene Caching-Implementierung denkbar. So kann dies beispielsweise als Crosscutting-Concern aspektorientiert um die jeweiligen Zugriffe umgesetzt werden. Spring AOP oder AspectJ bieten hier sehr elegante und verlässliche Möglichkeiten, mit Aspekten zu arbeiten.

10.2.4 Clientseitiges Caching

Genau wie auf der Serverseite ist Caching auf der Clientseite ein probates Mittel, die Anzahl der Zugriffe auf Daten vom Server zu reduzieren. Anders als auf dem Server spielt hier allerdings die physikalische Entfernung zur datenhaltenden Schicht eine nicht zu vernachlässigende Rolle. Zudem existieren hierfür keine integrierten Lösungen seitens der O/R Mapper, das Caching muss demzufolge selbst implementiert werden. Grundsätzlich arbeitet ein clientseitiges Caching ähnlich wie das serverseitige Caching. Im Folgenden wird eine Referenzimplementierung beschrieben, die ebenfalls Bestandteil der Dysis-Distribution ist und auch für andere Anwendungen verwendet werden kann.

Ein Anwendungsbeispiel

Eine einfache Anwendung stellt in einem View eine Liste mit Kontaktdaten dar. Per Doppelklick auf einen Kontakt wird der korrespondierende Editor geöffnet, in dem die Kontaktdaten bearbeiten werden können. So weit, so gut. Als Attribute eines Kontakts nehmen wir den Namen, E-Mail und Adressdaten mit Straße, Postleitzahl und Ort an. Prinzipell ist dieser Editor sehr einfach aufgebaut, interessant wird es jedoch dann, wenn man die Eingabe des Ortes bzw. der Postleitzahl mit

Autovervollständigung unterstützen oder durch ein Combo Widget abbilden möchte. Der Client muss in diesem Fall entweder die Gesamtmenge oder eine Teilmenge der Ortsdaten zur Verfügung haben. Sicherlich, es wäre möglich, die Informationen situativ zu laden. Bei der Autovervollständigung beispielsweise ginge dies nach Manipulation des Präfix im Text-Widget. Dieses Vorgehen führt jedoch zu einer intensiven Kommunikation mit dem Server. Dabei ist ebenfalls zu bedenken, dass es mehrere parallel geöffnete Editoren geben kann und ein situatives Laden der Daten in diesem Fall redundant durchgeführt werden würde. Die Daten würden damit, wenn auch nur temporär, für jeden Editor gehalten, was zu einem erhöhten Speicherbedarf führen kann. Es erscheint also sinnvoll, die Daten clientseitig an einer Stelle zu cachen und dann in den einzelnen Editoren wiederzuverwenden.

Eingabeunterstützung durch Autovervollständigung oder Combo Widget

Parallel geöffnete Editoren

Funktionen

Um Daten wiederverwendbar vorzuhalten, ist es notwendig, an bestimmten Stellen Einfluss auf den Datenzugriff zu erlangen. An diesen Stellen wird ein transparenter Mechanismus eingebunden, welcher, anhand konfigurierbarer Parameter, das Caching implementiert. Diese Stellen sind im Folgenden beschrieben:

Laden von Einzelsatzdaten Clientseitiges Caching erfordert zunächst einen Mechanismus, der die Möglichkeit bietet, die gewünschten Daten vom Server zu laden. Das Caching kann dann optional in diesen Mechanismus eingehängt werden, wobei im Idealfall die tatsächliche Caching-Implementierung für jeden Cache-Eintrag flexibel bleibt, um unterschiedliche Objekte passend zu verwalten.

Funktionen eines clientseitigen Caches

Laden von Listen Zusätzlich zum Laden von Einzelsatzdaten müssen Listen geladen werden. Listen können beispielsweise aus einer Suche hervorgehen oder auch aus einem einfachen »load all«. Dabei ist es wünschenswert, den Inhalt der Listen, also die einzelnen Sätze, ebenfalls gegen den Inhalt des Caches zu prüfen und diesen ggf. zu aktualisieren. Dabei soll natürlich ebenfalls das Ergebnis, also die retournierte Menge an Einzelsatzdaten, ebenfalls gecached werden können.

Schreibender Zugriff auf Einzelsatzdaten Es gibt Objekte, die, obwohl clientseitig gecached, auch clientseitig manipuliert werden müssen. Die Cache-Implementierung muss demzufolge die Möglichkeit bieten, diese Manipulation dem Cache mitteilbar zu machen. Die Manipulation soll sowohl das Laden von Einzelsatzdaten als auch das Laden von Listen beeinflussen.

Arbeitsweise

Idealerweise ist eine Cache-Implementierung transparent für den Benutzer. Der Datenzugriff wird beim aktivierten Caching dann mit Berück-
sichtigung der clientseitig vorgehaltenen Daten gestaltet. Beim Lesen
eines Einzeldatensatzes sieht der Zugriff auf den Cache dann wie folgt
aus:

Schritte des Zugriffs
auf den Cache für
Einzelsatzdaten

■ Eintrag existiert nicht im Cache

1. Eintrag wird über die Serviceschicht geladen.
2. Metainformationen (letzter Zugriff etc.) werden angelegt.
3. Eintrag wird mit Metainformationen im Cache abgelegt.
4. Eintrag wird zurückgegeben.

■ Eintrag existiert im Cache und ist gültig

1. Metainformationen (letzter Zugriff etc.) werden aktualisiert.
2. Eintrag wird zurückgegeben.

■ Eintrag existiert im Cache und ist ungültig

1. Eintrag wird über die Serviceschicht geladen.
2. Metainformationen (letzter Zugriff etc.) werden aktualisiert.
3. Eintrag wird mit Metainformationen im Cache abgelegt.
4. Eintrag wird zurückgegeben.

Im Dysis-Code gestaltet sich ein Zugriff dann wie folgt:

```java
public Object getData(IKey key) {
  // get entry information
  CacheEntryInformation cacheEntryInformation = cacheInformationMap
    .get(key);
  if (cacheEntryInformation != null && !cachingStrategy.expired(key
    , cacheEntryInformation)) {
    // return cache entry on hit
    cacheEntryInformation.registerAccess();
    return (Object) cachingStrategy.getCachedData(key);
  }
  else {
    // load data with the DAO...
    Object data = adaptedDataProvider.getData(key);
    // ... and update cache on miss
    flushCacheForUpdate(key, data);
    return (Object) data;
  }
}
```

Für das Laden von Listen ist das Vorgehen ähnlich. Wünschenswert ist es jedoch, dass nicht die Liste als Ganzes verwaltet wird, sondern als Summe aus Einzelsätzen. Dieses Vorgehen erlaubt es, die Elemente der Liste synchron mit dem Cache für Einzeldatensätze und Modifikationen oder Aktualisierungen für die Liste transparent zu halten. Ein Zugriff auf den Cache für eine Liste sieht dann wie folgt aus:

■ Liste existiert nicht im Cache

Schritte des Zugriffs auf den Cache für Listen

1. Liste wird über die Serviceschicht geladen.
2. Metainformationen (letzter Zugriff etc.) werden angelegt.
3. Liste wird mit Metainformationen als Menge von Referenzen auf Einträge im Cache abgelegt.
4. Cache wird mit den in der Liste vorhandenen Einträgen aktualisiert.
5. Liste wird als Menge von Einträgen zurückgegeben.

■ Liste existiert im Cache und ist gültig

1. Metainformationen (letzter Zugriff etc.) werden aktualisiert.
2. Mit den gespeicherten Referenzen werden die Einträge aus dem Cache gelesen.
3. Liste wird als Menge von Einträgen zurückgegeben.

■ Liste existiert im Cache und ist ungültig

1. Liste wird über die Serviceschicht geladen.
2. Metainformationen (letzter Zugriff etc.) werden angelegt.
3. Liste wird mit Metainformationen als Menge von Referenzen auf Einträge im Cache abgelegt.
4. Cache wird mit den in der Liste vorhandenen Einträgen aktualisiert.
5. Liste wird als Menge von Einträgen zurückgegeben.

Der dazugehörige Code sieht im Dysis-Beispiel wie folgt aus:

```
public Collection getDataCollection(ICollectionKey collectionKey) {
  // get entry information
  CacheEntryInformation cacheEntryInformation = cacheInformationMap
      .get(collectionKey);
  if (cacheEntryInformation != null && !cachingStrategy.expired(
      collectionKey, cacheEntryInformation)) {
    cacheEntryInformation.registerAccess();
    // get the list of keys for the collection...
    Collection<IKey> collectionKeys = (Collection<IKey>)
        cachingStrategy.getCachedData(collectionKey);
```

```
Collection dataCollection = new ArrayList();
// ... reveal each collection entry from the cache
for (IKey key : collectionKeys) {
  dataCollection.add(getData(key));
}
// ... and return the collection of data on hit
return dataCollection;
}
else {
  // load collection of data with the DAO...
  Collection dataCollection = adaptedDataProvider.
      getDataCollection(collectionKey);
  Collection<IKey> collectionKeys =
      new ArrayList<IKey>();
  // ... and update cache with details...
  for (Object data : dataCollection) {
    // ... for each collection data element...
    IKey key = getKey(data);
    flushCacheForUpdate(key, data);
    collectionKeys.add(key);
  }
  // ... and the actual collection of keys on miss
  flushCacheForUpdate(collectionKey, collectionKeys);
  return dataCollection;
  }
}
```

Da nun sowohl Listen als auch Einzeldatensätze über den identischen Mechanismus verwaltet werden, vereinfacht sich auch das Propagieren einer clientseitigen Manipulation der vorgehaltenen Daten. Dies geschieht so an einer zentralen Stelle:

Schritte des Zugriffs auf den Cache zur Datenmanipulation

- Manipulation eines Eintrags

  1. Eintrag wird über die Serviceschicht gespeichert.
  2. Metainformationen (letzter Zugriff etc.) werden angelegt/aktualisiert.
  3. Cache wird mit dem manipulierten Eintrag aktualisiert.

Das Speichern gestaltet sich im Code wie folgt:

```
public Object putData(IKey key, Object data) {
  // save data with the DAO and update the cache
  Object savedData = adaptedDataProvider.putData(key, data);
  flushCacheForUpdate(key, savedData);
  return savedData;
}
```

Umsetzung

Im Folgenden wird die bereits durch die Codebeispiele teilweise vorgestellte Umsetzung für clientseitiges Caching vollständig erläutert. Die
maßgeblichen Eckpunkte sind dabei in den vorherigen Abschnitten beschrieben worden.

Der Realisierung eines Caches auf der Clientseite liegt hier ein Ansatz mit Verwendung von DAOs zugrunde. Als DAOs werden sogenannte IDataProvider als zusätzliche Schicht im Client verwendet. Im
Normalfall greift ein IDataProvider auf die Serviceschicht zu, um an die
Daten zu gelangen, im Prinzip ist dies also eine einfache Delegation.
Betrachtet man das API eines IDataProvider, fällt auch die Ähnlichkeit
zu einer DAO im Datenbankkontext auf.

Clientseitige DAOs

```
public interface IDataProvider {

  String getType();

  String getProviderGroup();

  Object getData(IKey key);

  Collection getDataCollection(ICollectionKey collectionKey);

  IKey getKey(Object data)

}
```

Listing 10.1
Das IDataProvider
Interface

Unterschieden werden zum einen der Zugriff auf Einzelsatzdaten
mittels der Methode String.getData(IKey key); und getDataCollecti-
on(ICollectionKey collectionKey); für den Zugriff auf Listen. Als Parameter dient in beiden Fällen ein Objekt des Typs IKey bzw. ICollection-
Key, das den Schlüssel für das jeweilige Objekt darstellt. Die Implementierung des IDataProvider löst dann den Schlüssel in den zugehörigen
Datensatz auf und stellt ihn über die Serviceschicht zur Verfügung.

```
public class ProjectDataProvider implements IWritableDataProvider {

  ...

  public Object getData(IKey key) {
    PrimaryKey primaryKey = (PrimaryKey) key;
    return Activator.getDefault().getService(IProjectRemoteService.
      class).load(primaryKey.getPrimaryKey());
  }
```

Listing 10.2
Der
ProjectDataProvider
implementiert den
Zugriff auf
ProjectDTO-Objekte.

```
public Collection getDataCollection(ICollectionKey collectionKey)
        {
  if (collectionKey == ICollectionKey.ALL) {
    return Activator.getDefault().getService(IProjectRemoteService
        .class).loadAll();
  }
  else{
    ...
  }
}


public IKey getKey(Object data) {
  ProjectDTO project = (ProjectDTO) data;
  return new PrimaryKey(project.getId());
}

public Object putData(IKey key, Object data) {
  ProjectDTO project = (ProjectDTO) data;
  return Activator.getDefault().getService(IProjectRemoteService.
      class).save(project);
}

...
}
```

Auf den ersten Blick mag diese zusätzliche Schicht unnötig erscheinen, da wie gesagt eine einfache Delegation auf die Serviceschicht im Backend stattfindet. Jedoch ermöglicht sie eine transparente Integration eines clientseitigen Caches. Um einen IDataProvider verwenden zu können, muss dieser zunächst über den Extension Point *dataprovider* registriert werden. Eine Registry sorgt dann für die Erzeugung und Initialisierung. Sie ist an dieser Stelle in der Lage, entsprechend der Konfiguration des DataProvider, anstelle des DataProvider einen Adapter zurückzugeben, der demselben Interface IDataProvider genügt, jedoch den konfigurierten Cache implementiert. Auszüge aus dem in Dysis verwendeten DataProviderAdapter sind bereits im Rahmen der Beschreibung der Arbeitsweise abgebildet. Der aufrufende Code bleibt somit von der Konfiguration des verwendeten DataProvider unberührt, und das Caching kann flexibel und transparent konfiguriert werden.

Einen Adapter zur Implementierung des Caches nutzen

Objekte im clientseitigen Cache

Sollten Sie sich für ein clientseitiges Caching entscheiden, dann ist es von wesentlicher Bedeutung, auf welche Objekttypen Sie tatsächlich über den Cache zugreifen.

Ob ein Objekttyp über einen Cache geladen wird, sollte zunächst von der Änderungsfrequenz abhängen. Das Cachen von Bewegungsdaten, die sich sehr frequent ändern, sollte, wenn, dann nur in sehr kurzen Perioden erfolgen. Sinnvoll ist dies dann auch nur, wenn clientseitig in kurzen Intervallen auf ein und dasselbe Objekt des Typs zugegriffen wird.

Bewegungsdaten

Für Bewegungsdaten existiert allerdings eine Ausnahme. Wenn sichergestellt ist, dass im Regelfall ein bestimmtes Objekt lediglich von einem einzelnen Benutzer bearbeitet wird, beispielsweise Aufträge eines bestimmten Nummernkreises, dann kann die Periode auch länger definiert werden. Die Änderungen sind, da sie in diesem Fall fast ausschließlich durch den verwendeten Cache erfolgen, auf dem Client des Benutzers verfügbar. Arbeiten allerdings mehrere Benutzer mit einem Objekt des Typs, dann ergibt sich hier die Gefahr von *stale data*, also veralteten Daten, aus dem Cache.

Bei Stammdaten, also Daten, die wenig oder gar nicht manipuliert werden, kann der Cache sehr gut verwendet werden. Die Periode kann dabei entsprechend der zu erwartenden durchschnittlichen Änderungsfrequenz gewählt werden. Dies kann von einer stündlichen über eine tägliche bis hin zu einer unendlichen Verweildauer eines Objekts im Cache reichen.

Stammdaten

10.3 Sicherheit

Security ist im Unternehmensumfeld ein wichtiges Thema. Neben den offensichtlichen Sicherheitsthemen Authentifizierung (Ist der Benutzer die Person, für die er sich ausgibt?) und Autorisierung (Welche Aktionen darf der angemeldete Benutzer ausführen und welche Daten darf er sehen bzw. bearbeiten?) ist das Thema Code- und Datensicherheit von Bedeutung. Hier stellt sich die Frage, wie schützenswerte Informationen verschlüsselt abgelegt werden können. Darüber hinaus gilt es sicherzustellen, dass der Code der Anwendung nicht verändert wurde.

10.3.1 Authentifizierung

Die Entscheidung, welches Architekturelement die Authentifizierung durchführt, ist verbunden mit der Entscheidung, welcher Architektur die Anwendung folgt. Entsprechend dem Fokus dieses Buchs wird hier auf die Authentifizierung in verteilten Systemen eingegangen.

Verteilte Systeme

Serverseitige Authentifizierung

Verteilte Systeme folgen im Allgemeinen einer Mehrschichtarchitektur. Da hier der Client lediglich die Präsentationsschicht repräsentiert, ist die Authentifizierung grundsätzlich ein serverseitiger Aspekt. Es ist nicht zu empfehlen, die Authentifizierung durch den Client selbst durchzuführen.

Die Authentifizierung besteht dabei aus zwei Elementen. Zu Beginn gibt es eine initiale Authentifizierung, das Login. Typischerweise erfolgt dies mit der Kombination aus Benutzername und Passwort. Im Normalfall benötigt die Prüfung dieser Informationen einige Zeit, da sie an Drittsysteme, beispielsweise über LDAP, weitergeleitet werden. Um zu vermeiden, dass diese Art der Authentifizierung bei jedem Request wiederholt werden muss, ist es üblich, mit einem Tokenmechanismus zu arbeiten. Der Token wird dem Client nach erfolgreichem Login zur Verfügung gestellt. Er zeigt eine vorherige erfolgreiche Authentifizierung an und kann anstelle der Kombination aus Benutzername und Passwort validiert werden.

Token

Login mittels Service

Typischerweise wird in diesem Szenario ein entsprechender Service bereitgestellt, der die Anmeldeinformationen vom Client verarbeitet. Zu beachten ist hierbei, mit welchem Protokoll der Client an den Server angebunden ist, da Anmeldeinformationen über unsichere Netze nicht im Klartext übertragen werden sollten. Nach erfolgreicher Authentifizierung wird dann ein entsprechendes Token an den Client geliefert. Listing 10.3 zeigt die von Dysis verwendete `internalLogin()`-Methode der `SessionService`-Klasse. Sie gibt bei einem erfolgreichen Login ein Token in Form einer eindeutigen *UUID* zurück.

Listing 10.3
Dysis prüft beim Login den Benutzernamen und das Passwort. Im Erfolgsfall wird ein Token in Form einer UUID zurückgeliefert.

```
/** {@inheritDoc} */
@Override
protected String internalLogin(String userid, String password) {
  String sessionid = null;
  PersonImpl personImpl = getPersonService().
      findByUserIdAndPassword(userid, password);
  if (personImpl != null) {
    SessionImpl sessionImpl = new SessionImpl();
    sessionImpl.setUserId(userid);
    sessionImpl.setSessionId(UUID.
        randomUUID().toString());
    sessionImpl.setLastAccess(new Date());
    sessionImpl = getSessionDAO().saveSession(sessionImpl);
    sessionid = sessionImpl.getSessionId();
```

```
    }
    return sessionid;
}
```

Unabhängig davon, ob der Server zustandsbehaftet oder zustandslos implementiert ist, kann dieses Token dann für die folgenden Anfragen zur Authentifizierung verwendet werden, um ein erneutes Prüfen der Anmeldeinformationen zu vermeiden. Im zustandsbehafteten Umfeld würde dieses Token idealerweise mit der entsprechenden Session verknüpft sein. Bei einem zustandslosen Backend, wie Dysis eines darstellt, kann dieses Token in der Persistenzschicht verwaltet werden. Wie auch im Listing zu sehen ist, nutzt Dysis hierfür die Entität Session.

Transparent authentifizieren

Der Authentifizierungsprozess sollte nach dem initialen Login beim Aufruf von Servicemethoden in der Folge in jedem Fall transparent umgesetzt werden. Dafür eignet sich sehr gut ein aspektorientierter Ansatz. *Aspektorientierung* Beispielhaft kann dieses Vorgehen am Spring Remoting gezeigt werden. Für die Remote-Kommunikation mittels HTTP Invoker wird hier eine Implementierung des AbstractHttpInvokerRequestExecutor verwendet. Diese Klasse wird auf der Clientseite im Spring Application Context verwendet, um das Spring Remoting nutzen zu können. Es existieren bereits Basisimplementierungen, die Authentifizierungsmechanismen, beispielsweise auf Basis des HTTP-Protokolls, implementieren. Es sind allerdings auch eigene Implementierungen möglich, die die benötigten Informationen in den HTTP Header einfügen.

Listing 10.4 zeigt mit dem Dysis HttpInvokerRequestExecutor ein einfaches Beispiel mit Verwendung der Basisimplementierungen SimpleHttpInvokerRequestExecutor. Die notwendigen Informationen werden in der Methode prepareConnection() in den HTTP Header eingefügt.

```
public class HttpInvokerRequestExecutor extends
        SimpleHttpInvokerRequestExecutor {

    /** The session id */
    private static String sessionId;

    /** The user id */
    private static String userId;

    ...

    protected void prepareConnection(HttpURLConnection connection,
            int contentLength) throws IOException {
```

*Listing 10.4
Einfügen von
Authentifizierungsin-
formationen in den
HTTP Header*

```
        super.prepareConnection(connection, contentLength);
        connection.setRequestProperty(IContextProvider.USER_ID, userId);
        connection.setRequestProperty(IContextProvider.SESSION_ID,
            sessionId);
        connection.setRequestProperty(IContextProvider.VERSION,
            Activator.getDefault().getBundle().getHeaders().get("Bundle
            -Version").toString());
    }


    ...


    public static void setUserId(String userId) {
        HttpInvokerRequestExecutor.userId = userId;
    }


    public static void setSessionId(String sessionId) {
        HttpInvokerRequestExecutor.sessionId = sessionId;
    }
}
```

Die entsprechenden Informationen *User ID* und *Session ID* können beim Start der Anwendung nach erfolgreicher Anmeldung am Server über die statischen Methoden gesetzt werden. Listing 10.5 zeigt die Methode authenticate() der Klasse AuthenticationProvider, die in der Dysis-Anwendung für die Authentifizierung zuständig ist.

Listing 10.5
Setzen der
Kontextinformationen
nach der
Authentifizierung

```
/** {@inheritDoc} */
public String authenticate(String username, String password) throws
        AuthenticationException {
    // use session service for login
    ISessionRemoteService sessionService = Activator.getDefault().
        getService(ISessionRemoteService.class);
    String sessionId = sessionService.login(username, password);

    // check whether login was successful
    if (sessionId != null) {
        // login succeeded
        // set the context information
        HttpInvokerRequestExecutor.setSessionId(sessionId);
        HttpInvokerRequestExecutor.setUserId(username);
        // return session id
        return sessionId;
    }
    // login failed
    throw new AuthenticationException(username);
}
```

...

Bei einem Serviceaufruf werden sie dann automatisch verwendet. Serverseitig kann deklarativ ein `MethodBeforeAdvice` vor die Services gelegt werden, der so vor der Delegation an die implementierende Bean befragt wird. Listing 10.6 zeigt die Deklaration der `SecurityAdvice`-Klasse, die dann als Aspekt um die Methodenaufrufe der entsprechenden Services herumgelegt wird.

```
<!-- The advice for the automatic authentication with context
    information. -->
<bean id="securityAdvice" class="net.sf.dysis.system.core.
    SecurityAdvice">
  <property name="contextProvider"
    ref="contextProvider"/>
</bean>
```

Listing 10.6
Deklaration des
SecurityAdvice

...

```
<!-- The remotely accessable proxy bean using the advice. -->
<bean id="projectRemoteService" class="org.springframework.aop.
    framework.ProxyFactoryBean">
  <property name="proxyInterfaces"
    value="net.sf.dysis.planning.core.service.
        IProjectRemoteService"/>
  <property name="target"
    ref="projectRemoteServiceTarget"/>
  <property name="interceptorNames">
    <list>
      ...
      <value>securityAdvice</value>
      ...
    </list>
  </property>
</bean>

<!-- The proxy's target bean. -->
<bean id="projectRemoteServiceTarget" class="net.sf.dysis.planning.
    core.service.ProjectRemoteServiceImpl">
  <property name="projectService"
    ref="projectService"/>
</bean>
```

Mittels Spring Dependency Injection erhält der `SecurityAdvice` einen `IContextProvider`, welcher die entsprechenden Informationen im Kontext des Methodenaufrufs bereitstellt. Das Auslesen der entsprechenden Information und das kontextabhängige Befüllen des `IContextPro`-

vider erfolgt im Beispiel über einen einfachen `ServletFilter`, der in der `web.xml` des Serverprojekts vor das Spring `DispatcherServlet` geschaltet ist.

Listing 10.7
Auslesen der
Authentifizierungsin-
formationen

```
/** {@inheritDoc} */
public void doFilter(ServletRequest servletRequest, ServletResponse
    servletResponse, FilterChain filterChain) throws IOException,
    ServletException {
  if (servletRequest instanceof HttpServletRequest) {
    HttpServletRequest httpServletRequest = (HttpServletRequest)
      servletRequest;

    // retrieve context information from the
    // http header
    String userId = httpServletRequest.getHeader(IContextProvider.
      USER_ID);
    String sessionId = httpServletRequest.getHeader(IContextProvider
      .SESSION_ID);
    String version = httpServletRequest.getHeader(IContextProvider.
      VERSION);

    // set the context information for the
    // current thread
    ServerContextProvider.setServerContext(userId, sessionId,
      version);

  }
  // delegate call
  filterChain.doFilter(servletRequest,servletResponse);
}
```

Der `ServerContextProvider` verwendet zum Speichern der Information ein `ThreadLocal`. Die Informationen sind so für den Ablauf des Requests verfügbar. Der `SecurityAdvice` nutzt die injizierte Instanz des `ServerContextProviders` und fragt mit den vorhandenen Informationen den Status der Authentifizierung ab und prüft die Validität. Im Fehlerfall wird eine entsprechende Exception `SessionExpiredException` geworfen, auf die der Client dann individuell reagieren kann. Der `SecurityAdvice` prüft für Dysis lediglich das Vorhandensein und die zeitliche Gültigkeit der vorhandenen Session, wie in Listing 10.8 zu sehen ist.

```
public void before(Method method, Object[] arguments, Object
    returnType) throws Throwable {
  ISessionService sessionService = (ISessionService)
    applicationContext.getBean("sessionService");
  if (!sessionService.isAlive(contextProvider.getContextSessionId()
    )) {
    throw new SessionExpiredException("Session <"
      + contextProvider.getContextSessionId()
      + "> expired.");
  }
}
```

Listing 10.8
Authentifizierung
mittels SecurityAdvice

Dieses Dysis-Beispiel ist eine sehr einfache Implementierung einer transparenten Authentifizierung. Spring selbst bietet hierfür bereits fertige und konfigurierbare Lösungen an, die einen deutlich größeren Funktionsumfang besitzen, allerdings auch entsprechend komplexer in der Konfiguration erscheinen.

10.3.2 Autorisierung

Neben der Verifizierung des Benutzers ist die Vergabe von Berechtigungen für eben jenen Benutzer eine typische Anforderung an einen Client. Dabei unterscheidet man bekanntlich zwischen der funktionalen und der datengetriebenen Autorisierung.

Datengetriebene Autorisierung

Bei der datengetriebenen Autorisierung geht es darum, dem Benutzer lediglich die Daten zu präsentieren, die er laut der ihm zugewiesenen Rolle tatsächlich sehen darf. Gerade in Bezug auf die bereits genannten Themen Datentransport und Caching ist es ratsam, dies auf der Serverseite zu realisieren. Dies vermeidet Kommunikationvolumen und ungewollte Komplexität im Client.

Funktionale Autorisierung

Im Gegensatz dazu ist die funktionale Autorisierung sehr wohl ein Thema des Clients. Es geht darum, rollenbasiert Funktionen respektive Actions freizugeben und darüber hinaus Anwendungsteile zu aktivieren bzw. deaktivieren.

Module autorisieren Der modulare Aufbau des Clients und dessen OSGi-Basis ermöglicht die Strukturierung des UI nach fachlichen Apekten. Es ist somit möglich, diese Module zu aktivieren bzw. deaktivieren.

Module deaktivieren

Interessant ist nun die Frage, auf welche Art dies geschieht. Eine Möglichkeit besteht darin, die OSGi-Plattform zu nutzen, um vor der Erstellung des UI rollenbasiert bestimmte Plug-ins zur Laufzeit zu deaktivieren. Mit entsprechenden Mechanismen der OSGi-Plattform ist es möglich, das manuelle Installieren bzw. Starten von nicht autorisierten Plug-ins zu unterbinden. Es bleibt dann jedoch die Tatsache, dass ggf. eine große Menge von Komponenten ausgeliefert wird, die nicht verwendet werden. Dies macht den Verteilungsprozess in einigen Fällen wesentlich aufwendiger als gewünscht.

Distributionen

Eine weitere Möglichkeit ist, sich an dem Vorgehen der Eclipse Foundation zu orientieren und Distributionen für unterschiedliche Rollen zu schnüren. So eine Distribution enthält dann physisch nur die rollenspezifisch benötigten Komponenten. Diese Distribution kann dann zur Anmeldung gegen die Benutzerrolle verifiziert werden.

Funktionen autorisieren Für eine echte funktionale Autorisierung gibt es von der Plattform zurzeit leider keine echte Unterstützung. Die Tatsache, dass Funktionen im Eclipse-Kontext zumeist deklarativ definiert werden, erschwert die Sache zusätzlich.

Deklaration und Code trennen

Eine Möglichkeit zur Autorisation besteht darin, die Deklarationen in Plug-ins auszulagern und vergleichbar mit den funktionalen Komponenten rollenabhängig in die Distributionen zu integrieren. Allerdings ist hier zu beachten, dass die Funktionen sehr feingranular autorisiert werden, daher ist es ggf. notwendig, eine Vielzahl an Bundles zu erstellen, um die unterschiedlichen Konfigurationen für die einzelnen Rollen zu ermöglichen und Duplikate zu vermeiden.

Vererbung

Die programmatisch im Code hinzugefügten Funktionen lassen sich so allerdings nicht steuern. Die Verwendung der oben genannten Methoden schließt also zwangsläufig eine weitere Methodik ein, um die programmatisch definierten Funktionen ebenfalls über einen Autorisierungsmechanismus steuern zu können. Der naheliegendste Weg ist dabei, mit Vererbung zu arbeiten. Dabei leiten die verwendeten Action-Klassen von einer Klasse ab, die die Autorisierung des angemeldeten Users prüft und entsprechend reagiert. Man nimmt allerdings dabei in Kauf, dass einzelne Funktionen über unterschiedliche Methodiken autorisiert werden.

Einheitliches Autorisieren Es ist wünschenswert, einen einheitlichen Mechanismus für sämtliche Funktionen, sowohl deklarative als auch programmatische, zu verwenden.

Ein Weg ist hierfür die bereits genannte Verwendung von Vererbung. Dabei werden nicht nur für Action-Klassen sondern auch für die deklarativ beschriebenen IActionDelegate-Klassen Vaterklassen entworfen, die die Autorisierung abbilden. Dabei ist allerdings sicherzustellen, dass tatsächlich *alle* verwendeten Funktionen von den Vaterklassen erben.

Ein Weg, diese Aufgabe deutlich zu vereinfachen, ist die Verwendung von Aspektorientierung anstatt von Vererbung. Dabei wird um die eben beschriebenen Klassen Action und IActionDelegate ein Aspekt gelegt, der transparent die Autorisierung prüft.

Aspektorientierung

```
public aspect AuthorizationAspect {

  void around(IActionDelegate delegate, IAction action):
      target(delegate) && args(action) && execution(
          void IActionDelegate.run(IAction)) {
    String actionDelegateName = delegate.getClass().getName();
    logger.debug("action <" +
        actionDelegateName + "> invoked.");
    if (isAuthorized(actionDelegateName)) {
      proceed(delegate, action);
    }
  }


  void around(IAction action): target(action) && execution(void
      IAction.run()) {
    String actionName = action.getClass().getName();
    logger.debug("action <" + actionName +
        "> invoked.");
    if (isAuthorized(function)) {
      proceed(action);
    }
  }

  private boolean isAuthorized(String functionName) {
    boolean authorized = isAuthorized(functionName);
    if (authorized) {
      logger.debug("authorisation succeeded " +
          "for user <" + getUser() + ">");
    }
    else {
      logger.debug("authorisation failed " +
          "for user <" + getUser() + ">");
      MessageDialog.openInformation(Display.getDefault().
          getActiveShell(),
          "Fehlende Autorisierung, Sie " +
          "haben keine Berechtigung, die " +
```

Listing 10.9
Autorisierung mittels Aspekt

```
            "gewählte Funktion auszuführen.");
        }

        return authorized;
    }
}
```

Die Verwendung von Aspekten macht die Autorisierung sehr leicht handhabbar, da sie implizit ausgeführt wird. Allerdings ist bei der Verwendung zweierlei zu berücksichtigen.

Weaving Zum einen ist zu beachten, wie der Aspektcode in die entsprechenden Zielklassen gelangt. Man unterscheidet hier zwischen dem Loadtime Weaving und dem Compiletime Weaving. Loadtime Weaving, also das Einwebens des Aspektes in den Code zum Zeitpunkt des Ladens der Klasse durch den Classloader, bedingt eine entsprechende Java VM, die diese Funktion unterstützt. Diese Java VM ist beim Compiletime Weaving nicht notwendig, da der Aspekt bereits zu Compilezeit von einem speziellen Compiler in die `.class`-Dateien gewebt wird. Gängige AOP-Frameworks wie beispielsweise *AspectJ* unterstützen beide Wege, sie stellen sowohl die entsprechende Java VM als auch den benötigten Compiler zur Verfügung. Aus meiner Erfahrung ist das Compiletime Weaving dem Loadtime Weaving vorzuziehen, da sich das Loadtime Weaving merkbar auf die Performance des Clients auswirkt. Der marginale Mehrbedarf an Compilezeit beim Compiletime Weaving ist dagegen zu verschmerzen.

Darstellung in der Darüber hinaus hat dieses Vorgehen eine Auswirkung auf die Oberfläche.
Oberfläche Alle Funktionen tauchen in den Menüs auf und sind zunächst anwählbar. Die Autorisierung erfolgt erst beim tatsächlichen Aufruf, d.h. erst, nachdem der Benutzer sie ausgewählt hat.

10.3.3 Datensicherheit

Authentifizierung und Autorisierung sichern den Zugriff auf serverseitige Funktionen des Systems. Darüber hinaus gibt es auch Daten, die clientseitig vorgehalten werden, die aber geschützt, also verschlüsselt, abgelegt werden müssen.

Equinox Secure Storage

Die Equinox-Plattform bietet mit dem *org.eclipse.equinox.security* Bundle die Möglichkeit, genau diese Anforderungen umzusetzen. Das Bundle bietet eine SecurePreferencesFactory, mittels derer man ein ISecurePreferences-Objekt erstellen kann. Dieses funktioniert grundsätzlich wie das normale IPreferenceStore, allerdings können die Werte der abgelegten Elemente verschlüsselt werden. Der folgende Code zeigt, wie die Werte *user.name* und *user.password* abgelegt werden.

```
// die default secure preferences erstellen
ISecurePreferences securePreferences = SecurePreferencesFactory.
    getDefault();
// einen Knoten für Authentifizierung holen
ISecurePreferences authenticationPreferences = securePreferences.
    node("authentication");
// die Werte verschlüsselt ablegen
authenticationPreferences.put("user.name", "Stefan", true);
authenticationPreferences.put("user.password", "dysis", true);
```

Listing 10.10
ISecurePreferences zum
Ablegen von Werten
verwenden

Die Werte werden im Beispiel in einem Knoten *authentication* abgelegt. Mit Knoten lassen sich Hierarchien bilden, um die Einstellungen zu strukturieren. Die Verwendung ist allerdings nur optional, man kann auf jeder Ebene Eigenschaften ablegen. Der obige Aufruf resultiert in einer secure.storage-Datei, die im Verzeichnis *.eclipse* im Benutzerverzeichnis abgelegt wird.

Hierarchien mit Knoten

```
#Equinox secure storage version 1.0
#Fri Dec 12 14:34:59 CET 2008
org.eclipse.equinox.security.preferences.version=1
org.eclipse.equinox.security.preferences.cipher=
PBEWithMD5AndDES
org.eclipse.equinox.security.preferences.keyFactory=
PBEWithMD5AndDES
/authentication/user.password=
org.eclipse.equinox.security.windowspasswordprovider\
tfOBU13XCP7Y\=,wIHWTfDgQ2w\=/org.eclipse.equinox.secure.
storage/windows/encryptedPassword=
...
/authentication/user.name=
org.eclipse.equinox.security.windowspasswordprovider\
tAMVZW+OdEOI\=,KuHNuBWNXps\=
/org.eclipse.equinox.secure.storage/verification/
org.eclipse.equinox.security.windowspasswordprovider=
org.eclipse.equinox.security.windowspasswordprovider
\t7jGAHizoW+4\=,8hCOkptJjUVHgkWM8SXHAWIPCVbmG+q7
```

Listing 10.11
Die Datei
secure.storage

In dieser Datei finden sich die abgelegten Schlüssel *user.name* und *user.password* inklusive der verschlüsselten Werte wieder.

Verschlüsselung

PasswordProvider

Zur Verschlüsselung wird seitens des *org.eclipse.equinox.security* Bundles ein sogenannter PasswordProvider verwendet. Für die Plattformen Mac OS und Windows gibt es jeweils ein mitgeliefertes Fragment, das einen solchen Provider implementiert. Es ist allerdings auch möglich, einen eigenen PasswordProvider zu implementieren und bereitzustellen. Dieser stellt dann mit der Methode *getPassword(IPreferencesContainer, int)* ein PBEKeySpec-Objekt zur Verfügung, mittels dessen verschlüsselt wird. Hier kann beispielsweise auf den Server zugegriffen werden oder der Benutzer mithilfe eines Dialog zur Eingabe des Passworts aufgefordert werden. Dieser PasswordProvider kann dann über den Extension Point angemeldet werden.

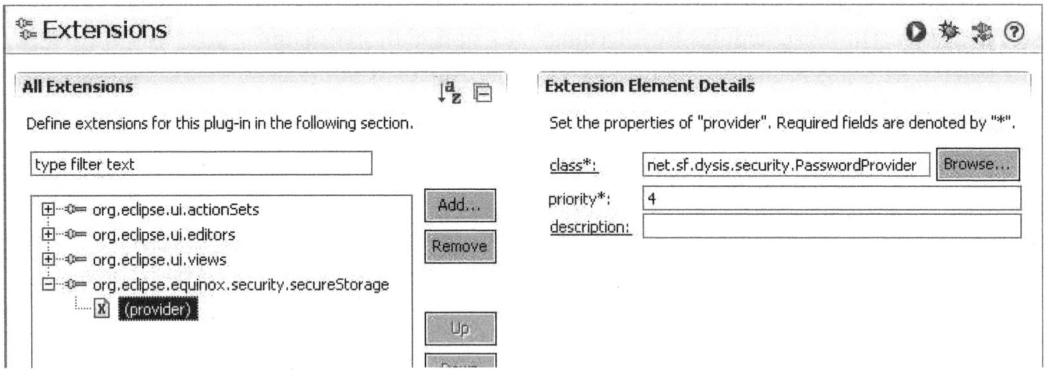

Abb. 10-1
Die Secure Storage
Extension

Ein angemeldeter *PasswordProvider* hat eine Priorität, mit der er verwendet wird. Ist ein höher priorisierter Provider verfügbar, wird dieser für die Verschlüsselung verwendet. Der vom *org.eclipse.equinox.security.win32.x86* Fragment bereitgestellte PasswordProvider hat die Priorität 5. Er verwendet Elemente aus den Anmeldedaten für eine benutzerspezifische Verschlüsselung. Somit kann lediglich der aktuell angemeldete Benutzer die Information wieder entschlüsseln. Die entsprechend benötigten zusätzlichen Informationen sind ebenfalls in der dargestellten secure.storage-Datei abgelegt. Möchten Sie also einen eigenen Provider implementieren, dann vergeben Sie eine höhere Priorität oder liefern sie das *org.eclipse.equinox.security.win32.x86* Fragment nicht mit aus.

10.3.4 Codesicherheit

Eclipse-RCP-Clients laufen im Anwendungsszenario bei einem Benutzer auf dem Arbeitsplatzrechner. Der Code wird also ausgeliefert und muss zwangsläufig gegen Manipulationen geschützt werden. Eclipse-RCP-Clients haben zudem die Besonderheit, dass sie einen Teil deklarativen Code besitzen, der per Definition für den Menschen lesbar ist. Zudem läuft der Client auf einem OSGi-Bus, es können also jederzeit zusätzliche Plug-ins installiert und verwendet werden. Um den Client vor derlei Angriffen zu schützen, bedingt es zum einen, den Code selbst gegen ein Reverse Engineering zu schützen. Des Weiteren muss die Echtheit und Unversehrtheit der ausgelieferten Bundles überprüfbar sein.

Obfuscation

Unter *Obfuscation*, zu Deutsch *Verdunkelung* oder *Verschleierung*, versteht man die Anonymisierung des Programmcodes. Als Beispiel kann die Umbenennung der gesamten Variablen und Methoden genannt werden. Dies verhindert, dass der Programmcode nach dem Dekompilieren von einem Menschen verstanden werden kann. Es gibt noch weitere Mechanismen, wie die Veränderung der Verarbeitungsreihenfolge oder das Erstellen von Submethoden. Beides erschwert es massiv, den ausgelieferten Bytecode nachvollziehen zu können und somit verwendbar zu machen. Obfuscation ist natürlich lediglich für den Implementierungsteil des Codes möglich, der deklarative Teil in den Manifest-Dateien kann nicht anonymisiert werden. Zusätzlich erschwerend kommt die Tatsache hinzu, dass der deklarative Teil textuell auf Klassen verweist, die im Rahmen der Obfuscation anonymisiert würden. Somit eignen sich gewöhnlich Obfuscation-Werkzeuge nicht für die Verwendung im Eclipse-RCP-Umfeld. Es existieren allerdings bereits Werkzeuge wie *obfuscate4e*[23], die Eclipse-RCP-Spezifika berücksichtigen.

Anonymisierung

Signieren von Bundles

Um die Echtheit und Unversehrtheit der ausgelieferten Bundles überprüfen zu können, müssen diese Bundles signiert werden. Das Signieren ist unter bestimmten Umständen ohnehin notwendig, wenn beispielsweise Java Web Start zum Einsatz kommt. Das Signieren kann mit dem Keytool des JDK durchgeführt werden. Signierte Bundles, welche manipuliert wurden, werden von der OSGi Runtime nicht gestartet. Über den *About*-Dialog können zusätzlich in der Liste der gestarteten Plug-ins die Signierungsinformationen der Bundles eingesehen werden. OSGi bietet darüber hinaus noch weitere Möglichkeiten, das Zertifikat der Signierung zu prüfen [12].

Keytool

11 Continuous Integration

»Prüfungen erwarte bis zuletzt.«

—Johann Wolfgang von Goethe (1749–1832)

Die Entwicklung verteilter Anwendungen erfolgt üblicherweise im Team. Zum Einsatz kommt daher meist ein Versionsverwaltungssystem wie CVS, Subversion, ClearCase oder Git. Um sicherzustellen, dass der aktuelle Stand im Versionierungssystem zum einen kompiliert und zum anderen auch semantisch korrekt funktioniert, hat sich der Einsatz eines Continuous Integration Servers bewährt. Dieser kompiliert und testet in regelmäßigen Abständen den im Versionsverwaltungssystem vorhandenen Code. Für serverseitige Artefakte wie .war- oder .ear-Dateien ist das automatisierte Erstellen und Testen bereits Standard. Um allerdings die komplette Enterprise-Eclipse-RCP-Anwendung überwachen zu können, ist es notwendig, nicht nur den Server, sondern auch den Client automatisch bauen zu können. Dies bedeutet, automatisiert einen Produktexport durchzuführen und damit eine ausführbare Distribution des Clients zu erstellen. Darüber hinaus muss diese Client Distribution dann auch automatisiert getestet werden können. In diesem Kapitel gehe ich auf die beiden Punkte automatisiertes Bauen und Testen des Clients ein.

11.1 Automatisiertes Bauen

Zunächst besteht die Herausforderung in der Automatisierung des Produktexports. Hier gibt es zwei Möglichkeiten. Zum einen kann der Export selbst geschrieben werden. Auch mit Einsatz eines Build-Tools wie Ant ist das sehr kompliziert, da zum Erstellen der Binaries ein Kompilationslauf notwendig ist, der die Abhängigkeiten der zu bauenden Bundles berücksichtigt. Diese sind im Bundle Manifest definiert und somit nur schwer zu interpretieren. Die zweite Möglichkeit liegt in der Verwendung des PDE-Builds, den man aus dem Produktexport der PDE *PDE-Build* bereits kennt.

Der PDE-Build ist allen, die bereits eine Eclipse-RCP-Anwendung entwickelt haben, zumindest indirekt bekannt. Er wird im Rahmen eines Produktexports angestoßen, welcher im Editor der Produktkonfiguration aus der Oberfläche heraus angesteuert wird.

11.1.1 Produktexport aus dem UI

Der Produktexport wird aus dem Editor der Produktkonfiguration heraus gestartet. Wie man in Abbildung 11-1 sieht, bietet der erste Reiter einen direkten Hyperlink hierfür an.

Nach dem Klicken fragt ein Export-Wizard zu Beginn die noch fehlenden Informationen ab und startet dann den PDE-Build zur Erstellung des Produkts an der definierten Stelle.

11.1.2 PDE-Build-Skript

Der PDE-Build selbst ist als Skript definiert, das mit fehlenden Informationen parametrisiert wird. Diese Parameter sind u.a. die aus dem Export Wizard ersichtlichen Felder:

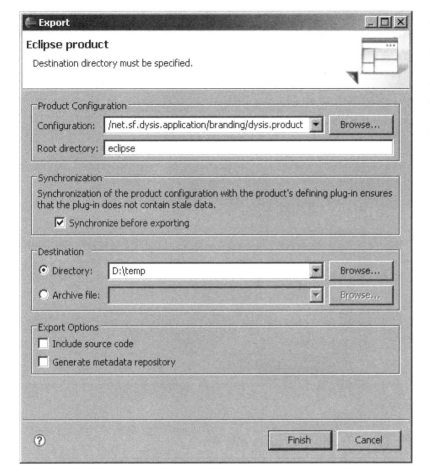

Abb. 11-2
Ein Export Wizard fragt die fehlenden Informationen, die für den Export notwendig sind, ab. Nach dem Bestätigen startet dann der PDE-Build.

- Die zu verwendende Produktkonfiguration
- Das Hauptverzeichnis des Produkts
- Das Ziel des Exports (Archiv oder Ordner)
- Das Generieren von Metadaten für P2

Das Skript erwartet jedoch noch weitere Parameter, die in Bezug auf den Export aus dem UI installationsbedingt bereits feststehen. Dies sind u.a.:

- Zielplattform (Windows, Linux, Mac OS)
- Compilerinformation (Java-Zielversion)
- Inkludieren einer JRE in das Produkt
- Die Ausprägung des *.qualifier*-Suffixes der Bundle- und Feature-Versionen

Das eigentliche Skript, das dann mit den Parametern ausgeführt wird, ist als Bestandteil des *org.eclipse.pde.build* Bundles Teil der PDE-Komponente der Eclipse-Distribution. Schauen Sie dazu im *Plug-ins*-Ordner Ihrer installierten Eclipse-Distribution. Sie werden dort im Unterordner *scripts/pluginBuild* des *org.eclipse.pde.build* Bundles eine Ant-Datei *productBuild.xml* finden (vgl. Abbildung 11-3). Diese Ant-Datei wird zum Exportieren des Produkts verwendet.

Abb. 11-3
Das PDE-Build-Skript ist Teil des PDE Build Bundles.

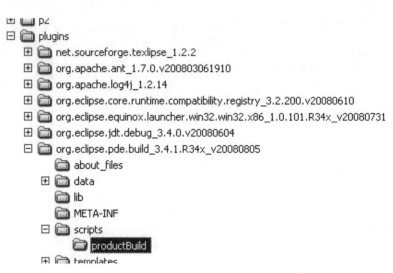

11.1.3   Produktexport mit Ant

Der Mechanismus aus dem UI kann auch für einen automatisierten Export verwendet werden, der über ein Ant Target angestoßen wird [8] [14]. Dieses Ant Target ist in Listing 11.1 dargestellt. Es startet, wie man sieht, eine separate Eclipse-Umgebung mit dem Equinox Launcher. Dies ist notwendig, damit das ausführende *org.eclipse.pde.build* Bundle seine Abhängigkeiten auflösen kann und die benötigten Klassen zur Verfügung stehen.

Listing 11.1
Das Ant Target startet zum Bauen eine eigene Eclipse-Umgebung.

```
<target name="build.client">
  <java
      classname="org.eclipse.equinox.launcher.Main"
      fork="true" failonerror="true">
    <arg value="-application" />
    <arg value="org.eclipse.ant.core.antRunner" />
    <arg value="-buildfile" />
```

```
<arg value="${eclipseLocation}/plugins/org.eclipse.pde.build_${
    pdeBuildPluginVersion}/scripts/productBuild/productBuild.
    xml" />
<arg value="-Dtimestamp=${timestamp}" />
<classpath>
  <pathelement location="${eclipseLocation}/plugins/org.eclipse.
      equinox.launcher_${equinoxLauncherPluginVersion}.jar" />
</classpath>
</java>
</target>
```

Im Ant Target tauchen bereits drei Parameter $eclipseLocation, $equin-oxLauncherPluginVersion und $pdeBuildPluginVersion auf. Diese und die weiteren Parameter finden sich für den Ant-gesteuerten PDE-Build in einer build.properties-Datei, die neben der build.xml-Datei liegt, die das in Listing 11.1 auf der vorherigen Seite gezeigte Ant Target enthält.

Listing 11.2
Die Datei
build.properties
konfiguriert den
automatisierten
PDE-Build.

```
...
# Root location for the automated building
rootLocation=C:/automated building

# Version of org.eclipse.pdebuild
pdeBuildPluginVersion=3.4.1.R34x_v20080805

# Version of org.eclipse.equinox.launcher
equinoxLauncherPluginVersion=1.0.101.R34x_v20080819

# Location of the Eclipse-Distribution executing the
# build
eclipseLocation=${rootLocation}/distribution

# Base location of the RCP runtime distribution
baseLocation=${rootLocation}/rcp

# The directory into which the build elements are
# fetched and where the build takes place
buildDirectory=${rootLocation}/artefact-temp

# The product to be built
product=net.sf.dysis.application/branding/dysis.product
runPackager=true

# Set the name of the archive that will result from
# the product built.
# archiveNamePräfix=
```

```
# The prefix that will be used in the generated archive.
archivePräfix=dysis

# The location under which all of the build output will
# be collected.
collectingFolder=${archivePräfix}

# The list of {os, ws, arch} configurations to build.
configs=win32, win32, x86

# Set to true if you want the output to be ready for an
# update jar (no site.xml generated)
outputUpdateJars = false

# Set to true if you want to sign jars
signJars=false
sign.alias=
sign.keystore=
sign.storepass=

# Type of build. Used in naming the build output.
# Typically this value is one of I, N, M, S, ...
buildType=I

# ID of the build. Used in naming the build output.
buildId=dysis

# Label for the build. Used in naming the build output
buildLabel=${buildType}.${buildId}

# Timestamp for the build. Used in naming the build
# output
timestamp=42

# Os/Ws/Arch/nl of the eclipse specified by baseLocation
baseos=win32
basews=win32
basearch=x86

# this property indicates whether you want the set of
# plug-ins and features to be considered during the
# build to be limited to the ones reachable from the
# features / plugins being built
filteredDependencyCheck=false

skipBase=true
```

```
eclipseURL=
eclipseBuildId=
eclipseBaseURL=

# This section defines CVS tags to use when fetching the
# map files from the repository.
skipMaps=true
mapsRepo=:pserver:anonymous@example.com/path/to/repo
mapsRoot=path/to/maps
mapsCheckoutTag=HEAD

# tagMaps=true
mapsTagTag=v${buildId}

# This section defines properties parameterizing the
# repositories where plug-ins, fragments bundles and
# features are being obtained from.
skipFetch=true

# Specify the output format of the compiler log when
# eclipse jdt is used
logExtension=.log

# Whether or not to include debug info in the output
# jars.
javacDebugInfo=true

# Whether or not to fail the build if there are compiler
# errors.
javacFailOnError=true

# Enable or disable verbose mode of the compiler
javacVerbose=true

# Default value for the version of the source code.
# This value is used when compiling plug-ins that do
# not set the Bundle-RequiredExecutionEnvironment
# or set javacSource in build.properties
javacSource=1.6

# Default value for the version of the byte code
# targeted. This value is used when compiling plug-ins
# that do not set the Bundle-RequiredExecutionEnvironment
# or set javacTarget in build.properties.
javacTarget=1.6
```

Wie Sie sehen, können hier sehr viele Aspekte des PDE-Builds beeinflusst werden, darunter auch das Signieren der erstellten Bundles oder das Erstellen von Artefakten für eine Update Site.

11.1.4   Automatisierter Produktexport

Um den PDE-Build im Rahmen eines automatisierten Produktexports ablaufen lassen zu können, sind ein paar Vorarbeiten notwendig. Grundsätzlich werden drei Elemente benötigt:

Voraussetzungen für einen automatisierten Produktexport

- Eine Eclipse-Distribution, die den Export durchführt
- Die RCP Runtime Binaries und das Delta Pack, die Teil des zu bauenden Produkts werden
- Die Bundles des zu bauenden Produkts

Wie aus der *build.properties*-Datei zu erkennen ist, liegen die Elemente in einer bestimmten Verzeichnisstruktur. Diese ist notwendig, damit der PDE-Build seine Arbeit verrichten kann.

Root-Verzeichnis

Der automatisierte PDE-Build benötigt ein festes Root-Verzeichnis. Dieses Verzeichnis enthält sämtliche notwendigen Dateien und stellt das Arbeitsverzeichnis für temporäre Dateien dar, die im Rahmen des Build-Laufs erstellt werden. Ich habe für unser Beispiel das Root-Verzeichnis *c:/automated building* definiert. Für den PDE-Build benötigt es drei Unterverzeichnisse, *distribution*, *rcp* und *artefact-temp*, wie in Abbildung 11-4 auf der nächsten Seite zu sehen. Die Namen der Verzeichnisse können Sie nach Ihrem Geschmack in der `build.properties`-Datei verändern.

Eclipse-Distribution-Verzeichnis

Der Ordner *c:/automated building/distribution* enthält die Eclipse Distribution, die zum Bauen verwendet werden soll, die also den PDE-Build tatsächlich ausführt. Diese Distribution wird von Ant Target für

Distribution zum Ausführen des PDE-Builds

den PDE-Build gestartet. Hier reicht im Normalfall das Classic Release der Eclipse-Download-Seite. Der Parameter *eclipseLocation* definiert den Ort der Eclipse-Distribution. Wichtig ist, dass die Properties *$pdeBuildPluginVersion* und *$equinoxLauncherPluginVersion* die Versionsnummer der hier installierten Bundles definieren.

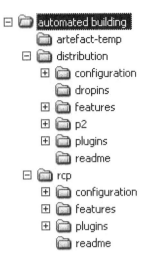

RCP-Runtime-Distribution-Verzeichnis

Im Unterverzeichnis *c:/automated building/rcp* findet sich die RCP Runtime Distribution und das Delta Pack des verwendeten Eclipse-RCP-
Releases im Eclipse-Distribution-Verzeichnis. Die RCP Runtime Distribution enthält die Eclipse-RCP-Bundles, die nachher auch Bestandteil
des Produkts sind, also auch mit dem Produkt ausgeliefert werden. Im   *Externe Bestandteile*
Delta Pack sind die plattformspezifischen Bundles unter anderem für   *des Produkts*
SWT enthalten. Beides ist auf der Eclipse-Download-Seite für die jeweilige Distribution verfügbar. Das Verzeichnis der RCP Runtime Distribution wird mit dem Parameter *baseLocation* gesteuert. Es kann eventuell hilfreich sein, auch für die RCP Runtime Distribution eine echte
Eclipse-Distribution zu verwenden. So sind evtl. verwendete Komponenten, wie beispielsweise das Eclipse Help Feature, gleich verfügbar
und müssen nicht separat kopiert werden.

Artefakt-Verzeichnis

Das Artefakt-Verzeichnis hat zweierlei Funktionen. Zum einen dient
es als Verzeichnis für die temporären Dateien des PDE-Builds. Zum   *Arbeitsverzeichnis*
anderen müssen hier aber auch die Bundle- und Feature-Projekte des
zu bauenden Produkts liegen. Das bedeutet, dass bevor das PDE-Build
Ant Target gestartet werden kann, zunächst alle relevanten Bundle-
und Feature-Projekte hierhin kopiert werden müssen. Das Artefakt-
Verzeichnis wird vom Parameter *buildDirectory* bestimmt.

Automatisierung

Zusammenfassend betrachtet besteht die Automatisierung neben der einmaligen Vorbereitung des Root-Verzeichnisses also aus zwei

Zwei Schritte Schritten. Im ersten Schritt werden die relevanten Projekte aus dem Workspace in das Artefakt-Verzeichnis kopiert. Dies kann ebenfalls über ein Ant Target gesteuert werden.

Listing 11.3

Das Ant Target kopiert die zu exportierenden Bundle-Projekte in das Artefakt-Verzeichnis.

```
<target name="export.client.projects">
  <!-- Copy Plugins -->
  <mkdir dir="${buildDirectory}/plugins"/>
  <copy todir="${buildDirectory}/plugins">
    <fileset dir="..">
      <!-- Dysis Plugins -->
      <include name="net.sf.dysis.application/**"/>
      <include name="net.sf.dysis.base.ui/**"/>
      <include name="net.sf.dysis.base.ui.authentication/**"/>
      <include name="net.sf.dysis.base.ui.dataprovider/**"/>
      <include name="net.sf.dysis.base.ui.dataprovider.cache/**"/>
      <include name="net.sf.dysis.logging/**"/>
      <include name="net.sf.dysis.planning.ui/**"/>
      <include name="net.sf.dysis.resource.ui/**"/>
      <include name="net.sf.dysis.timesheet.ui/**"/>
      <include name="net.sf.dysis.planning.ui/**"/>
      <include name="net.sf.dysis.core.client/**"/>
      <!-- 3rd party Plugins -->
      <include name="org.apache.commons/**"/>
      <include name="org.apache.log4j/**"/>
      <include name="org.eclipse.swt.nebula/**"/>
      <include name="org.springframework/**"/>
    </fileset>
  </copy>
  <!-- Copy features -->
  <mkdir dir="${buildDirectory}/features"/>
  <copy todir="${buildDirectory}/features">
    <fileset dir="..">
      <include name="net.sf.dysis/**"/>
      <include name="net.sf.dysis.additions/**"/>
    </fileset>
  </copy>
</target>
```

Im Artefakt-Verzeichnis wird so eine Unterstruktur aus *plugins*- und *feature*-Ordner geschaffen, wie in Abbildung 11-5 auf der nächsten Seite zu sehen ist.

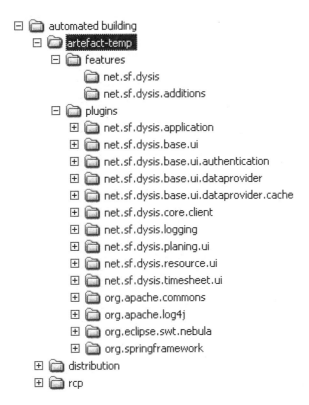

Abb. 11-5
*Die zu exportierenden
Bundles werden im
ersten Schritt in das
Artefakt-Verzeichnis
kopiert.*

Auf dieser Struktur kann dann der PDE-Build aufgerufen werden. Da in unserem Fall in den *build.properties* der Build-Typ *I* angegeben ist, entsteht im Artefakt-Verzeichnis durch den PDE-Build ein Unterverzeichnis *I.dysis*, das den durch den PDE-Build erstellten Produktexport als ZIP-Datei enthält.

Abb. 11-6
*Der durch den
PDE-Build erstellte
Produktexport liegt als
ZIP-Datei im
Unterverzeichnis
I.dysis.*

Verwaltung der Build-Artefakte

Der Produktexport *dysis-win32.win32.x86.zip* kann nun beliebig verwaltet werden. Gewöhnlich würde man das Client-Artefakt zusammen mit den serverseitigen Artefakten archivieren. Dazu gehören beispielsweise die zum Build gehörende deployfähige .war- oder .ear-Datei und die Ergebnisse der im Rahmen der Continuous Integration automatisiert ausgeführten Tests.

11.2 Automatisiertes Testen

Mit dem automatisierten Bauen des Clients ist es als zweiter Schritt möglich, diese Distribution automatisiert zu starten und auch zu testen. Dies setzt selbstverständlich voraus, dass der Server bereits gebaut, getestet und auch deployed wurde. Wir werden uns für eine Testautomatisierung des UI JUnit-Plugin-Tests anschauen, die mit Eclipse-Bordmitteln sowohl manuell als auch automatisiert ausführbar sind. Danach gehe ich noch kurz auf Gestaltungs- und Implementierungsaspekte von Oberflächentests ein.

11.2.1 JUnit-Plugin-Tests

Ausführung innerhalb einer gestarteten Eclipse-RCP-Anwendung

Schauen wir uns zunächst JUnit-Plugin-Tests an. Im Grunde sind dies normale JUnit-Tests, mit dem Unterschied, dass sie innerhalb einer gestarteten Eclipse-RCP-Anwendung ausgeführt werden.

Testklassen

JUnit-Plugin-Testklassen leiten, wie normale JUnit-3-Testklassen auch, von der Klasse `TestCase` ab. Die einzelnen Tests beginnen entsprechend der JUnit-Konvention mit dem Präfix *test*. Unsere Beispiel-Testklasse `DysisBaseUITest`, die in Listing 11.4 zu sehen ist, hat eine Testmethode `testApplicationStartup()`. Sie soll als Beispiel nichts anderes tun, als zu überprüfen, ob der Projektnavigator View im UI dargestellt wird, nachdem die Anwendung gestartet ist.

Listing 11.4
Die Testklasse DysisBaseUITest prüft, ob der Projektnavigator im UI dargestellt wird.

```
public class DysisBaseUITest extends TestCase {

    /**
     * Testet den Start der Anwendung und schaut,
     * ob nach dem Start der {@link ProjectNavigator}
     * View sichtbar ist.
     */
```

```
public void testApplicationStartup() {
  IWorkbenchWindow workbenchWindow = PlatformUI.getWorkbench().
    getActiveWorkbenchWindow();
  IViewPart viewPart = workbenchWindow.getActivePage().findView(
    ProjectNavigator.ID);
  Assert.assertNotNull(viewPart);
  }
}
```

Wie man sieht, ist dieser Test ein einfacher JUnit-Test. Er geht allerdings davon aus, dass das entsprechend zu testende UI geöffnet und bereit ist.

Test-Fragments

Da die Klasse `DysisBaseUITest` nun im Kontext einer Eclipse-RCP-Anwendung laufen soll, ist es zwingend notwendig, dass sie Teil eines Bundles ist. Es ist ratsam, Tests in separate Test-Fragments auszulagern, um die Tests einfach von den zum Produkt gehörenden Bundles trennen zu können. In der Testumgebung wird das Fragment dann zur Laufzeit dem zu testenden Bundle injiziert. Abbildung 11-7 zeigt das *net.sf.dysis.base.ui.test*-Fragment, das die Klasse `DysisBaseUITest` enthält. Das Fragment wurde wie ein gewöhnliches Fragment mit dem *New Plug-in Project* Wizard erstellt.

Abb. 11-7
Das net.sf.dysis.base.ui.test Fragment enthält die automatisiert auszuführenden Tests.

Abhängigkeiten

Da das Test-Fragment auf Klassen anderer Bundles zurückgreift, müssen diese logischerweise im Bundle-Manifest als Abhängigkeit aufgeführt sein. Die Abhängigkeiten des Fragments *net.sf.dysis.base.ui.test* sind in Abbildung 11-8 auf der nächsten Seite zu sehen.

Abb. 11-8
Das
net.sf.dysis.base.ui.test-
Fragment definiert eine
Abhängigkeit zum
JUnit Library Bundle
und dem zu testenden
Dysis Bundle.

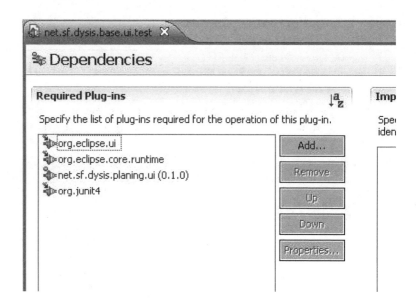

Arbeitsweise

Interessant ist nun die Frage nach dem Mechanismus, der die Tests zur Ausführung bringt. Einfache JUnit-Tests können direkt ausgeführt werden, sie haben die Kontrolle über den Hauptprozess. JUnit-Plugin-

Passive Tests Tests hingegen sind passiv, d.h., sie kontrollieren den Hauptprozess nicht. Sie sind Bestandteil und somit unter Kontrolle einer Eclipse-RCP-Laufzeitumgebung. Es liegt in der Verantwortung der Laufzeitumgebung, die Tests zu einem passenden Zeitpunkt aufzurufen.

Die Herausforderung besteht also darin, zunächst eine Eclipse-RCP-Anwendung zu starten und im Anschluss die dafür definierten Tests auszuführen. Die PDE bietet hierfür eine spezielle Application-Klasse, welche genau dies bewerkstelligt. Sie delegiert zunächst zum Starten an die zu testende Anwendung. Ist diese gestartet, dann werden die JUnit-Plugin-Tests in den Test-Fragments der Laufzeitumgebung

Listener-Mechanismus ausgeführt und deren Ergebnisse mit Hilfe eines Listener-Mechanismus für externe Prozesse bereitgestellt. Diese Application-Klasse wird von der PDE verwendet, um JUnit-Plugin-Tests aus der Eclipse IDE heraus zu starten.

11.2.2   JUnit-Plugin-Tests aus dem UI ausführen

JUnit-Plugin-Tests können sehr einfach aus dem UI ausgeführt werden. Die PDE bietet dafür einen eigenen Startkonfigurationstyp *JUnit-Plugin-Test* an. Abbildung 11-9 auf der nächsten Seite zeigt eine Konfiguration, in der unsere DysisBaseUITest-Testklasse ausgeführt wird.

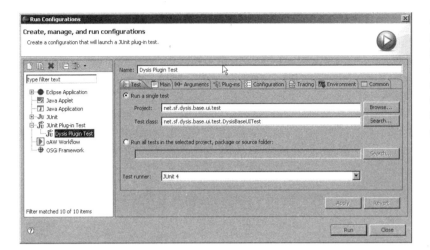

Abb. 11-9
Die Startkonfiguration für JUnit-Plugin-Tests definiert zum einen das die Tests enthaltende Fragment und zum anderen die auszuführenden Tests.

Laufzeitumgebung

Wie bereits gesagt, werden JUnit-Plugin-Tests immer im Kontext einer Eclipse-RCP-Anwendung ausgeführt. Genau wie in einer Eclipse-Startkonfiguration wird dafür entweder die zu startende Anwendung oder das zu startende Produkt definiert. In unserem Beispiel ist das selbstverständlich das Dysis-Produkt, wie in Abbildung 11-10 zu sehen ist.

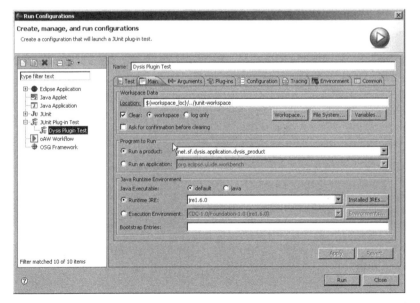

Abb. 11-10
Die Startkonfiguration für Plug-in-Tests definiert zusätzlich die zu startende Eclipse-RCP-Umgebung.

Abhängigkeiten

Der Unterschied zu der Eclipse Startkonfiguration ist, dass zusätzlich zu den im Produkt enthaltenen Bundles die Test-Fragments mit gestartet werden. Daher müssen diese auch in der JUnit-Plugin-Test-Startkonfiguration mit aktiviert werden. Abbildung 11-11 zeigt einen Auszug der Liste der zu startenden Plug-ins für unseren JUnit-Plugin-Test. Dazu gehören natürlich auch deren Abhängigkeiten, in unserem Beispiel das JUnit Library Bundle, das nicht Bestandteil des eigentlichen Produkts ist.

Abb. 11-11
Zusätzlich zu den Produkt-Bundles aktiviert die Startkonfiguration für Plug-in-Tests auch die Test-Fragments und deren Abhängigkeiten.

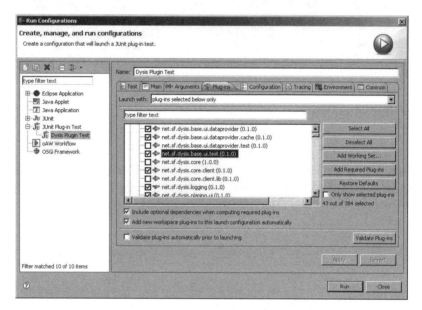

Diese JUnit-Plugin-Test-Startkonfiguration lässt sich nun ausführen. Sie startet die Dysis-Anwendung und führt die in der Testklasse `DysisBaseUITest` definierte Testmethode `testApplicationStartup()` aus.

11.2.3 Anwendungen für Tests starten

Im Falle der Dysis-Anwendung wird beim ersten Starten des JUnit-Plugin-Tests ein Hindernis deutlich, das einer Automatisierung vorerst im Weg steht. Wie in Listing 11.5 auf der nächsten Seite zu sehen ist, wird vor dem Start der Workbench zunächst die Methode `authentica-te()` aufgerufen. Sie fragt die Authentifizierungsinformationen über den Login-Dialog ab und führt mit diesen Informationen die Authentifizierung am Server durch.

```
public Object start(IApplicationContext context)
    throws Exception {
  application = this;
  printStartupMessage();
  Display display = PlatformUI.createDisplay();
  try {
    if (authenticate(display.getActiveShell())) {
      printStartupFinishedMessage();
      int returnCode = PlatformUI.createAndRunWorkbench(
          display, new ApplicationWorkbenchAdvisor());
      if (returnCode == PlatformUI.RETURN_RESTART) {
        return IApplication.EXIT_RESTART;
      }
    }
    return IApplication.EXIT_OK;
  }
  finally {
    display.dispose();
  }
}
```

Listing 11.5
Die start()-Methode führt zunächst die Authentifizierung durch, bevor die Workbench gestartet wird.

Für einen Test sollte dieser Dialog nicht erscheinen, da eine vollständige Automatisierung so nicht möglich ist. Die Authentifizierung muss allerdings trotzdem durchgeführt werden, damit der Client die serverseitigen Methoden verwenden darf.

TestApplication-Klasse

Die zunächst einfachste Möglichkeit zur Lösung des Problems ist die Verwendung einer separaten Application-Klasse, die in der authenticate()-Methode eine direkte Authentifizierung mit festen Parametern implementiert. Anstelle des Produkts kann dann in der Launch-Konfiguration einfach die TestApplication-Klasse angegeben werden. Es muss lediglich sichergestellt sein, dass die TestApplication nicht mit dem Produkt mit ausgeliefert wird. Daher empfiehlt sich die Verwendung eines weiteren Fragments, das nicht Bestandteil des Produkts ist. Und genau hier liegt der Nachteil dieser Lösungsvariante, da wir so offensichtlich nicht das letztendlich ausgelieferte Produkt testen. Zwar ist der Unterschied marginal, da lediglich die Application-Klasse ausgetauscht wird, dennoch ist dies in meinen Augen ein kleines Manko.

Eine alternative Application-Klasse verwenden

Automatisiertes Login

Die zweite Möglichkeit, das Erscheinen des Login-Dialogs zu unterbinden, ist der automatisierte Login. Die Login-Parameter werden dabei, wie bereits in Kapitel 5 beschrieben, entweder als Programmargument

Programmargumente verwenden

oder als VM-Parameter beim Start der Anwendung bzw. des Tests übergeben. Der große Vorteil hierbei ist, dass so exakt die Distribution getestet werden kann, die auch ausgeliefert wird.

Abb. 11-12
Die Startkonfiguration
für Plug-in-Tests
definiert zwei
Programmargumente,
-login.user und
-login.passwort, die für
ein automatisiertes
Login verwendet
werden.

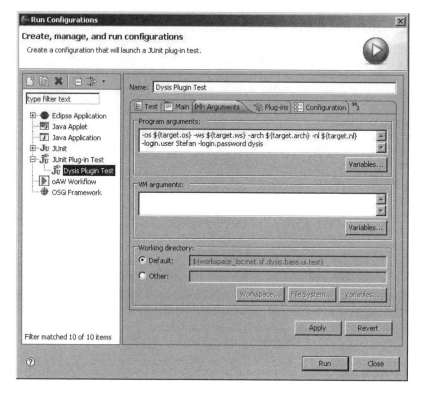

Das Auslesen der Parameter ist dabei relativ einfach, die Methode getCommandLineArguments() der Klasse Platform liefert hierfür den Input. Listing 11.6 zeigt eine Schleife, die die Argumente ausliest und als eine Map zurückliefert.

Listing 11.6
Die
Programmargumente
können über die
Methode getCom-
mandLineArgs() der
Klasse Platform
ausgelesen werden.

```java
private Map<String, String> readArguments() {
  Map<String, String> programArgumentMap =
    new HashMap<String, String>();
  String[] programArguments =
    Platform.getApplicationArgs();
  for (int index = 0; index < programArguments.length; index++) {
    if ((index + 1) < programArguments.length) {
      programArgumentMap.put(programArguments[index],
        programArguments[index + 1]);
      index++;
    }
  }
}
```

```
    return programArgumentMap;
}
```

Die authenticate()-Methode kann nun zunächst prüfen, ob die für die Authentifizierung notwendigen Informationen als Argument vorliegen. Für den Fall, dass sie vorliegen, kann mit den vorhandenen Argumenten eine Authentifizierung durchgeführt werden. Schlägt die Authentifizierung fehl oder sind die Argumente nicht oder nur unvollständig vorhanden, dann wird wie gewohnt der Login-Dialog gezeigt. Dieses Vorgehen kann praktischerweise neben den Tests auch in der Entwicklung des Clients mit verwendet werden. Es erspart dem Entwickler die wiederholte Eingabe der Authentifizierungsinformationen.

11.2.4 Automatisierte JUnit-Plugin-Tests

Der Schlüssel zur Automatisierung der JUnit-Plugin-Tests [2] liegt wie beim Produktexport in der Verwendung eines Build Tools, in userem Fall Ant. Das Aufsetzen der Umgebung ist allerdings etwas komplizierter und erfordert wiederum einige Handarbeit.

Die Testumgebung einrichten

Die größte Herausforderung liegt im Einrichten der Testumgebung. Die Testumgebung besteht dabei aus drei Bestandteilen:

- Das Produkt, das die Bundles der zu testenden Anwendung beinhaltet
- Die Test-Fragments, die die auzuführenden Tests beinhalten
- Das Test-Framework, das die Tests auf den Produkt-Bundles ausführt

Bestandteile der Testumgebung

Sowohl das zu testende Produkt als auch die Test-Fragments werden im Rahmen eines jeden Testlaufs neu erstellt. Das Test-Framework hingegen wird lediglich von einer definierten Stelle kopiert. Somit empfiehlt es sich, auch beim automatisierten Bauen mit einer definierten Verzeichnisstruktur zu arbeiten. Der statische Teil ist dabei vergleichsweise klein, wenn es auch sehr mühselig ist, die für die Ausführung notwendigen Bundles zu identifizieren und zusammen zu stellen. Eine sehr gute Hilfe leistet dabei aber das *org.eclipse.help* Feature. Die Verzeichnisstruktur für das automatisierte Testen der Dysis-Anwendung ist in Abbildung 11-13 auf der nächsten Seite dargestellt.

Root-Verzeichnis Ich empfehle als Testumgebung wiederum ein Root-Verzeichnis. Analog zum automatisierten Bauen heißt es für die Dysis-Tests *c:/automated testing*. Dieses Verzeichnis beinhaltet alle

Abb. 11-13
Für das automatisierte Testen wird ein externes Root-Verzeichnis verwendet.

Dateien, die für einen automatisierten Test des Produkts notwendig sind.

PDE-Testverzeichnis Das PDE-Testverzeichnis *c:/automated testing/pdetest* beinhaltet sämtliche Bundles der PDE und deren Abhängigkeiten, die zum Ausführen der JUnit-Plugin-Tests benötigt werden. Das PDE-Testverzeichnis besteht hierbei aus zwei Unterverzeichnissen, was in der bereits beschriebenen Arbeitsweise der JUnit-Plugin-Tests begründet liegt. Im Unterverzeichnis *runtime* liegen die zur Laufzeit des Tests benötigten Bundles, um den JUnit-Plugin-Test ausführen zu können. Das Unterverzeichnis *listener* beinhaltet die Bundles, die notwendig sind, um die Testergebnisse der Laufzeitumgebung über den Listener-Mechanismus abzufragen und zu verarbeiten.

Laufzeit-Bundles

Listener Bundles

Einen Testlauf vorbereiten

Die Vorbereitung für einen Testlauf besteht aus drei Schritten:

Schritte zur Vorbereitung

- Auspacken des Produkts in das Root-Verzeichnis
- Kopieren der PDE Test Laufzeitumgebung
- Bauen und Kopieren der Test-Fragments

Auspacken des Produkts

Der erste Schritt ist das Auspacken des Produkts, das aus dem automatisierten Bauen hervorgegangen ist. Das Produkt wird dabei in das Root-Verzeichnis ausgepackt, sodass hier ein Unterverzeichnis entsprechend der Produktkonfiguration entsteht. In unserem Fall heißt dieses Verzeichnis *dysis*.

Kopieren der PDE-Test-Laufzeitumgebung

Zusätzlich zu den Produkt-Bundles wird dann im zweiten Schritt die PDE-Test-Laufzeitumgebung, also die im Order *pdetest/runtime* befindlichen Bundles, in das *plugins*-Verzeichnis des *dysis*-Ordners kopiert. Der *dysis*-Ordner beinhaltet nun das ausführbare Produkt und die für die Tests notwendige Laufzeitumgebung.

Im letzten Schritt werden die Test-Fragments gebaut und kopiert. Üblicherweise kann hier mit einem kleinen Trick auf den PDE-Build verzichtet werden. Da ein Test-Fragment lediglich Abhängigkeiten auf Library Bundles und zu testende Code Bundles definiert, kann als Klassenpfad unser *dysis/plugins*-Verzeichnis angegeben werden. Zu diesem Zeitpunkt müssen hier ohnehin bereits alle benötigten Dateien liegen, damit der JUnit-Plugin-Test auch funktioniert. Die so erstellten Binaries können dann in eine `.jar`-Datei gepackt werden, wobei die MANIFEST.MF-Datei des Test-Fragments als Manifest verwendet werden muss. Ansonsten wird das Test-Fragment nicht von der OSGi Runtime als Fragment erkannt.

Bauen und Kopieren der Test-Fragments

Listing 11.7 zeigt die drei Schritte für die Vorbereitung eines Testlaufs der Dysis-Anwendung noch einmal als Ant Target.

```
<property name="test.root"
    value="C:/automated testing" />
<property name="test.directory"
    value="${test.root}/dysis" />
<property name="test.pde.runtime"
    value="${test.root}/pdetest/runtime" />


<target name="prepare.test.run">
  <!-- Löschen der Dateien des vorherigen Testlaufs -->
  <delete dir="${test.directory}" />

  <!-- Auspacken des Produkts ins Root-Verzeichnis -->
  <unzip
      src="dist/dysis-win32.win32.x86.zip"
      dest="${test.root}" />

  <!-- Kopieren der PDE Test Runtime -->
  <copy todir="${test.directory}/plugins">
    <fileset dir="${test.pde.runtime}">
      <include name="**/*" />
```

Listing 11.7
Mit Hilfe von Ant Targets wird ein Testlauf vorbereitet.

```
      </fileset>
    </copy>

  </target>


  <!-- Der Klassenpfad zum Kompilieren der Tests -->
  <path id="test.compile.classpath">
    <fileset dir="${test.directory}/plugins">
      <include name="**/*.jar" />
      <include name="org.junit**/*" />
    </fileset>
  </path>


  <target name="compile.export.test.bundle">
    <!-- Kompilieren des Tests -->
    <mkdir dir="../${test.plugin}/dist/bin" />
    <javac
        classpathref="test.compile.classpath"
        destdir="../${test.plugin}/dist/bin">
      <src path="../${test.plugin}/src" />
    </javac>


    <!-- Erstellen der Jar-Datei für den Test -->
    <jar
        destfile="${test.directory}/plugins/${test.plugin}.jar"
        manifest="../${test.plugin}/META-INF/MANIFEST.MF">
      <fileset dir="../${test.plugin}/dist/bin">
        <include name="**/*.class" />
      </fileset>
    </jar>
    <delete dir="../${test.plugin}/dist" />
  </target>
```

Einen Testlauf durchführen

Im vorbereiteten Testverzeichnis *dysis* kann nun ein Testlauf durchgeführt werden. Auch dies geschieht mit Hilfe von Ant. Der Aufruf des JUnit-Plugin-Tests gleicht dem Aufruf einer normalen Eclipse-RCP-Anwendung. Allerdings wird als auszuführende Anwendung die *org.eclipse.pde.junit.runtime.uitestapplication* Application der PDE definiert. Listing 11.8 auf der nächsten Seite zeigt den Aufruf des JUnit-Plugin-Tests als Ant Target.

```
<!-- Klassenpfad des Equinox Launchers -->
<path id="equinox.launcher.classpath">
  <fileset dir="${test.directory}/plugins/">
    <include name="org.eclipse.equinox.launcher**.jar" />
  </fileset>
</path>


<target name="execute.test">
  <java
      classname="org.eclipse.equinox.launcher.Main"
      fork="true"
      failonerror="true">
    <arg value="-clean" />
    <arg line="-data ${test.directory}/workspace" />
    <arg value="-application" />
    <arg value="org.eclipse.pde.junit.runtime.uitestapplication" />
    <arg line="-port 2401" />
    <arg value="-testApplication" />
    <arg value="net.sf.dysis.application.application" />
    <arg value="-testPluginName" />
    <arg value="net.sf.dysis.base.ui.test" />
    <arg value="-className" />
    <arg value="net.sf.dysis.base.ui.test.DysisBaseUITest" />
    <arg value="-Dtimestamp=${timestamp}" />
    <classpath>
      <path refid="equinox.launcher.classpath" />
    </classpath>
  </java>
</target>
```

Listing 11.8
Mit Hilfe von Ant Targets wird der JUnit-Plugin-Test ausgeführt.

Die zu testende Application *net.sf.dysis.application.application* wird mit dem Programmargument *-testApplication* definiert. Die auszuführende Testklasse und das Test-Fragment mit den Argumenten *-className* und *-testPluginName*.

Programmargumente

Ungewohnt scheint zunächst das Argument *-port*. Hier wird wieder an die Arbeitsweise des JUnit-Plugin-Tests erinnert. Die Ergebnisse des Testlaufs werden von der PDE-Anwendung über einen Listener-Mechanismus bereitgestellt. Dieser Mechanismus bedient dabei eine Socket-Verbindung. Ein Testlauf benötigt immer einen Abnehmer der Testergebnisse. Dysis liefert einen solchen Abnehmer in Form des Bundles *net.sf.dysis.pde.test.utils*. Dieses Bundle und dessen Abhängigkeiten liegen, wie bereits erläutert, im *pdetest/listener*-Ordner unseres Root-Verzeichnisses. Bevor also der Testlauf gestartet werden kann, muss der Listener für die Testergebnisse mit einer identischen Port-Angabe gestartet werden, was in Listing 11.9 auf der nächsten Seite gezeigt wird. Dabei werden dem Listener der Name des ausgeführten Tests, der Port

Bereitstellung der Testergebnisse

und die Datei zum Speichern des Testergebnisses als Argumente mit übergeben.

Listing 11.9
Der Listener für die
Testergebnisse wird
einfach über dessen
main()-Methode
gestartet.

```
<!-- Klassenpfad für den Listener -->
<path id="pde.test.listener.classpath">
  <fileset dir="${test.pde.listener}">
    <include name="**/*.jar" />
    <include name="*.jar" />
    <include name="org.junit**/*" />
    <include name="org.apache.ant**/*" />
  </fileset>
</path>

<target name="start.listener">
  <!-- Den Listener auf dem richtigen Port starten -->
  <java
      classname="net.sf.dysis.pde.test.utils.DysisPDETestManager"
      fork="yes"
      classpathref="pde.test.listener.classpath">
    <arg value="${test.plugin}" />
      <arg value="2401" />
        <arg value="'${basedir}/test/result.xml'"/>
  </java>
</target>
```

Elemente eines Testlaufs

Das Ausführen eines Testlaufs beinhaltet also zweierlei. Zuerst wird der Listener gestartet, der auf einem bestimmten Port auf die Ergebnisse des Tests wartet. Sobald dieser gestartet ist, wird der eigentliche Test aufgerufen, der seine Ergebnisse dem Listener mitteilt. Da der Listener erst nach Beendigung des Tests retourniert, muss er als Daemon gestartet werden, wie in Listing 11.10 dargestellt.

Listing 11.10
Der Listener für die
Testergebnisse läuft als
Daemon parallel zum
eigentlichen Testlauf.

```
<target name="run.test">
  <parallel>
    <daemons>
      <antcall target="start.listener" />
    </daemons>
    <sequential>
      <antcall target="execute.test" />
    </sequential>
  </parallel>
</target>
```

Die Ergebnisse des Testlaufs sind dann im Anschluss in der definierten Datei protokolliert und können mit den restlichen Artefakten des Builds archiviert werden. Durch den Aufbau der Verzeichnistruktur ist es möglich, die Tests wiederholt durchzuführen und somit in den Prozess der Continuous Integration einzubinden.

11.2.5 Oberflächen testen

Mit der Automatisierung von Tests für das UI rückt deren Fokus und Implementierung in den Blickpunkt. Es stellt sich die Frage, welche Aspekte der Oberfläche in welcher Tiefe getestet werden. Idealerweise sollte das zu testende UI dabei vollkommen frei vom Wissen von vorhandenen Tests implementiert sein. Wie kann dann jedoch der Test die Kontrolle über das UI erlangen, um die zu testenden Operationen ausführen zu können?

Testtiefe

Die Tiefe der implementierten Tests ist letztendlich Geschmackssache. Es ist nur zu beachten, dass das UI während der Entwicklung strukturell tendenziell instabil ist. Das heißt, es unterliegt ziemlich frequent *Instabilität des UI* Änderungen, was einer gut zu verwaltenden tiefen Teststruktur eher im Weg steht. Ich möchte dabei nicht sagen, dass dies nicht möglich ist. Der Aufwand zur Aktualisierung der Tests nimmt jedoch mit steigender Testkomplexität nachvollziehbarerweise überproportional zu.

Es ist daher zu empfehlen, die Oberflächentests auf die wirklichen Funktionen des UI zu beschränken. Die Korrektheit der aufzurufenden Services sollte auf die serverseitigen Tests verlagert werden und nicht Bestandteil der in der Oberfläche laufenden Tests sein.

Invasives Testen

Doch wie sollen Oberflächentests letztendlich umgesetzt werden? Die einfachste Möglichkeit, die Elemente der Oberfläche, also die Widgets, kontrollierbar zu machen, ist, sie über *getter*-Methoden zu publizieren. Der Test hat damit die volle Kontrolle über die einzelnen Widgets und kann beliebige Funktionen ausführen. Ein Schönheitsfehler ist dabei allerdings, dass damit allein für die Tests das UI als eine Art Public API vollkommen entblößt wird. Zudem gibt es damit die Kontrolle aus der Hand.

Das UI intern fernsteuern

Eine etwas mildere Form stellt die Verwendung des Adapter-Entwurfsmusters [11] dar. Sowohl `IViewPart` und `IEditorPart` implementieren das Interface `IAdaptable`. Die Methode `getAdapter(Class)` *Das IAdaptable* kann für Tests für eine Fernsteuerung des UI verwendet werden. Sie *Interface verwenden* kann so implementiert werden, dass eine Klasse zur Fernsteuerung zurückgegeben wird. Diese Klasse bietet dann die zu veröffentlichenden Funktionen auf dem UI an. Das UI behält dabei die Kontrolle über die veröffentlichten Zugriffe. Die Fernsteuerungsfunktion kann in manchen Fällen auch intern im `IViewPart` bzw. `IEditorPart` oder in aufrufenden Klassen verwendet werden. Trotzdem bleibt auch dieses Vorgehen eher invasiv.

Das UI extern fernsteuern

Test-Robots

Es existieren für Eclipse-RCP-Anwendungen einige Frameworks, die eine nichtinvasive Art des Testens anbieten. Diese sogenannten Test-Robots, wie SWTBot [7], GUIdancer [1] oder WindowTester [13], merken sich mit unterschiedlichen Techniken die vom Benutzer durchgeführten Tätigkeiten auf dem UI. Diese aufgezeichneten Tests können dann einfach wieder abgespielt werden. Dieses Vorgehen klingt zunächst einfach und praktikabel. Aber hier machen sich Änderungen in Struktur und Namensgebung sehr stark im Anpassungsbedarf der Tests bemerkbar. Sind Tests tatsächlich als Code implementiert, dann greifen bei Änderungen in den meisten Fällen die Refactoring-Funktionen der IDE. Robots verwenden häufig allerdings Skriptsprachen und eine namentliche Identifizierung von Knöpfen und Menüeinträgen. Dies kann dazu führen, dass die Tests schon mit einer Anwendung, die in englischer Sprache gestartet wurde, nicht mehr funktionieren, da die Tests mit einer Anwendung in deutscher Sprache aufgezeichnet wurden. Letztendlich ist jedoch bei der Entscheidung für ein geeignetes Test-Framework immer auch auf die individuellen Anforderungen zu achten, die Sie an die UI-Tests stellen.

11.3 Continuous Build Server

Softwareentwicklung wird im Allgemeinen durch Continuous Build Server wie Hudson oder Cruise Control begleitet. Sie sind zumeist direkt mit dem Versionierungssystem verbunden und sorgen im Hintergrund für eine kontinuierliche Qualitätssicherung.

Mit der Verwendung von Ant kann der beschriebene automatisierte Produktexport einfach in den Continuous Build integriert werden. Nach dem Bauen, Testen und Deployen der Serverseite kann der Client ebenfalls automatisch mit Ant gebaut werden. Das daraus entstehende Produkt kann zum einen als Build-Artefakt archiviert werden, zum anderen kann es zusätzlich für einen automatisierten Oberflächentest verwendet werden, der neben der Überprüfung der Oberflächenfunktionen auch die korrekt funktionierende Kommunikation zwischen Client und

Server sicherstellt. So steht kontinuierlich wenige Minuten nach einem Check-in ins Repository ein vollständig gebautes und getestetes System zur Verfügung.

Teil III

Betrieb

IM ABSCHLIESSENDEN TEIL des Buchs wird der Betrieb von Enterprise-Eclipse-RCP-Anwendungen beleuchtet. In dieser Phase zeigt sich, ob die Architektur des Eclipse-RCP-Clients auch für Wartung und Weiterentwicklung stabil entworfen wurde. Sobald eine Anwendung im Live-Betrieb ist, gestaltet sich die (Weiter-)Entwicklung komplizierter, da neben der Umsetzung von neuen Funktionen auch die Fehleridentifizierung und -behebung hinzukommt. Die Anwendung ist dafür auf unterschiedlichen Umgebungen (engl. Stages) bereitgestellt, die alle parallel verwaltet werden müssen. Die zwei für Eclipse-RCP-Anwendungen wesentlichen Punkte in diesem Bereich sind zum einen das Ausliefern und Aktualisieren der dann ausgelieferten Anwendung. Der zweite Teil ist das Monitoring der ausgelieferten Anwendungen. Nur durch ein gut funktionierendes Monitoring kann eine effiziente Fehlerdiagnose erfolgen und eine schnelle Behebung sichergestellt werden. Dieser Teil beleuchtet diese beiden Themen und führt Codeauszüge aus der Dysis-Anwendung an, die Ihnen beispielhaft eine Lösung vorstellt.

12 Deployment

»An unmöglichen Dingen soll man selten verzweifeln,
an schweren nie.«

—*Jean Giraudoux (1882–1944),*
frz. Schriftsteller und Diplomat

Das Deployment eines Eclipse-RCP-Clients gilt im Rahmen einer Enterprise-Anwendung der landläufigen Meinung nach als dessen Achillesferse. Nicht von der Hand zu weisen ist der Fakt, dass ein Eclipse-RCP-Client mit Eclipse RCP eine eigene Plattform nutzt, die, anders als ein Browser, weitestgehend in sich abgeschlossen ist und nicht auf jedem Rechner standardmäßig vorhanden ist. Ein Deployment bedeutet also zwangsläufig ein neues Stück Software auf dem Zielsystem. Betrachtet man das typische Einsatzgebiet für Enterprise-Eclipse-RCP-Anwendungen, dann bedeutet das im Normalfall jedoch keinen echten Nachteil. Dieses Kapitel beschreibt unterschiedliche Wege, wie Ihr Produktexport zu den Benutzern findet.

12.1 Eclipse RCP als Client

Ein Eclipse-RCP-Client eignet sich besonders gut für bestimmte Arten von Enterprise-Anwendungen. Webanwendungen gestalten den Zugriff auf die Anwendung durch Nutzung des allgemein verfügbaren Browsers sehr leicht. Durch das Fehlen einer eigenen Plattform büßen sie gegenüber Rich-Client-Anwendungen allerdings in puncto Funktionsvielfalt und Bedienbarkeit ein. Charakteristisch haben Enterprise-Eclipse-RCP-Anwendungen einen mehr oder weniger festen Benutzerkreis. Ein *Fester Benutzerkreis* Großteil der Zielsysteme der Benutzer befindet sich zusätzlich meist im eigenen Einflussbereich.

Eine positive Eigenschaft von Eclipse-RCP-Anwendungen ist, dass sie explizit nicht installiert werden müssen. Die im Produktexport ent- *Einfache Installation* haltene .exe-Datei dient lediglich zum Starten der OSGi-Plattform, beinhaltet somit im Wesentlichen nur einen Start eines Java-Prozesses.

Installationen können somit einfach auf den Zielrechner kopiert werden und sind ohne Installation sofort ausführbar.

Schaut man sich die Gegebenheiten an, dann teilt sich das Thema Deployment von Eclipse-RCP-Anwendungen in zwei Bereiche: Softwareverteilung und Softwareaktualisierung.

12.2   Softwareverteilung

Die Softwareverteilung sorgt dafür, dass ein Produktexport zunächst einmal den Weg zum Benutzer findet. Da es unterschiedliche Einsatzszenarien gibt, existieren auch unterschiedliche Anforderungen, welche Elemente der Software wie initial verteilt werden sollen. Darüber hinaus gibt es Rahmenbedingungen für die Ausführung auf dem Zielsystem.

12.2.1   Rahmenbedingungen auf dem Zielsystem

Es muss berücksichtigt werden, dass ein Eclipse-RCP-Client als Java-Anwendung eine Abhängigkeit zur Java Runtime Environment des Zielsystems besitzt. Diese Abhängigkeit ist im Normalfall gebunden an eine bestimmte Version der JRE. Des Weiteren muss bei einem Client berücksichtigt werden, dass das Zielsystem unter Umständen von mehreren Benutzern verwendet wird. Einstellungen sollten also benutzerspezifisch abgelegt werden.

Integration der JRE

Eine Eclipse-RCP-Anwendung ist eine Java-Anwendung und benötigt somit eine JRE auf dem sie ausführende Zielsystem. Es ist dabei nicht unüblich, dass der Client eine bestimmte Version der JRE benötigt, um einwandfrei zu funktionieren. Dies bezieht sich auf die Einstellungen der ausgelieferten Bundles im Bundle Manifest, die üblicherweise ihre sogenannte *Execution Environment*, also die benötigte Java-Version, definieren, die sie zur Ausführung benötigen (vgl. Abbildung 12-1 auf der nächsten Seite).

Eine passende JRE-Version bereitstellen   Üblicherweise ist es schwer sicherzustellen, dass diese Version auf dem Client vorhanden ist. Zudem möchte man sich schon aus Prestigegründen den Ärger mit einer unpassenden JRE ersparen. Sinnvoll ist es, die benötigte JRE einfach mit auszuliefern. Sie muss dabei nicht auf dem Zielsystem installiert werden, sondern lediglich im Hauptverzeichnis des Produktexports im Unterverzeichnis *jre* vorhanden sein. Diese JRE wird dann der auf dem Zielsystem eventuell vorhandenen JRE beim Start vorgezogen.

Abb. 12-2
*Die JRE im
Unterverzeichnis jre
wird beim Start der
Anwendung der auf
dem Zielsystem
eventuell vorhandenen
JRE vorgezogen.*

Benutzereinstellungen

Eclipse-RCP-Anwendungen nutzen zum Ablegen von Daten einen definierten Ordner, den *Workspace*. Dieser Ordner stellt mit dem *.metadata*-Unterverzeichnis gleichzeitig den Ort zur Verfügung, der für das Speichern des Zustands eines Clients verwendet wird. Dazu gehören sowohl die Anordnung der Oberfläche als auch die im IPreferenceStore abgelegten Einstellungen. In einem Zielsystem, das von mehreren Benutzern verwendet wird, sollten diese Informationen also benutzerspezifisch gespeichert werden. Dafür bietet sich das Hauptverzeichnis des am Betriebssystem angemeldeten Benutzers an, das auch vom Betriebssystem für die benutzerspezifischen Einstellungen verwendet wird. Eclipse RCP bietet zur Beeinflussung der Lokation des Workspaces das Programmargument *-data* an.

Workspace-Ordner

```
-data
@user.home/.dysis
```

Listing 12.1
*Das -data-
Programmargument
definiert den
Workspace einer
Anwendung.*

Gibt man für den Start von Dysis beispielsweise in der .ini-Datei, wie in Listing 12.1 dargestellt, hierfür den Wert *@user.home/.dysis* an, dann wird der Workspace als Ordner *.dysis* im Userverzeichnis des aktuellen Betriebssystemusers angelegt.

So kann sichergestellt werden, dass die für den aktuell angemeldeten Benutzer gültigen Einstellungen verfügbar sind.

12.2.2 Softwareverteilungssysteme

Mit der Externalisierung der Einstellungen kann eine Eclipse-RCP-Anwendung problemlos über ein beliebiges Softwareverteilungssystem ausgerollt werden. Alle für die Ausführung notwendigen Programmteile sind zum einen ohne Installation verfügbar. Zum anderen bleiben die Benutzereinstellungen nach einem Update erhalten, da sie nicht im Hauptverzeichnis der Anwendung liegen.

12.2.3 Installation via Java Web Start

Eine Eclipse-RCP-Anwendung lässt sich mit Einschränkungen auch über Java Web Start installieren [9]. Damit entfällt natürlich die Integration einer JRE, da Java Web Start auf dem Zielsystem installiert sein muss. Dieser Weg ist nicht ohne wesentliche Einschränkungen zu empfehlen, da einige teilweise wichtige Eclipse-Funktionen nicht greifen. Schaut man in die Eclipse-Hilfe, dann werden dort folgende Limitierungen bei der Verwendung von Eclipse RCP und Java Web Start genannt:

Limitierungen
- Plug-ins installed by Java Web Start can not be updated by Update and vice-versa. Features and plug-ins installed by Java Web Start can't be referred in the prerequisites of features that needs to be installed by Update; help can not be deployed through Java Web Start. However, it could be installed using Eclipse Update, or the server serving your application could run a help server.
- Requests to exit the application with a restart code are ignored.
- On the Mac, you can only use Web Start with Java 1.5 or later.

Zu den genannten Punkten kommt hinzu, dass bei der Verwendung von Java Web Start einige Konfigurationsparameter für OSGi nicht greifen. So kann beispielsweise das automatische Starten von Bundles, was normalerweise in der *config.ini* konfiguriert wird, nicht beeinflusst werden.

Dennoch lässt sich eine Eclipse-RCP-Anwendung mit diesen Limitierungen starten, wie ich am Beispiel Dysis zeigen werde.

Ein WebStart Feature erstellen

Für die Erstellung der für Java Web Start benötigten .jnlp-Dateien kann man sich den *Feature Export* der Eclipse IDE zunutze machen. Die Eclipse IDE bietet im Feature Export die Möglichkeit, für die zu exportierenden Features .jnlp-Dateien gleich mit zu erstellen. Diese Dateien stellen allerdings lediglich die Beschreibung des Inhalts, also der im Feature enthaltenen Bundles, dar. Ausführbar ist die Anwendung per Java Web Start damit leider noch nicht, hierfür sind noch weitere Schritte notwendig.

Zunächst benötigen wir ein spezielles Feature, das die Dysis Features klammert. Auf Ebene der Features gibt es bis jetzt noch keine Klammer, da zum Erstellen des Produktexports bisher die Produktkonfiguration verwendet wurde. Demzufolge benötigen wir ein neues Feature *net.sf.dysis.jnlp*, das über den *New Feature* Wizard angelegt wird. Das Feature definiert im Manifest die für den Start von Dysis benötigten Features als *Included Features*, wie in Abbildung 12-4 zu sehen ist.

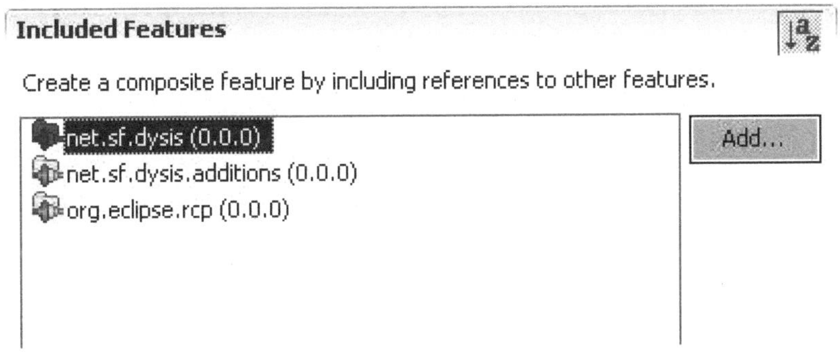

Beispiel

*Abb. 12-4
Das Dysis WebStart
Feature bildet die
Klammer um die
benötigten Dysis
Features.*

Beim Export des Dysis WebStart Features werden nun auch die drei genannten Features mit exportiert. Um zu verhindern, dass das *net.sf.dysis.jnlp* Feature selbst mit exportiert wird (es enthält keine echten Daten und dient ausschließlich als Klammer) wird das Root-Verzeichnis des Features manipuliert. Der Inhalt der build.properties des *net.sf.dysis.jnlp* Features trägt dafür nur eine Zeile *root=rootfiles*. Der gleichnamige Ordner *rootfiles* wird im eigentlichen Root-Verzeichnis angelegt. Beim Export des *net.sf.dysis.jnlp* Features werden nun nur noch die im Ordner *rootfiles* befindlichen Dateien mit exportiert. In diesem Ordner liegt die eigentliche .jnlp-Datei, die nachher mit Java Web Start ausführbar ist. Listing 12.2 auf der nächsten Seite zeigt die Datei dysis.jnlp, die die Fäden zusammenführt.

*Das Web Start Feature
exportieren*

*Das Root-Verzeichnis
manipulieren*

Listing 12.2
*Die dysis.jnlp-Datei ist
die Datei, die Dysis
über Java Web Start
ausführbar macht.*

```xml
<?xml version="1.0" encoding="UTF-8"?>
<jnlp spec="1.0+" codebase="<codebase>"
    href="dysis.jnlp">
<information>
  <title>Dysis JNLP</title>
  <vendor>Stefan Reichert</vendor>
  <offline-allowed/>
</information>
<security>
  <all-permissions/>
</security>
<application-desc main-class=
    "org.eclipse.equinox.launcher.WebStartMain">
  <argument>
     -nosplash
  </argument>
</application-desc>
<resources>
  <jar href=
     "plugins/org.eclipse.equinox.launcher_<version>.jar"/>
  <j2se version="1.5+" />
  <extension href=
     "features/net.sf.dysis_0.1.0.jnlp" />
  <extension href=
     "features/net.sf.dysis.additions_0.1.0.jnlp" />
  <extension href=
     "features/org.eclipse.rcp_3.4.1<version>.jnlp" />
  <property name="eclipse.product"
     value="net.sf.dysis.application.dysis_product"/>
</resources>
<resources os="Windows">
  <property name="osgi.instance.area"
     value="d:/temp/.dysis_jnlp"/>
  <property name="osgi.configuration.area"
     value="d:/temp/.dysis_jnlp"/>
</resources>
</jnlp>
```

Auf einige Elemente bzw. Attribute in der Datei möchte ich besonders hinweisen:

*Besondere
Konfigurationsattribute*

codebase Die Codebase-Information gibt die URL an, wo sich die JNLP Anwendung befindet.

main-class Die Main-Klasse `WebStartMain` befindet sich im Bundle *org.eclipse.equinox.launcher*, das im Tag *jar* angegeben ist.

jar Dieses Java-Archiv beinhaltet die WebStartMain-Klasse, die zum Starten der Anwendung ausgeführt wird.

extension Tags Hier sind die eigentlichen .jnlp-Dateien der Features aufgelistet, die im Rahmen des Exports des *net.sf.dysis.jnlp* Features erstellt wurden.

eclipse.product Der Wert dieses Propertys beinhaltet die ID des zu startenden Produkts.

Bevor ich auf weitere Punkte eingehe, schauen wir uns erst mal das Feature *net.sf.dysis.jnlp* im Überblick an.

Abb. 12-5
Das Dysis WebStart
Feature besteht aus
den
Unterverzeichnissen
keystore *und* rootfiles.

Auf zwei Elemente, die in der Abbildung 12-5 zu sehen sind, bin ich noch nicht eingegangen. Widmen wir uns zunächst dem Unterverzeichnis *keystore*, die Aufgabe der zweiten .jar-Datei im Ordner *rootfiles* wird nach dem Exportieren des *net.sf.dysis.jnlp* ersichtlich.

Java Web Start setzt voraus, dass die Bundles als Java-Archive vorliegen. Zudem müssen die .jar-Dateien signiert sein. Auch die Signierung kann im Rahmen des Exports als Option ausgewählt werden. Für das Signieren wird wieder das Keystore benötigt, das allerdings leicht mit dem Keytool des Java JDK zu erstellen ist. Dieses Keystore habe ich im Verzeichnis *keystore* abgelegt.

Signierung

Das WebStart Feature exportieren

Nach der zugegeben langen Vorbereitung kann nun exportiert werden. Dazu wird einfach der Feature Export Wizard aus dem Manifest Editor des *net.sf.dysis.jnlp* Features aufgerufen. Der Dialog bietet die zur Verfügung stehenden Features an. Da die Abhängigkeiten über die *Included Feauture*-Einstellung definiert ist, reicht die Auswahl des *net.sf.dysis.jnlp* Features.

In Abbildung 12-6 auf der nächsten Seite sind die beiden Reiter *JAR Signing* und *Java Web Start* zu erkennen. Diese werden erst aktiv, wenn man auf dem *Options*-Reiter den Export der beinhalteten Bundles in Java-Archive auswählt.

Abb. 12-6
Das Dysis WebStart
Feature wird mit dem
Feature Export Wizard
exportiert.

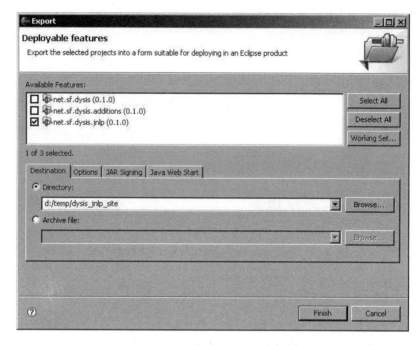

Abb. 12-7
Die Reiter JAR Signing
und Java Web Start
werden erst bei einem
Export in Java-Archive
sichtbar.

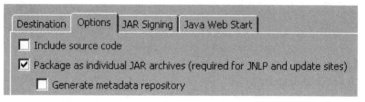

Der Reiter *JAR Signing* wird mit den Informationen zum Signieren der zu exportierenden Bundles bestückt. Dabei wird auf die im Unterverzeichnis *keystore* liegende .keystore-Datei und die notwendigen Metainformationen verwiesen, wie in Abbildung 12-8 zu sehen ist.

Abb. 12-8
Der Reiter JAR Signing
definiert die
Einstellungen zum
Signieren der Bundles.

Destination	Options	JAR Signing	Java Web Start

☑ Sign the JAR archives using a keystore (a password-protected database)

Keystore location: ...\net.sf.dysis.jnlp\keystore\.keystore   Browse...

Alias: Stefan Reichert

Password: ******

Auf dem Reiter *Java Web Start* wird das Erstellen der `.jnlp`-Dateien aktiviert, auf die nachher die `dysis.jnlp`-Datei verweist.

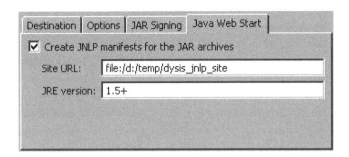

Abb. 12-9
Der Reiter Java Web Start *beinhaltet die Einstellungen zur Erstellung der* .jnlp-*Dateien.*

Nach dem Export taucht dann die gewohnte Ordnerstruktur eines Exports im gewählten Zielverzeichnis auf. Zusätzlich zu den Bundles und Features finden sich im *features*-Unterverzeichnis die erhofften `.jnlp`-Dateien und im Hauptverzeichnis die `dysis.jnlp`-Datei. Um die `dysis.jnlp`-Datei nun ausführen zu können, müssen lediglich zwei weitere Dinge getan werden. Zum einen verweist die `.jnlp`-Datei des *org.eclipse.rcp* Features leider auf zwei eigentlich überflüssige Bundles, die aus der `.jnlp`-Datei entfernt werden müssen. Die *<resource>* Tags der folgenden beiden Bundles können entfernt werden.

- org.eclipse.equinox.launcher.wpf.win32.x86
- org.eclipse.equinox.launcher.win32.win32.x86

Überflüssige Bundles

Diese Bundles sind nur dann notwendig, wenn ein Splashscreen verwendet werden soll. Zudem wird auf ein weiteres Bundle verwiesen, das allerdings zur Ausführung zwingend notwendig ist. Es ist nicht in der originären Eclipse Distribution vorhanden, sondern stammt aus dem Eclipse Delta Pack:

- org.eclipse.swt.wpf.win32.x86

Zusätzlich benötigtes Bundle

Dieses Bundle ist bereits in Abbildung 12-5 auf Seite 253 zu sehen gewesen. Bevor man es aus der Delta Pack Distribution in den *plugins*-Ordner kopiert, muss es mit dem identischen Keystore signiert werden, wie die restlichen Bundles beim Export. Das mit dem `.keystore` signierte Bundle liegt der Einfachheit halber mit im *rootfiles*-Verzeichnis, so muss es nach dem Export in den *plugins*-Ordner verschoben werden. Dysis lässt sich nun, vorausgesetzt Java Web Start ist installiert, mit einem Doppelklick auf die `dysis.jnlp`-Datei starten.

12.2.4 Installation via NSIS

Es gibt Situationen, da wirkt ein einfaches Kopieren der Dateien auf das Zielsystem ein wenig hemdsärmlig. Einige Benutzer erwarten von einem Programm, dass man es installieren muss, bevor man es verwenden kann. In diesen Fällen kann ein klassischer *Installer* verwendet werden, der den Client per Installationsskript auf das Zielsystem bringt. Die zum Produkt gehörenden Dateien werden dabei in einer *Setup*-Datei zusammengefasst, mit der sich die Anwendung erwartungskonform installieren lässt. Die Anwendung taucht so auf Windows-Systemen auch im Startmenü und in der Übersicht der installierten Software auf. Ein Installer sorgt im Endeffekt allerdings nur für eine professionelle Optik, im Hintergrund geschieht wiederum das einfache Kopieren des Produktexports an eine bestimmte Stelle.

Installationsskript   Zum Erstellen eines Installationsskripts für Windows-Systeme in der Eclipse IDE eignet sich das *Nullsoft Scriptable Install System* (NSIS) [19] sehr gut. Zum einen ist es eine Open Source Software und frei erhältlich. Zum anderen gibt es eine sehr gute Integration für Eclipse. *EclipseNSIS* [36] bietet einen Wizard zum Erstellen eines Installationsskripts, welcher alle notwendigen Informationen abfragt und das komplette Skript erstellt (Abbildung 12-10 auf der nächsten Seite).

12.3 Softwareaktualisierung

Nachdem der Client auf dem Zielsystem installiert ist, richtet sich der Fokus auf die Möglichkeiten der Aktualisierung der installierten Software. In verteilten Anwendungen ist dieses Thema insofern wichtig, als die installierte Version des Clients mit der aktuell laufenden Version des Servers zusammenarbeiten muss.

12.3.1 Die Update-Problematik

Wenn der Server mit neuer Version der Software aktualisiert wird, muss dafür Sorge getragen werden, dass der Client ebenfalls zeitnah aktualisiert wird, damit Frontend und Backend zusammenpassen. Dies ist problemlos mit der bereits beschriebenen Versionierungsstrategie der einzelnen Komponenten möglich. Die Konformität von Client und Server kann sowohl explizit beim Start des Clients als auch transparent bei jedem Aufruf geprüft werden.

Parallelbetrieb   Grundsätzlich gilt es zu entscheiden, ob ein Parallelbetrieb zweier Version gewünscht bzw. möglich ist. Bei Verwendung einer Datenbank ist dies eher nicht zu empfehlen, um eventuell auftretende Verletzungen der Datenintegrität zu vermeiden. Trotzdem ließe sich dieser durchaus

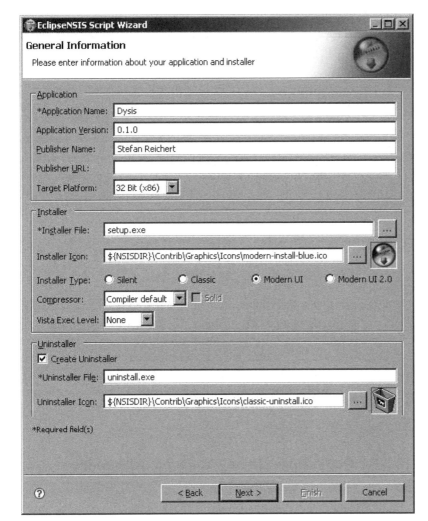

Abb. 12-10
*Der Eclipse NSIS
Wizard fragt alle
notwendigen
Informationen zu den
Installationsdetails ab
und erstellt das Skript
zum Erstellen der
benötigten
Setup-Datei.*

realisieren, vorausgesetzt die Versionsinformationen des Requests sind
verfügbar, beispielsweise im HTTP Request Header. Anhand dieser Informationen kann ein Request dann an die korrekte Version des Servers
delegiert werden.

Die sicherere Variante besteht in sofortiger Terminierung aller zurzeit angemeldeten Clients und einem Update der Client Software auf
die zum Server passende Version. Notwendig hierfür ist ein Mechanismus, der den Client im Falle eines Versionskonflikts beendet. Hier gibt
es unterschiedliche Möglichkeiten:

*Terminierung von
aktiven Clients*

Session Handling Der Server bietet die Möglichkeit, die aktuelle Authentifizierung aller angemeldeten Clients serverseitig zu invalidieren und gleichzeitig neue Anmeldungen zu unterbinden. Somit kann eine gewisse Zeit vor Beginn des Deployments bereits dafür Sorge getragen werden, dass kein Client mehr auf dem System arbeitet.

Prüfung beim Servicezugriff Der Server prüft bei jedem Request die Version des Requests. Im Falle eines Konflikts wirft er eine spezielle Exception, die das Schließen des Clients bewirkt.

Polling Clientseitig läuft ein Job, welcher die Konformität clientseitig überprüft. Im Falle eines Konflikts beendet sich der Client selbst. Dieses Vorgehen hat den Vorteil, dass der Benutzer einige Zeit im Voraus gewarnt werden kann und somit die Chance erhält, seine Arbeit entsprechend zu beenden.

12.3.2 Externe Softwareaktualisierung

Nach dem Beenden des Clients besteht nun die Möglichkeit, eine Aktualisierung der Software vorzunehmen. Abhängig vom gewählten Softwareverteilungssystem kann dies extern vorgenommen werden. Sicherlich etwas umständlich kann eine neue Version per Installer zur Verfügung gestellt werden, die vom Benutzer selbst installiert wird. Deutlich komfortabler prüfen Softwareverteilungssysteme, darunter auch Java Web Start, beim Start automatisch auf das Vorhandensein einer neuen Version, die dann automatisch installiert wird.

12.3.3 Den Eclipse Update Manager verwenden

Als Alternative zur externen Lösung kann auch der Eclipse-interne Update-Mechanismus verwendet werden. Seit Eclipse 3.4 wird der klassische Update Manager im Umfeld der IDE nicht mehr eingesetzt und durch *P2* ersetzt. Die Integration von P2 mit Eclipse RCP war in der Version 3.4 jedoch noch nicht vollends ausgereift. Während der Entstehung dieses Buches habe ich daher zur Anschauung ein sehr einfach gestaltetes Update der installierten Features mit Teilen des klassischen Update Managers entwickelt. In den letzten Monaten hat sich im P2-Umfeld einiges getan, sodass die vielen wertvollen Features mit Eclipse 3.5 sicherlich auch gut in Ihre Eclipse-RCP-Anwendung integriert werden können. Dennoch genügt das folgende Beispiel, den grundsätzlichen Mechanismus eines plattforminternen Updates darzustellen.

Automatisch aktualisieren

Da die Aktualisierung der installierten Features automatisch erfolgen soll, eignet sich der Dialog, der sich durch den Aufruf der Methode *Update Manager UI* `UpdateManagerUI.openInstaller(Shell)` öffnet, nicht. Zudem ist die Bedienung des Dialogs nicht intuitiv, schon gar nicht für einen Benutzer einer Enterprise-Eclipse-RCP-Anwendung. Demzufolge bleibt nur das API des *org.eclipse.update.core* Bundles, um für eine Aktualisierung der installierten Features im Batch-Modus zu sorgen.

Das API wirkt auf den ersten Blick etwas verwirrend, es ist jedoch mit einigen wenigen Klassen und Methoden möglich, den Inhalt einer klassischen Update Site mit den aktuell installierten Features abzugleichen. Zentrale Klasse ist dabei der `SiteManager`.

```
private ISiteFeatureReference[] getRemoteFeatures(IProgressMonitor
    monitor) throws CoreException, MalformedURLException {
  ISite updateSite = SiteManager.getSite(new URL(updateSiteString),
    monitor);
  return updateSite.getFeatureReferences();
}
```

Listing 12.3
Der SiteManager ermöglicht den Zugriff auf die von einer Update Site zur Verfügung gestellten Features.

Neben dem Zugriff auf eine Update Site, wie in Listing 12.3 dargestellt, kann auch auf die lokal installierten Features zugegriffen werden.

```
private IFeatureReference[] getLocalFeatures(
  ILocalSite localSite = SiteManager.getLocalSite();
  return localSite.getCurrentConfiguration().getConfiguredSites()
    [0].getFeatureReferences();
}
```

Listing 12.4
Auch auf die lokal installierten Features kann mit dem SiteManager zugegriffen werden.

Die beiden Listen von Features können einfach miteinander verglichen werden. Jede `IFeatureReference` bietet einen `VersionedIdentifier`, der die Versionsinformationen des Features beinhaltet.

```
...
VersionedIdentifier remoteIdentifier = remoteFeatureReference.
    getVersionedIdentifier();
VersionedIdentifier localIdentifier = localFeatureReference.
    getVersionedIdentifier();
if (remoteIdentifier.getVersion().isGreaterThan(localIdentifier.
    getVersion())) {
  // handle update
  ...
}
```

Listing 12.5
Mit dem VersionedIdentifier kann festgestellt werden, ob das Feature der Update Site aktueller ist als das zurzeit installierte.

Leider ist die von der Methode getVersion() des VersionedIdentifiers zurückgegebene Klasse PluginVersionIdentifier bereits in der 3.4-Version als *deprecated* markiert. Das API gibt die Klasse org.osgi.framework.Version als Alternative an, allerdings bietet der VersionIdentifier diese noch nicht an. Zukünftig wird sich an dieser Stelle also wahrscheinlich eine Änderung ergeben. Bis dahin funktioniert der Versionsvergleich mit dem PluginVersionIdentifier aber sehr gut.

Feature-Operationen

Hat man nun also ein aktualisiertes Feature auf der definierten Update Site identifiziert, dann bietet das *org.eclipse.update.core* Bundle hierfür eine sogenannte *Operation* an. Für das Installieren (ein Update bedeutet im OSGi-Kontext das Hinzufügen eines Bundles mit einer höheren Versionsnummer) steht hier die IInstallFeatureOperation bereit, die sowohl das Feature als auch die anhängenden Bundles von der Update Site in das Installationsverzeichnis kopiert. Für das Erstellen einer IInstallFeatureOperation wird der OperationsManager bemüht, der eine Factory zur Verfügung stellt.

Listing 12.6
Neue Features können
mit Hilfe des
OperationsManagers
heruntergeladen
werden.

```
private boolean downloadFeature(ILocalSite localSite,
    IFeatureReference remoteFeatureReference, IProgressMonitor
    monitor) throws CoreException, InvocationTargetException {
  IConfiguredSite targetSite = localSite.getCurrentConfiguration().
    getConfiguredSites()[0];
  IInstallFeatureOperation installFeatureOperation =
    OperationsManager.getOperationFactory().
    createInstallOperation(targetSite, remoteFeatureReference.
    getFeature(monitor), null, null, null);
  return installFeatureOperation.execute(monitor, null);
}
```

Der boolsche Rückgabewert der in Listing 12.6 gezeigten Methode downloadFeature() sagt aus, ob der Download erfolgreich abgeschlossen wurde. Dieser Wert lässt sich für sämtliche Operationen aggregieren, um festzustellen, ob sich im Installationsverzeichnis etwas verändert hat. In diesem Fall muss die Eclipse-RCP-Anwendung neu gestartet werden, damit die Änderungen aktiv werden.

Dysis kapselt diese Prüfung in der Klasse UpdateManager in einem eigenen Bundle *net.sf.dysis.application.update*. Diese Klasse wird von der Application-Klasse bei Start verwendet, um eventuell vorhandene Updates automatisch und ohne Benutzerinteraktion herunterzuladen.

```
...
UpdateManager updateManager = new UpdateManager(
    "file:/d:/temp/net.sf.dysis.updatesite/site.xml");
if (updateManager.checkForUpdates(display.getActiveShell())) {
  MessageDialog.openInformation(
      display.getActiveShell(),
      "Update Manager",
      "Die Dysis Programmdateien wurden aktualisiert."
      + " Dysis wird nun neu gestartet.");
  return IApplication.EXIT_RESTART;
}
...
```

Listing 12.7
Der UpdateManager
kapselt die
Aktualisierung der
installierten Features.

Aufräumen

Der Dysis `UpdateManager` arbeitet nach einem sehr einfachen Muster, da er lediglich neue Features herunterlädt. Mit der Zeit wird so das Installationsverzeichnis des Clients stark an Größe zunehmen, da alte Versionen von Features und Bundles nicht entfernt werden. Der `OperationsManager` bietet weitere *Operations* an, die hierfür verwendet werden können:

- `getOperationFactory().createUnconfigureOperation()`
- `getOperationFactory().createUninstallOperation()`

Feature-Operationen
zum Aufräumen

Mit diesen Operationen wird allerdings auf ggf. bereits verwendete Features verwiesen, da die Plattform beim Aufruf bereits gestartet ist. Im Bedarfsfall muss darauf bei der Implementierung Rücksicht genommen werden.

13 Monitoring

»Vertrauen ist gut, Kontrolle ist besser!«

—*Wladimir Iljitsch Uljanow Lenin (1870–1924),*
russ. Politiker

Ist der Eclipse-RCP-Client erst mal im Betrieb, dann ist es unter Umständen schwierig, bestimmte Fehlersituationen, die beim Benutzer auftreten, bearbeiten zu können. Oftmals ist es schon kompliziert, die eigentliche technische Fehlermeldung zu identifizieren, da der Benutzer im Idealfall eine verständliche Meldung präsentiert bekommt. Um die Hotline beim Support der Anwendung optimal zu unterstützen, ist es ratsam, ein entsprechendes Logging und Tracing vorzusehen.

Diese Kapitel beschreibt, welche Möglichkeiten sich bieten, Zustandsmeldungen der Clientseite zu erzeugen. Der erste Abschnitt bezieht sich dabei auf das Erstellen von textuellen Dokumenten mit Hilfe eines Logging- bzw. Tracing-Mechanismus. Speziell beleuchtet wird dabei der Aspekt der Homogenität von client- und serverseitigem Vorgehen. Als Abschluss gehe ich dann auf Möglichkeiten ein, den Echtzeitstatus eines Clients dem Server mitzuteilen. Echtzeitstatusinformationen sind beispielsweise für die Übersicht der zurzeit aktiven Clients notwendig.

13.1 Logging und Tracing

Die Begriffe Logging und Tracing liegen inhaltlich sehr nah beieinander. Beide bezeichnen Meldungen, die während des Programmablaufs erzeugt werden, sie unterscheiden sich allerdings in ihrer Granularität. Tracing liefert eher sehr detaillierte Ausgaben für Entwickler, die gewöhnlich auch nur in einer Sprache, meist Englisch, erscheinen. Logging hingegen sorgt für etwas höherwertige Nachrichten, die nachher im Betrieb von Administratoren oder Benutzern in entsprechenden Rollen gelesen werden. Logging ist im Vergleich zum Tracing sparsamer, zudem kann auch Mehrsprachigkeit eine Anforderung sein. Das Schreiben von Meldungen wird üblicherweise als Logging bezeichnet, Trace-

Meldungen sind demzufolge meist Log-Meldungen mit einer niedrigeren Priorität.

13.1.1 Eclipse Log

Eclipse Logging API

Die Eclipse-Laufzeitumgebung stellt ein einfaches API für das Logging von Exceptions, Warnungen und anderen Informationen zur Verfügung, die für das Debuggen oder Betreiben von Eclipse-Anwendungen nützlich sind. Die mit diesem API geloggten Meldungen werden zunächst in eine Textdatei geschrieben, sodass sie auch nach der Beendigung der Anwendung ausgewertet werden können. Darüber hinaus stellt Eclipse ein einfaches UI zur Verfügung, mit dem die Fehlermeldungen (auch nachträglich) betrachtet werden können, den *Error Log View*.

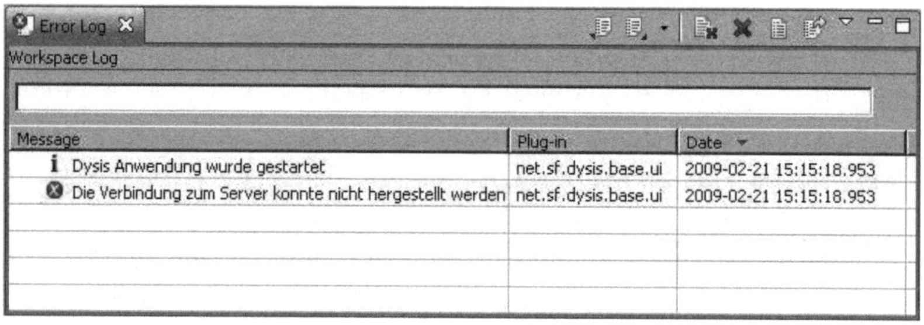

Abb. 13-1
Der Error Log View
zeigt die im Log
vorhandenen Einträge.

Das Eclipse Logging API nutzen

Um das Eclipse Log in eigenen Eclipse-RCP-Anwendungen nutzen zu können, sind keine weiteren Voraussetzungen notwendig, da das API für das Logging von Nachrichten und Ereignissen zur Eclipse Runtime gehört. Das Logging API wird über das Interface *Die Klasse ILog* `org.eclipse.core.runtime.ILog` definiert, welches Bestandteil der Eclipse Runtime im Bundle *org.eclipse.core.runtime* ist. Dieses Bundle wird von allen Eclipse-RCP-Anwendungen verwendet, somit ist das Logging API ebenfalls immer im Zugriff.

Der Zugriff auf das Logging API erfolgt dabei immer über die Plug-in-Klasse eines Bundles. Die Klasse `org.eclipse.core.RuntimePlugin` stellt die Methode `getLog()` zur Verfügung, die eine Referenz auf das Log des Bundles liefert. Dies bedeutet, dass ein Bundle, das loggen will, eine Plug-in-Aktivator-Klasse definieren muss. Eine solche Plug-*Den Activator* in-Aktivator-Klasse, die im Normalfall unter dem Namen `Activator` be-*benutzen* kannt ist, wird nicht zwangsläufig benötigt. Sie ist üblicherweise als Singleton implementiert, der beim Start des Bundles erzeugt wird. Für das Logging ist sie unerlässlich, da sonst kein Zugriff auf das ILog erfolgen kann.

Eine einfache Meldung auf das Eclipse Log kann mit folgendem Codefragment ausgegeben werden:

```
...
private void foo(){
    ...
    String symbolicName = Activator.getDefault().getBundle().
        getSymbolicName();
    IStatus status = new Status(Status.INFO, symbolicName, Status.OK
        , "Hello World!", null);
    Activator.getDefault().getLog().log(status);
    ...
}
```

Listing 13.1
Aufruf des Eclipse
Logging API

Da es recht umständlich wäre, dieses Codefragment an jeder Stelle einzubinden, an der eine Meldung in das ILog ausgegeben werden soll, lohnt es sich, dieses Fragment zu kapseln und einfach zu verwendende Methoden für das Logging anzubieten. Dysis nutzt hierfür ein eigenes Interface IPluginLogger, welches in Listing 13.2 dargestellt ist.

Den Zugriff
vereinfachen

```
void info(String message, Throwable throwable);

void info(String message);

void error(String message);

void error(Throwable throwable);

void error(String message, Throwable throwable);
```

Listing 13.2
Das Interface
IPluginLogger stellt die
Methoden für das
Logging zur Verfügung.

Die Methoden sind deutlich einfach zu verwenden. Implementiert wird dieses Interface nun vom PluginLogger, der die in Listing 13.1 abgebildete Routine kapselt.

```
...
public final void info(String message, Throwable throwable) {
    log(IStatus.INFO, IStatus.OK, message, throwable);
}

public final void info(String message) {
    log(IStatus.INFO, IStatus.OK, message, null);
}
```

Listing 13.3
Die Klasse
PluginLogger
implementiert das
Interface
IPluginLogger. Die
einzelnen Methoden
delegieren an eine
zentrale log()-Methode.

```
public final void error(String message) {
    log(IStatus.ERROR, IStatus.OK, message, null);
}

public final void error(Throwable throwable) {
    error(throwable.getMessage(), throwable);
}

public final void error(String message, Throwable throwable) {
    log(IStatus.ERROR, IStatus.OK, message, throwable);
}

private final void log(int severity, int code, String message,
    Throwable exception) {
    log(createStatus(severity, code, message, exception));
}

private final IStatus createStatus(int severity, int code, String
    message,
    Throwable exception) {
    String symbolicName = runtimePlugin.getBundle().getSymbolicName
        ();
    return new Status(severity, symbolicName, code, message != null
        ? message : "", exception);
}

private final void log(IStatus status) {
    runtimePlugin.getLog().log(status);
}
...
```

Die einzelnen Methoden delegieren an eine zentrale log()-Methode, die schlussendlich das IStatus-Objekt erstellt und mittels des ILog einen Logeintrag erstellt. Das entsprechende Plugin-Objekt bekommt einen PluginLogger im Konstruktor übergeben. Um nicht mit dem Konstruktor zu arbeiten, bietet der PluginLogger eine statische getLogger()-Methode an, welche das Interface zurückliefert. Die Verwendung fühlt sich somit vertraut zu anderen Logging-Frameworks an. Der Aufruf aus Listing 13.1 auf der vorherigen Seite kann nun vereinfacht werden zu:

Listing 13.4
Nutzen des Dysis
Plugin Logging API

```
...
private static IPluginLogger logger = PluginLogger.getLogger(
    Activator.getDefault());
...
private void foo(){
    ...
```

```
        logger.info("Hello World!");
    ...
    }
    ...
```

Log-Meldungen anzeigen

Wie bereits erwähnt, schreibt Eclipse die an das Logging API gesendeten Nachrichten in eine Log-Datei. Diese Datei ist menschenlesbar, befindet sich normalerweise im Verzeichnis <workspace>/.metadata/ und heißt .log. Der Pfad zu dieser Datei kann auch mit dem Aufruf Platform .getLogFileLocation() ermittelt werden. Die Log-Datei enthält alle Informationen, die an die entsprechende Log-Methode gesendet wurden. Sie eignet sich somit hervorragend für eine Post-Mortem-Analyse.

Log-Datei

Während der Entwicklung und auch später im Betrieb kann es sinnvoll sein, die Logging-Ausgaben nicht erst mühsam in der Log-Datei nachvollziehen zu müssen, sondern sie bereits während der Ausführung des Programms beobachten zu können. Zu diesem Zweck eignet sich der -consoleLog-Parameter. Wird eine Eclipse-RCP-Anwendung mit diesem Programmargument gestartet, so werden alle Logging-Meldungen nicht nur in das Log geschrieben, sondern auch auf der Konsole ausgegeben.

-consoleLog: Ausgabe auf der Konsole

Falls mehr Komfort gewünscht ist, kann der *Error Log View* in die Anwendung eingebunden werden. Er stellt alle Einträge der Log-Datei in Listenform dar. Bei einem Doppel-Klick auf einen Eintrag öffnet sich ein Dialog, in dem die Log-Meldung detailliert dargestellt wird. Der *Error Log Viewer* wird eingebunden, indem das Bundle *org.eclipse.ui.views.log* gestartet wird. Ein einfacher Weg, um dies zu erreichen, ist es, im Application Bundle eine Dependency auf das Bundle *org.eclipse.ui.views.log* zu definieren. Ist der *Error Log Viewer* solchermaßen zum Bestandteil einer Anwendung gemacht worden, kann der *Log View* geöffnet werden, indem die Tastenkombination *SHIFT+ALT+Q L* (Windows) bzw. *Apfel+ALT+Q L* (Mac OS X) gedrückt wird.

Error Log View

13.1.2 Tracing

Um die Fehlerverfolgung in bereits ausgelieferten Anwendungen zu erleichtern, instrumentiert man den Programmcode oft mit Tracing-Meldungen. Diese Meldungen werden, wie gewöhnliche Log-Meldungen, über den Logging-Mechanismus geschrieben. Gewöhnlich verwendet man allerdings eine separate Meldungskategorie. Eclipse bietet mit dem Tracing API eine leichtgewichtige Möglichkeit, diese

Eclipse Tracing API

Tracing-Meldungen zu steuern.

Kern dieser API sind die beiden Methoden `Plugin.isDebugging()` und `Platform.getDebugOption(String)`. Mit ihnen kann festgestellt werden, ob der Benutzer die Anwendung im Debug-Modus gestartet hat und, falls ja, welche Programmmodule überhaupt tracen sollen.

Bundles für Tracing konfigurieren

Die Datei .options

Die Datei .options, die im Hauptverzeichnis eines Tracing-fähigen Bundles liegen muss, enthält eine Liste der Tracing-Optionen, die separat aktiviert werden können. Diese Tracing-Optionen sind im Wesentlichen einfache Key-Value-Paare.

Konfiguration

Ob ein Bundle im Debug-Modus gestartet ist, definiert der Eintrag mit dem Schlüssel *<Bundle-Symbolic-Name>/debug*. Steht dieser auf *true*, gibt die Methode isDebugging() des jeweiligen Bundles auch den Wert *true* zurück. Andere Werte der .options-Datei können mit der Methode `Platform.getDebugOption(String)` abgefragt werden.

Logging für Tracing-Meldungen konfigurieren

Die Frage stellt sich nun, wie der Logging-Mechanismus auf die Tracing-Meldungen reagieren soll. Es ist nicht wirklich komfortabel, an jeder Stelle, an der eine Log-Methode aufgerufen wird, nach der entsprechenden Tracing-Information zu fragen. Sinnvoll ist es dagegen,

Integration ins Logging

die Interpretation in das Logging selbst zu integrieren. Der Dysis `PluginLogger` lässt sich auf Bundle-Ebene konfigurieren, d.h., er prüft vor dem Absetzen einer Log-Meldung ab dem Status *IStatus.INFO*, ob das Tracing für das Bundle aktiviert ist.

Listing 13.5
Vor einer Meldung wird geprüft, ob das Tracing für das Bundle angeschaltet ist. Fehlermeldungen werden grundsätzlich geloggt.

```
...
private final void log(int severity, int code, String message,
    Throwable exception) {
  if (severity == IStatus.ERROR || (runtimePlugin.isDebugging()))
    {
    log(createStatus(severity, code, message, exception));
    }
}
...
```

Log-Meldung mit dem Status *IStatus.ERROR* werden hingegen grundsätzlich geloggt.

Diese Lösung lässt zweifelsohne nur eine sehr rudimentäre Konfiguration des Loggings bzw. Tracings zu. Diese lässt sich aber durchaus feingranularer gestalten, indem man den `PluginLogger` mit weiteren

Kontextinformationen ausstattet, die dann gegen die in der .options angegebenen Konfiguration geprüft werden. Aus meiner Erfahrung heraus benötigt man bezüglich Logging auf der Clientseite allerdings nur zwei Einstellungen: ganz oder gar nicht. Daher ist eine Konfiguration auf Bundle-Ebene, jedenfalls für Dysis, vollkommen ausreichend.

Tracing aktivieren

Wie das Tracing für die einzelnen Bundles aktiviert wird, hängt nun davon ab, ob die Anwendung aus der Entwicklungsumgebung oder von der Kommandozeile aus gestartet wird.

Beim Start aus der Entwicklungsumgebung kann man sich zunutze machen, dass Eclipse die .options-Datei auswertet. Die Aktivierung der einzelnen Trace-Optionen erfolgt dann im *Run Configuration*-Dialog (erreichbar über *Run > Run Configurations...*) (siehe Abbildung 13-2).

Tracing beim Start aus der Entwicklungsumgebung

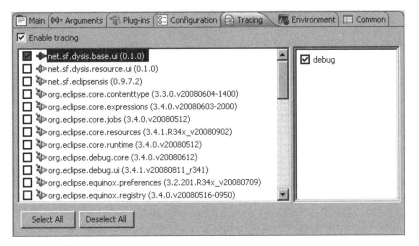

Abb. 13-2
Aktivieren des Tracings im Dialog Run Configuration

Dort kann für jedes Bundle separat konfiguriert werden, ob es am Tracing teilnehmen soll und welche Tracing-Optionen aktiviert werden sollen.

Soll Tracing für eine Anwendung aktiviert werden, die von der Kommandozeile (bzw. aus dem Windows-Startmenü oder dem Mac Finder) gestartet werden soll, ist folgendermaßen vorzugehen:

Zunächst muss im Hauptverzeichnis der Anwendung eine .options-Datei angelegt werden. In diese Datei müssen dann alle relevanten Tracing-Optionen übernommen werden. Welche Optionen verfügbar sind, kann aus dem .options-Dateien der einzelnen Bundles ermittelt werden.

Tracing beim Start von der Kommandozeile

13.1.3 Logging-Frameworks

Serverseite

Wie man sieht, bietet die Eclipse-Plattform selbst sehr flexible Werkzeuge zum Logging und Tracing an. Schauen wir aber nun auf die Serverseite, wo diese Werkzeuge nicht zur Verfügung stehen. Empfehlenswert ist der Einsatz eines Logging-Frameworks hier allemal, die Meldungen lassen sich nur so kontrollieren und steuern. Dabei sollte ein Framework in einer Enterprise-Anwendung direkt verwendet werden, ohne ein allgemeines API wie *java.commons.logging* vorzuschalten. Da man die volle Kontrolle über den Code hat, kann so das volle Potenzial des jeweiligen Frameworks genutzt werden.

Log4J

Als Framework der Wahl ist hier Log4J zu nennen. Zum einem ist es der Klassiker unter den Frameworks, es existiert somit eine Vielzahl an Dokumentation und Quellen für Hilfe und Ideen bei speziellen Anforderungen an das Logging und Tracing. Des Weiteren lässt sich Log4J sehr leicht konfigurieren und ist dabei noch sehr flexibel.

13.1.4 Einheitliches Logging

Betrachten wir die bisher beschriebenen Vorgehensweisen beim Logging, fällt eine gewisse Inhomogenität auf. Auf der einen Seite steht das sehr gut unterstützte Logging der Eclipse-Plattform, zum anderen ein Logging-Framework auf der Serverseite, im Fall Dysis Log4J. Ziel muss es jedoch sein, ein Höchstmaß an Homogenität innerhalb der gesamten Anwendung zu erreichen. Darum empfiehlt es sich, beide Vorgehensweisen miteinander zu verbinden.

Log4J auf der Clientseite

Log4J und OSGi: Klassenpfadprobleme

Um auf beiden Seiten auf die gleiche Art Log-Meldungen abzusetzen, sollte ein eiheitliches Logging-Framework eingesetzt werden. Der Einsatz von Log4J in einer RCP-Umgebung auf Basis von OSGi hat allerdings eine kleine Hürde. Log4J erwartet im Klassenpfad des Frameworks ein Konfigurationsfile, das die sogenannten *Appender*, also Ausgangskanäle, und einzelne Log-Level definiert. Einige Eclipse-Distributionen enthalten Log4J standardmäßig als Library Bundle, ansonsten muss dieses manuell erstellt werden. Hiervon unabhängig ist es jedoch Fakt, dass die jeweilige Konfiguration nicht Teil eben dieses Library Bundles sein kann, da sie anwendungsspezifischen Code darstellt und damit in einem anwendungsspezifischen Bundle liegen muss. Liegt sie jedoch in einem eigenen Code Bundle, ist sie für das Library Bundle zunächst nicht sichtbar. Hier bieten sich zwei Lösungen für das Problem, zum einen das Buddy Classloading, zum anderen kann die Konfiguration in ein Resource Bundle ausgelagert werden.

Buddy Classloading Für die Lösung mit Buddy Classloading muss im Bundle Manifest des Log4J Library Bundles der Eintrag *Eclipse-BuddyPolicy: registered* eingetragen werden. Das Code Bundle, das die Log4J-Konfiguration beinhaltet, bekommt einen Eintrag *Eclipse-RegisterBuddy:*, wobei nach dem Doppelpunkt der symbolische Name des Log4J Library Bundles aufgeführt ist. Vergessen Sie nicht, zusätzlich eine Abhängigkeit auf das Log4J Library Bundle zu setzen, damit der Buddy von der Plattform auch gefunden werden kann.

Lösungen zur Nutzung von Log4J im OSGi-Kontext

Resource Bundle Die zweite Möglichkeit, die Konfiguration dem Klassenpfad des Library Bundles hinzuzufügen, ist ein Resource Bundle. Hierfür wird ein Eclipse Fragment erstellt, für welches das Library Bundle als Host definiert wird. Beim Starten des Library Bundles wird so der Inhalt des Resource Bundles in das Library Bundle injiziert und damit die Konfiguration für das Library Bundle sichtbar. Trotzdem befindet sich die Konfiguration in einem separaten Bundle, das versioniert und anwendungsspezifisch verwaltet werden kann.

Verbinden von Log4J und Eclipse Log

Um die Vorteile beider Vorgehensweisen nutzen zu können, empfiehlt es sich, clientseitig beide Logging-Frameworks transparent miteinander zu verbinden. Auf der Clientseite sollten Sie sich allerdings für ein führendes Framework entscheiden, um eine einheitliche Nutzung sicherzustellen. Die Dysis-Anwendung nutzt daher auf der Clientseite ausschließlich das Eclipse Logging.

Transparente Verknüpfung

Um nun zu erreichen, dass sowohl server- als auch clientseitig durch Log4J eine einheitliches Logdatei-Format entsteht, müssen die im Eclipse Log entstandenen Meldungen zusätzlich an Log4J gemeldet werden. Mit einem ILogListener ist das sehr bequem zu erreichen.

```
public interface ILogListener extends EventListener {

  public void logging(IStatus status, String plugin);

}
```

*Listing 13.6
Das ILogListener
Interface*

Eine Implementierung des ILogListeners meldet jede Meldung an das entsprechende Ziel-Framework. Dysis implementiert eine Klasse Log-Transfer, die genau dies tut.

Listing 13.7
Die LogTransfer-Klasse
transferiert sämtliche
Eclipse-Log-Einträge
transparent an Log4J.

```java
public class LogTransfer implements ILogListener {

  private Logger logger = Logger.getLogger(LogTransfer.class);

  public void logging(IStatus status, String plugin) {
    String message = "[" + plugin + "] " + status.getMessage();
    Throwable exception = status.getException();
    switch (status.getSeverity()) {
      case IStatus.CANCEL:
        logger.error(message, exception);
        break;
      case IStatus.ERROR:
        logger.error(message, exception);
        break;
      case IStatus.INFO:
        logger.info(message, exception);
        break;
      case IStatus.OK:
        logger.info(message, exception);
        break;
      case IStatus.WARNING:
        logger.warn(message, exception);
        break;
      default:
        logger.info(message, exception);
        break;
    }

  }
}
```

Das `LogTransfer` wird in der `start()`-Methode eines Activators einfach bei der Plattform registriert.

Listing 13.8
Ein Activator registriert
in der start()-Methode
das LogTransfer.

```java
public void start(BundleContext context) throws Exception {
  super.start(context);
  plugin = this;
  ...
  // Register the log transfer
  // to enabled Log4J logging
  logTransfer = new LogTransfer();
  Platform.addLogListener(logTransfer);
  ...
}

public void stop(BundleContext context) throws Exception {
  Platform.removeLogListener(logTransfer);
```

```
  plugin = null;
  super.stop(context);
}
```

In dieser Variante werden nicht nur die vom `PluginLogger` gemeldeten Einträge an Log4J transferiert, sondern auch sämtliche anderen Log-Meldungen des Clients. Somit kann der Log Output sowohl des Servers als auch des Clients mit denselben Tools analysiert werden, zusätzlich kann aber auch die volle Funktionalität des Eclipse *Log View*s genutzt werden.

13.1.5 End-to-End Logging

Die Idealvorstellungs für das Logging einer verteilten Anwendung ist das End-To-End Logging. Alle Log-Meldungen aller beteiligten Komponenten, sowohl Server als auch Client, laufen dann an einem einzigen Punkt zusammen. Mit anderen Worten werden die clientseitig entstehenden Meldungen zum Server transportiert und dort abgelegt. Somit entfällt das Übermitteln der im Fehlerfall am Client entstandenen Informationen, die Meldungen wären im korrekten zeitlichen Ablauf an einer einzigen Stelle auswertbar.

Zusammenführung aller Log-Meldungen des Systems

End-to-End Logging bedeutet jedoch einen nicht zu vernachlässigen Zuwachs an Datenverkehr, der sehr genau gegen den Mehrwert eines zentralen Logs geprüft werden muss. Dennoch gibt es Szenarien, in denen ein solches Vorgehen durchaus zu rechtfertigen ist, wie beispielsweise ein Testbetrieb oder die ersten Stufen eines Rollouts. In diesen Phasen ist die Überwachung des Systems und eine schnelle Reaktionsfähigkeit sehr wichtig. Da hier meist nicht die gesamte Menge an Benutzern auf dem System arbeitet, wiegt das Problem des zusätzlichen Traffics weniger schlimm.

Einsatzszenarien

Es existieren unzählige Ansätze für ein End-to-End Logging. Die Ansätze unterscheiden sich meist in der Art, wie der Client die Meldungen an den Server sendet. Ein End-to-End Logging sollte in meinen Augen allerdings von folgenden zwei Prämissen ausgehen:

1. Der Client hat nach wie vor sein eigenes primäres Log. Die auflaufenden Meldungen werden weiterhin auf der Clientseite im primären Log abgelegt. Das Server Log stellt das sekundäre Log dar. Die Log-Meldungen des Clients gehen so keinesfalls verloren, auch wenn zeitweise keine Verbindung zwischen Client und Server existiert.
2. Das Transferieren der Meldungen funktioniert vergleichbar mit einer Queue. Der primäre Log-Eintrag wird im Rahmen des arbeitenden Prozesses erstellt. Die eigentliche Übertragung der Meldungen

Prämissen für ein End-to-End Logging

an den Server für das sekundäre Log erfolgt asynchron, also nicht im Thread des arbeitenden Prozesses, beispielsweise in einem Job. So wird die Funktionalität im Client nicht beeinflusst.

Ausgehend von diesen Annahmen bestehen unzählige Möglichkeiten, das sekundäre Log mit den am Client entstehenden Meldungen zu füttern. Für Dysis wäre der wohl einfachste Ansatz, serverseitig einen entsprechenden LogService bereitzustellen, der vom Client verwendet wird. Das Befüllen des sekundären Logs wäre leicht über ein entsprechendes Programmargument zu steuern und könnte für bestimmte Clients, sogar zur Laufzeit, aktiviert werden.

13.2 Keep-alive-Meldungen

In bestimmten Situationen ist es wichtig zu wissen, welcher Client zurzeit am System arbeitet. Hier gibt es unterschiedliche Wege, diese Information verfügbar zu machen.

13.2.1 Session Handling

Webanwendungen arbeiten aufgrund der fehlenden Clientseite mit einem zustandsbehafteten Server, der eine Session mit sich führt. In der Session wird der Zustand eines jeden Clients gespeichert. Dies umfasst sowohl die Credentials und andere Daten des Clients als auch den Zeitpunkt des letzten Zugriffs. Da die Verbindung zwischen Client und Server abhängig vom verwendeten Protokoll zumeist zustandslos ist, muss

Serverseitiges Time-out serverseitig ein Time-out definiert werden, das eine Session automatisch invalidiert. Die Invalidierung führt dazu, dass die gespeicherte Session ungültig wird und der Client sich erneut authentifizieren muss.

Auch bei Enterprise-Eclipse-RCP-Anwendungen ist es notwendig, serverseitig mit der Authentifizierungsinformation einen gewissen Zustand zu speichern. Allerdings kann hier die Datenbank verwendet werden, um den Server selbst zustandslos lassen zu können. Notwendig ist diese Information, um eine wiederkehrende Authentifizierung zu vermeiden. Demzufolge muss hier im Normalfall ebenfalls ein Time-out zugrunde gelegt werden, um diese Information invalidieren zu können.

13.2.2 Time-out

Ein Time-out ist eine passive Invalidierung, er entfaltet seine Wirksamkeit durch das Ausbleiben einer Aktivität. Er hat dadurch allerdings einen Nachteil, da er relativ unspezifisch ist. Ist er zu kurz eingestellt, dann verliert ein Benutzer ggf. zu Unrecht seine Session. Ist er zu lang gewählt, kann serverseitig schwer zwischen noch aktiven und bereits clientseitig beendeten Sessions unterschieden werden.

13.2.3 Logout

Eine aktive Invalidierung stellt das Logout dar. Der Client zeigt dabei aktiv an, dass er geschlossen wird, und sorgt für ein sauberes Schließen seiner Session. Allerdings hat ein Logout den Nachteil, dass er unter bestimmten Umständen wie beispielsweise einer nicht bestehenden Verbindung zwischen Client und Server nicht funktioniert. In so einem Fall würden serverseitig also Sessions bzw. gültige Authentifizierungsinformationen offen bleiben.

13.2.4 Keep-alive

Die Lösung bringt ein Kompromiss aus Time-out und Logout. Bei einem reinen Time-out-Ansatz zeigt der Client Aktivität durch die funktionalen Zugriffe auf die Services des Servers. Keep-alive-Meldungen hingegen sind nichtfunktionale Zugriffe auf den Server, vergleichbar mit dem Pedal eines Zugführers, das in regelmäßigen Abständen getreten werden muss. Diese Meldungen sind im Umfang so klein, dass sie weder den Client noch den Server belasten. Zudem kann der Abstand der Meldungen entsprechend den Rahmenbedingungen gezählt werden. Der Client sendet unabhängig vom Verhalten des Benutzers in diesen Abständen im Hintergrund automatisch ein Signal, welches dem Server Aktivität signalisiert. Bleibt dieses Signal aus, dann ist das gleichbedeutend mit einem Logout, und die Session kann entsprechend beendet werden.

Kompromiss aus Time-out und Logout

Literaturverzeichnis

[1] Bredex. *GUIdancer*.
http://www.bredex.de/en/guidancer/first.html.

[2] Brian Joyce. *Automating Eclipse PDE Unit Tests using Ant*.
http://www.eclipse.org/articles/article.php?file=
Article-PDEJUnitAntAutomation/index.html, Juni 2008.

[3] Clemens Szyperski u.a. *What characterizes a (software)
component?*
www.softwareresearch.net/site/publications/J010.pdf,
February 1998.

[4] Eclipse Foundation. *Eclipse Test and Performance Tools
Platform Project*. http://www.eclipse.org/tptp/.

[5] Eclipse Foundation. *Subversive SVN Team Provider*.
http://www.eclipse.org/subversive//.

[6] Eclipse Foundation. *SWT Development Tools Sleak Monitor*.
http://www.eclipse.org/swt/tools.php.

[7] Eclipse Foundation. *SWTBot UI Testing for SWT and Eclipse*.
http://www.eclipse.org/swtbot/.

[8] Eclipse Foundation. *Advanced PDE Build topics*.
http://help.eclipse.org/ganymede/topic/org.eclipse.pde.doc.
user/tasks/pde_build_advanced_topics.htm, 2008.

[9] Eclipse Foundation. *Deploying eclipse based application with
Java Web Start*. http://help.eclipse.org/ganymede/topic/org.
eclipse.platform.doc.isv/guide/java_web_start.htm, 2008.

[10] ej-technologies. *JProfiler*. http:
//www.ej-technologies.com/products/jprofiler/overview.html.

[11] Erich Gamma u.a. *Design Patterns Elements of Reusable
Object-Oriented Software*. Addison-Wesley, July 2002.

[12] Gerd Wütherich, Nils Hartmann, Bernd Kolb, Matthias
Lübken. *Die OSGi Service Plattform*. dpunkt.verlag, 2008.

[13] Instantiations. *WindowTester*.
http://www.instantiations.com/windowtester/.

[14] Markus Barchfeld. *Build and Test Automation for plug-ins
and features*. http://www.eclipse.org/articles/
Article-PDE-Automation/automation.html, 2005.

[15]   Martin Lippert. *Spring Extension Factory.*
       http://martinlippert.blogspot.com/2008/10/
       new-version-of-spring-extension-factory.html, October 2008.

[16]   Nebula Project. *Nebula Project Supplemental Custom Widgets
       for SWT.* http://www.eclipse.org/nebula/.

[17]   Nick Edgar u.a. *User Interface Guidelines Perspectives.* http:
       //wiki.eclipse.org/User_Interface_Guidelines#Perspectives,
       November 2007.

[18]   Nick Edgar u.a. *User Interface Guidelines Views.*
       http://wiki.eclipse.org/User_Interface_Guidelines#Views,
       November 2007.

[19]   NSIS Project. *Nullsoft Scriptable Install System.*
       http://nsis.sourceforge.net.

[20]   OASIS. *DocBook.* http://www.docbook.org/.

[21]   OSGi Alliance. *OSGi.* http://www.osgi.org.

[22]   OSGi Alliance. *OSGi Service Platform Release 4.*
       http://www.osgi.org/download/osgi-4.2-early-draft2.pdf,
       November 2008.

[23]   PartMaster GmbH. *obfuscate4e Obfuscation for Eclipse.*
       http://sourceforge.net/projects/obfuscate4e.

[24]   Riena Project. *Riena Platform Project.*
       http://www.eclipse.org/riena/.

[25]   SpringSource. *Spring Framework.*
       http://www.springsource.org.

[26]   SpringSource. *The Spring Framework Reference
       Documentation.* http:
       //static.springframework.org/spring/docs/2.5.x/reference/,
       2008.

[27]   Stefan Reichert. *Dysis Zeiterfassung.*
       http://www.sourceforge.net/projects/dysis.

[28]   Sun Microsystems, Inc. *Java Persistence API.*
       http://java.sun.com/javaee/technologies/persistence.jsp.

[29]   Sun Microsystems, Inc. *MySQL.* http://www.mysql.com.

[30]   Sun Microsystems, Inc. *Core J2EE Patterns Data Access
       Object.* http://java.sun.com/blueprints/corej2eepatterns/
       Patterns/DataAccessObject.html, 2009.

[31]   Sun Microsystems, Inc. *Core J2EE Patterns Service Locator.*
       http://java.sun.com/blueprints/corej2eepatterns/Patterns/
       ServiceLocator.html, 2009.

[32]   Sun Microsystems, Inc. *Core J2EE Patterns Transfer Object.*
       http://java.sun.com/blueprints/corej2eepatterns/Patterns/
       TransferObject.html, 2009.

[33] Sun Microsystems, Inc. *Java Message Service.*
http://java.sun.com/products/jms/, 2009.

[34] Sun Microsystems, Inc. *JavaBeans.* http://java.sun.com/
javase/technologies/desktop/javabeans/index.jsp, 2009.

[35] Sun Microsystems, Inc. *Remote Method Invocation.* http:
//java.sun.com/javase/technologies/core/basic/rmi/index.jsp,
2009.

[36] Sunil Kamath. *EclipseNSIS.*
http://eclipsensis.sourceforge.net.

[37] The Apache Software Foundation. *Apache Tomcat.*
http://tomcat.apache.org/.

[38] The Codehaus. *Lingo.* http://lingo.codehaus.org/, 2006.

[39] The DocBook Project. *DocBook Project.*
http://docbook.sourceforge.net/.

[40] Tigris.org. *Subclipse Project home.*
http://subclipse.tigris.org//.

[41] W3C. *Simple Object Access Protocol.*
http://www.w3.org/TR/soap/, 2007.

Index